KB195534

STANLEY TUCCI

TASTE

일러두기

1. 역주와 편집자 주는 구분하지 않았습니다.

2. 본문에서 인용된 모든 도서는 『』로, 영화, TV 프로그램, 연극 등은 〈〉로 표기했습니다.

3. 원서에서 이텔릭체로 강조한 부분은 모두 고딕으로 처리했습니다.

STANLEY

스탠리 투치

TUCCI

스탠리 투치 지음
이리나 옮김

테이스트
음식으로 본 나의 삶

TASTE

이콘

나와 동생들에게 많은 것을 주시고,

삶과 음식을 사랑하는 방법과 이유를 가르쳐 주신 부모님께

특별한 정신과 열린 마음 그리고 식욕을 가진 아내 펠리시티에게

마지막으로 멋진 나의 아이들에게 이 책을 바칩니다.

그들이 어디에 있든,

특히 음식을 먹을 때 언제나 행복을 느낄 수 있기를!

스탠리 투치의 이 책이 한국에 번역된다니! 사실 나는 영화 〈빅 나이트〉 이후 열렬한 팬이다. 아마도 많은 음식영화 전문가들이 '3대 음식영화'에 꼽는 그 영화의 투치다(다른 두 작품은 〈음식남녀〉와 〈바베트의 만찬〉이다). 특히나 뭔가 대역전과 해피엔딩을 고대하던 관객의 기대와 달리 두 형제가 참담과 비통 사이에서 묵묵히 이탈리아식 프리타타를 만들어 먹는 마지막 6분짜리 롱테이크는 전설로 남아 있다.

그때의 투치 아니 영화 속 세콘도는 꽤나 미움받는 역이었다. 전통적인 이탈리아식 요리법을 고수하는 프리모, 그러나 둘째 세콘도는 살아남기 위해서는 기꺼이 미국식 짝퉁 이탈리아 요리를 하자고 형에게 호소한다. 그 잘생긴 배우 세콘도가 바로 감독인 투치라는 사실은 나중에 알았다. 물론 깜짝 놀란 건 나뿐만은 아니었을 것이다.

투치는 교직에 종사하는 소박한 부모를 둔 이탈리아계 이민자로 미국 동부에서 태어났다. 보통의 이탈리아 사람들이 그렇듯이 조모와 어머니가 만드는 '맘마 이탈리아'의 음식을 먹고 자랐다. 엄청난 양과 가짓수, 떠들썩한 남부 출신 이탈리아인 다운 식탁의 흥분과 열기를 그는 꼼꼼하게 반추하면서 독자들의 입맛을 다시게 한다. 크리스마스에 만드는 다채로운 요리들, 대미를 장식하는 팀파노(파스타와 고기, 온갖 재료가 어우러지는 남부식 오븐구이 요리. 영화에서도 중요한 테마로 나온다)가 등장하는 장면의 묘사는 압권이다. 어쩌면 투치조차도 이제는 이런 이탈리아인답게 수다스럽고 폭발적으로 흥분되는, 그래서 더 아름다운 가족 파티는 사라졌다는 회고가 아닐까 싶다. 우리에게 잔치의 기억이 사라져버렸듯이. 때문에 그가 꼼꼼하게 써놓은 팀파노 레시피는 전설의 기록이 될 것 같다. 유념해서 보시길. 물론 이 책에는 탐나는 음식이 가득한데 라자냐도 빼뜨릴 수 없다. 그 대목을 찾아보시라.

이탈리아 혈통이지만 그는 뉴욕 사람이고, 그가 연기를 배우며 자라난 옛 뉴욕의 그리움도 세피아 색깔의 톤으로 서술한다. 젠트리피케이션이 일어나기 전 어퍼웨스트사이드의 소박한 맛집들, '쿠바식 중식당'이라는 희한한 단골식당의 추억, 뉴욕다운 델리의 시대를 이끌어갔던 노포 카네기 델리의 소멸 같은 얘기는 쓸쓸하게 마음을 훑어간다. 이 책의 유일한 단점은 인생이 그렇듯이, 읽기 시작하면 금세 마지막 장을 닫아야 한다는 사실이다.

박찬일 요리사, 칼럼니스트

차 례

머리말

나는 음식을 굉장히 중요하게 여기는 것이 일상인 이탈리아 가정에서 자랐다. 어머니는 요리 실력이 출중했고, 매일 질 좋은 재료를 골라 세심하게 준비했으며, 가족의 레시피와 문화적인 전통을 계승하는 데 과할 정도로 주의를 기울이는 사람이었다.

1997년 〈빅 나이트〉라는 영화를 만들었는데, 이탈리아인 형제두 명이 그들의 레스토랑을 유지하기 위해 고군분투하는 내용이었다. 나는 그 영화 덕분에 요리에 관한 흥미가 더욱 커졌고, 예상치 못한 장소에서 다양한 팬들을 만나는 경험을 하고 있다. 지금까지도 전 세계의 레스토랑 경영자들과 셰프들, 미식가들은 내가만든 영화를 그들이 얼마나 좋아하는지, 그 영화에서 자신들이 얼마나 영감을 얻고 있는지 내게 말하곤 한다. 이런 말을 들을 때마다 우쭐해지는 정도를 넘어 그들의 다정함과 관대함에 당혹스러워지며, 감사함과 전율을 느낀다. 나는 레스토랑을 운영하는 사람들, 셰프로서 삶을 살기로 결심한 사람들 또는 단순히 음식을 사랑하고, 사랑하는 사람들을 위해 시간과 정성을 들여 맛있는 음식을만드는 사람들을 매우 존경하기 때문이다.

음식과 관련된 모든 것에 나의 사랑은 매년 커져만 간다. 음식은 나로 하여금 요리책을 쓰게 했고, 자선사업에 관여하게 했으며, 다큐멘터리 시리즈를 만들게 했다. 그리고 궁극적으로 아내 펠리시티 블런트와 나를 하나로 만들었다.

최근 몇 번의 실적으로 알 수 있듯, 지금 나는 아마 연기보다 음식을 더 많이 생각하고 더 집중하고 있을 지도 모른다. 그러므로 이 열정이 회고록이라는 또 다른 형태를 취하는 게 적절할듯 싶다.

이 책에서는 회고록의 맛을 제공한다. 입맛에 맞기를 바란다 (더 많은 말장난이 이어질 예정이다).

스탠리 투치 2021. 런던

Stanley Tucci
Taste

S #1 _____ 1960년대 중반, 뉴욕 웨스트체스터

어머니와 여섯 살 무렵의 내가 작은 거실 바닥에 앉아 있다. 나는 블록을 쌓으며 놀고 있고, 어머니는 다림질을 하고 있다. TV에는 요리 프로그램이 방영되고 있다.

나	저 사람 뭐 하는 거야?
어머니	요리하고 있지.
나	어?
어머니	요리한다고.
나	요리하는 걸 누가 몰라. 내 말은 뭘 요리하고 있냐고!
어머니	아, 오리 요리네.
나	오리?
어머니	응.
나	연못에서 가져와서?
어머니	그렇겠지, 아마⋯

나는 말없이 블록을 쌓고 어머니는 다림질을 한다.

어머니	몸은 어때?
나	조금 나아진 것 같아.

어머니가 내 이마를 손으로 짚는다.

어머니	열은 좀 내린 것 같네⋯
나	내일 학교 가야 돼?
어머니	봐서.

우리는 말없이 TV를 본다.

어머니	배고파?

나는 고개를 끄덕인다.

어머니	뭐 먹고 싶어?
나	몰라.
어머니	샌드위치?

나는 대답하지 않는다.

어머니	샌드위치 먹을래?
나	(망설이는 듯이) 음…
어머니	땅콩버터 젤리 샌드위치빵의 한쪽 조각에는 땅콩버터를 바르고, 다른 조각에는 과일
	잼을 발라 겹쳐 먹는 샌드위치 어때?
나	(여전히 망설이며) 음… 좋아.

어머니가 눈썹을 치켜 올린다.

나	(혼날까 봐 허둥지둥한 모양새로) 응! 그거 해줘!
어머니	알았어, 요리 프로그램 10분이면 끝나니까 다 보고 샌드위치 만들어줄게.
나	근데 나 지금 배고픈데…

어머니가 눈썹을 한층 더 치켜 올린 채로 가만히 나를 바라본다. 나는 다시 블록을 쌓는다.

어머니	너 저 요리 프로그램에서 크레프 만들었던 거 기억나?
나	어?
어머니	크레프 말이야, 저 팬케이크.

나는 골똘히 생각한다.

어머니   내가 가끔 만들어주잖아.
나   몰라, 기억 안 나.
어머니   뭐 어쨌든, 이번 주말에 내가 저거 만들면 도와줄래?
나   좋아!

한 박자 쉬고.

나   저 사람은 왜 오리 요리를 하는 거야?
어머니   오리를 좋아하는 모양이지.

우리는 잠자코 TV를 본다.

나   엄마도 오리 좋아해?
어머니   한 번도 제대로 먹어본 적 없어.
나   난 오리 좋아해?
어머니   모르겠는데, 너 좋아하니?
나   내가 먹어본 적 있어?
어머니   아니.
나   그럼 아마 안 좋아할 걸.
어머니   안 먹어보면 좋아하는지 어떤지 알 수 없어, 먹어봐야 알아. 뭐든 해봐야
         아는 거야.
나   나중에 해보지 뭐. 내가 좀 더 크면 언젠가…

나는 TV를 보고, 어머니는 나를 보고 미소 짓는다. 침묵 속에서 요리 프로그램이 끝나고
우리는 주방에 간다. 나는 어머니가 만들어준 땅콩버터 젤리 샌드위치를 미친 듯이 먹
고, 어머니는 옆에서 지켜본다.

17

어머니   아이고, 배고팠구나…

나는 음식을 입에 문 채 고개를 끄덕인다. 입에는 음식이 가득하다.

나   우리 저녁에 뭐 먹을 거야?
어머니   폭찹.
나   폭찹 싫어!

어머니가 한숨을 뱉는다.

어머니   옆집 가서 이웃들은 뭐 먹는지 보고 올래?

나는 한숨을 푹 쉬고는 다시 샌드위치를 먹는다. 어머니가 웃으며 주방 청소를 시작한다.

"음료는 무엇으로 하시겠습니까?"

우리 집에 손님이 오면 아버지는 항상 이 질문부터 시작했다. 아버지는 칵테일을 사랑하고, 아흔하나의 연세에도 여전히 변함없이 칵테일을 사랑한다. 정해놓고 가는 단골 바는 없었지만, 집에 손님이 오면 어떤 음료도 뚝딱 만들어낼 수 있는 바가 있었다.

가을이나 겨울에는 주로 위스키 온더록스를, 여름에는 진토닉과 맥주를, 그리고 계절과는 상관없이 매 식사때마다 와인을 마셨다. 나는 아버지가 손님들에게 칵테일을 만들어주는 모습이 보기 좋았다. 나이가 들자 이 임무는 나에게 넘어왔고, 기꺼이 받아들였다. 오늘도 어김없이 아버지와 같은 질문을 하며, 그들이 원하는 건 무엇이든 즐겁게 만들어줄 것이다.

매일 밤 나를 위해서 만드는 칵테일도 그날의 기분과 계절에 따라 형태는 매번 달라진다. 마티니일 때가 있고, 보드카 토닉일 때가 있으며, 때에 따라 차가운 사케나 위스키 사워 또는 간단한 온더록스 스카치위스키 등이 등장한다. 올 한 해 나는 네그로니와 새로운 관계를 맺기 시작했고 아주 좋은 사이로 발전하고 있다.

다음은 내가 네그로니를 만드는 방법이다.

recipe

네그로니 업
- 한 잔 -

재료
진 50ml
캄파리 25ml
아주 단 베르무트 25ml
얼음
오렌지 조각 1개

만드는 법
1__ 얼음을 채운 칵테일 셰이커에 모든 술을 붓는다.
2__ 잘 섞는다.
3__ 컵에 술만 담는다(얼음은 넣지 않는다).
4__ 오렌지 조각으로 장식한다.
5__ 자리에 앉는다.
6__ 마신다.
7__ 뱃속으로 태양을 느낀다.

(얼음을 넣지 않고 마시는 것을 이 칵테일에 대한 이단 행위로 여기고 화를 내는 사람도 있다. 굳이 그럴 필요는 없다. 나도 그런 당신들을 내 집에 초대할 계획은 없으니까.)

1

나는 뉴욕 맨해튼에서 북쪽으로 약 97킬로미터 떨어진 카토나라는 아름다운 마을에서 자랐다. 우리 아버지 쪽 가족들은 이탈리아 남서부에 위치한 칼라브리아에서 이주해, 이탈리아 사람들이 많이 사는 뉴욕 픽스킬에 정착했고, 내가 세 살이었을 때 그곳에서 카토나로 이사했다. 어머니 쪽 가족도 칼라브리아 출신으로 대개 이탈리아와 아일랜드 이민자가 모여 사는 뉴욕 버플랜크에 살았다. 픽스킬과 옆 동네 이웃 마을이었기에 나의 어머니 조안 트로피아노와 아버지 스탠리 투치 2세는 1959년 우연히 만나 몇 달 후 결혼을 했고, 그로부터 열 달 만에 내가 태어났다. 사이가 좋은 부모님 덕에 3년 뒤 여동생 지나가, 또다시 3년 뒤엔 그 아래 여동생 크리스틴이 태어났다. 우리는 숲으로 둘러싸인 언덕 꼭대기에 위치한 방 세 개짜리 현대식 주택에서 살았다. 아버지는 몇 킬로미터 떨어진 고등학교의 미술교사였고, 어머니는 그곳 행정실에서 일했다.

1960년대와 1970년대 서부 웨스트체스터의 교외 지역은 오늘날처럼 인구밀도가 높지 않아 아이들이 크기에 안성맞춤이었다. 동생들과 나는 집 근처에 친구들이 굉장히 많아서 거의 매일을 밖에서만 놀았다. 당시에는 비디오 게임이나 휴대전화가 없었고, 가끔 TV 시청만 가능했다. 우리는 서로의 마당이나 근처 들판에서

21

놀았지만, 1년 내내 가장 많이 놀았던 곳은 근처 숲이었다. 숲은 우리에게 모든 것을 줬다. 우리는 나무 위를 기어올랐고, 나무에 요새를 지었으며, 습지를 힘겹게 건너거나 그곳이 꽁꽁 얼면 스케이트를 탔다. 독립전쟁 시대에 지어진 돌담을 오르기도 하고, 끊임없이 내리는 눈으로 언덕에 눈이 쌓이면 썰매를 타고 그 위를 달리기도 했다.

이제 인생의 가을을 맞이하고 보니(내가 막 60대가 됐으므로 가을의 중후반을 향해 가고 있다고 할 수 있겠다) 종종 그 시절과 그 장소 그리고 순수하고 호기심도 많고, 에너지가 넘치던 그때로 가끔은 돌아가고 싶다. 내 아름다운 머리카락을 되돌리기 위해서라도 꼭.
사실 어린 시절의 가장 멋진 부분은 비가 오나 눈이 오나 천진난만하게 뛰어놀던 때가 아닌, 우리 가족이 어떤 음식을 어떻게 요리해서 먹었는지다.

어릴 때는 집에서 함께 음식을 준비하고 먹는 것이 가장 중요한 활동이자 주된 대화 주제였다. 어머니는 아버지와 결혼할 때 물 끓이는 것밖에 할 줄 몰랐다고 주장한다. 하지만 만약 이게 사실이라면, 어머니는 지난 반세기에 걸쳐 단점을 장점으로 훌륭하게 극복해낸 위대한 인물일 것이다. 솔직히 말해서 어린 시절 우리 집에 있던 4구짜리 전기스토브와 수년 후 교체한 빌트인 가스 레인지로 할 수 있던 음식은 몇 없었다. 하지만 어머니가 만든 음식 중에서 맛없던 음식은 단 한 가지도 없었다. 어머니는 외가나 친가에서 내려오는 이탈리아 음식을 주로 요리했다(그러나 어머니는 북부 이탈리아 요리로 확장하는 것을 결코 두려워하지 않았다. 어머니가 만든 밀라노식 리소토는 내가 지금까지 먹은 리소토 중 최고다).

어머니는 수년간 다른 나라 요리 몇 가지를 완벽하게 연구한 뒤, 중요한 날에 테이블에 올리곤 했다. 어느 해에는 파에야가 아름다운 주황색 그릇에 담겨 나타난 적이 있었다. 조개, 홍합, 새우, 닭고기 그리고 랍스터 꼬리(당시에는 랍스터가 조금 저렴했다)가 잔뜩 든 파에야는 그 후 여러 해 동안 손님상의 특별 메뉴가 됐다. 1970년대 초반 즈음에는 크레페가 테이블에 등장했는데 틀림없이 줄리아 차일드에게 영감 받았을 터다(줄리아 차일드에 대해선 142쪽에서 자세히 다룰 예정이다). 가볍고 간단한 크레페에 베샤멜소스_{우유, 밀가루, 버터로 걸쭉하게 만든 소스}로 요리한 닭고기를 채워 넣으면 우리 모두 게걸스럽게 먹어치웠다.

고기에 후숙된 토마토와 올리브오일을 넣고 함께 볶은 뒤, 초록색과 빨간색 피망을 더해 만든 진하고 걸쭉한 칠리 콘 카르네도 가끔 등장했다. 우리 가족 중에는 미식축구 팬이 없었지만, 몇몇 이웃의 연례 슈퍼볼_{매년 2월 두 번째 일요일 개최되는 아메리칸 풋볼 리그(NFL) 결승전} 파티를 위해 자주 만들어지곤 했다.

문득 생각해 보니 어머니는 내가 어렸을 때부터 지금까지 깨어 있는 시간 대부분을 주방에서 보냈다. 어머니에게 요리란 가족을 잘 보살피는 방법이자 창조적 분출구다. 훌륭한 셰프들이 그러하 듯 어머니 또한 요리가 가장 완벽한 형태의 예술이라는 것을 증명해냈다.

요리는 그림, 작곡, 글쓰기처럼 개인의 자유로운 표현을 허용하면서도, 가장 현실적인 욕구를 충족시켜준다. '먹으려는 욕구, 먹을 수 있는 예술' 이보다 더 훌륭한 것이 있을까?

어머니의 요리 솜씨가 좋았기에 어릴 때 이웃집에서 밥을 먹는 것은 때때로 고통스러웠다. 음식이 죄다 밍밍하거나 별 맛이 없었다. 하지만 내 친구들은 우리 집에서 밥 먹는 걸 더할 나위 없이 좋아했다. 우리 집 음식이 아주 특별하다는 것을 알고 있었던 것이다. 음식의 재료는 계절에 따라 신중하게 고르거나 직접 키웠고, 어머니의 사랑을 가득 담아 만든 음식에는 하나같이 문화적인 역사가 깃들어 있었다.

친구들은 맛은 물론이고 어머니가 성심성의껏 음식을 만들어 주는 열정과 우리 가족이 그 음식을 즐기는 모습까지 좋아했다. 우리가 음식을 먹으며 내뱉는 탄성은 밥 먹을 생각이 없던 사람조차 군침을 흘렸다. 탄성을 지르면서도 어쩌면 음식들이 하나같이 이렇게 맛있을 수가 있냐는 소리를 빼먹지 않았다. "여보, 당신이 만든 음식 중에 이게 최고로 맛있어!" 아버지는 매일 저녁 어떤 음식을 먹든 똑같은 말을 했다. 동생들과 나는 어머니가 가끔 간이 덜 됐다거나 조금 더 끓였어야 했다거나, "이거 좀 뻑뻑한 것 같지 않니?"라는 말들을 하면 그런 것 같다고 반응해 주곤 했다.

이런 대화 후에는 전에 먹었던 음식이나 상상 속의 음식, 나중에 먹어보고 싶은 음식에 관한 얘기들을 나눴다. 그러다 보면 식사가 끝날 때까지 음식 외의 다른 주제는 거의 꺼내지도 않았다는 사실을 깨닫는다(정치 얘기는 다행히도 목록 한참 아래에 있었다).

어떤 음식이든 그게 설령 통조림 햄일지라도, 부모님 집에서는 한 차원 높은 수준의 맛으로 변한다. 한번은 대학 친구가 내 첫 아파트에서 프로슈토에 빵과 치즈를 먹으며 말했다. "스탠리, 같은 가게에서 같은 음식을 사는데 왜 너네 집에서 먹으면 훨씬 더 맛있냐?" 내가 대답했다. "우리 부모님을 만나보면 알 수 있지."

이탈리아 가족들은 그 어떤 것도 음식만큼 자주 얘기하거나 곰곰이 생각하지 않는다. 또한, 절대 농담의 주제로 삼지 않는다(죽음은 예외지만, 그 주제는 다른 책에서 다루기 위해 남겨둔다). 우리 가족들 사이에도 여러 세대에 걸쳐 전해 내려오는 음식 관련 표현들이 꽤 많고 나 역시 지금까지 사용하고 있다.

아버지는 대식가고 저녁식사 때 음식을 음미하다가(사실 음식을 흡입하는 수준이고, 아버지나 나나 식후 음미 전문가였다) 도저히 궁금해서 못 견디겠다는 듯 이렇게 말하곤 했다. "맙소사, 우리 말고 다른 사람들은 대체 뭘 먹을까?"

음식의 질을 보면 아주 타당한 질문이라고 느껴졌다. 아버지는 저녁식사가 곧 준비된다는 소리를 들으면 스카치를 한 모금 마시고는 탕 내려놓은 뒤 큰소리로 외쳤다. "Buono! Perche io ho une fame che parla con Dio!" 번역하자면, "좋아! 충분히 배가 고파!" 쯤 된다. 아버지는 매일 저녁 한 번도 빠짐없이 늘 배가 고팠으므로 신이 아버지의 배를 채우는 데는 별 관심이 없었던 것 같다.

아버지도 어렸을 때 모든 아이들이 흔히 하는 질문을 했다고 한다. "오늘 저녁 뭐예요?" 그러면 다정한 할머니(할머니는 내가 일곱 살 때 돌아가셔서 잘 알지는 못하지만 다들 다정했던 분이라고 말한다)는 "Cazzi e patate"라고 대답하셨다고 한다. '거시기와 감자' 쯤으로 해석할 수 있는데, 다시 말해 '내 맘이야' 또는 영국인들이 흔히 말하는 '꺼져'라는 의미다. 오늘날 자식들에게 이런 식으로 말하는 부모가 있다면 사회복지사가 가정에 파견될지도 모른다. 혹여 그런 일이 발생한다면 우리로선 이탈리아인 피가 섞인 담당자가 오길 바라는 수밖에 없다.

어렸을 때 어머니가 정성껏 만든 음식을 두고 동생들이나 내가 불평을 시작하면, 어머니는 밖에 나가서 이웃들이 무슨 음식을 먹고 사는지 보고 오라고 꽤 단호하게 말했었다. 그러면 그걸로 끝이었다. 앞서 말했다시피 이웃집 음식은 두 번 다시 먹고 싶지 않았기 때문이다.

우리 집에서는 날이면 날마다 주방에서 맛있고 균형 잡힌 식사가 등장했다. 비록 브로콜리나 생선, 샐러드, 돼지고기 등 각자 싫어하는 음식이 나오면 투덜거리긴 했지만 우리가 얼마나 운이 좋은 가족인지 모두가 잘 알고 있었다. 어머니는 우리가 투정 부릴 때마다 이웃집에 가보라고 강하게 말하면서도, 가족들이 좋아하고 싫어하는 음식을 흰히 다 알고 있었기에 맞춰주려 최선을 다했다. 메인 메뉴가 만족스럽지 않았다면 모두를 행복하게 만드는 사이드 메뉴 몇 가지씩을 꼭 만들어주는 식이었다.

식사 메뉴는 주로 브로콜리가 든 파스타, 볶은 애호박을 곁들인 송아지커틀릿 그리고 그린 샐러드 정도였다. 이 중에 우리 모두가 좋아하는 음식이 하나쯤은 꼭 들어있었다. 크리스틴은 육류를, 지나는 파스타와 채소를 더 좋아했고, 나는 딱히 싫어하는 것 없이 다 먹었다. 다음 날 저녁식사는 아마도 치킨 카차토레^{닭을 토마}토·버섯·피망·양파와 함께 푹 삶은 이탈리아의 요리와 밥, 꽃상추 볶음, 양배추 샐러드 등등일 것이다. 어떻게 어머니는 직장을 다니면서 예술적인 요리들을 매일 만들어낸 건지 아직도 이해가지 않는다.

금요일이 시작될 무렵이면 그 주의 생활비가 한계에 도달했기에, 주말 식사는 주로 간단하고 저렴한 것들이 등장했다. 그러나 바닥난 상황에서도 무언가를 뚝딱뚝딱 만들어내는 이탈리아인의 특성상, 우리는 먹을 걸로 고통받은 적이 거의 없었다.

금요일 저녁은 어머니가 휴식을 취할 수 있도록 아버지가 종종 요리를 담당했다. 그러면 어머니는 때때로 부주방장 역할을 맡아

줬다. 보통 금요일 저녁에는 아버지가 만들 수 있는 몇몇 음식 중 하나가 등장했는데, 가장 간단하고 자주 선택되는 메뉴는 '알리오 에 올리오Aglio e Olio'(이하 알리오 올리오)였다.

알리오 올리오

- 4인분 -

재료

3등분으로 자른 마늘 3쪽

올리브오일 4테이블스푼

스파게티 500g

만드는 법

1__ 올리브오일에 마늘을 넣고 연갈색이 나도록 볶는다.

2__ 스파게티를 '알 덴테'(약간 단단한 식감) 정도로 삶는다.

3__ 스파게티의 물기를 뺀 후, 오일을 넣고 볶아둔 마늘에 넣는다.

4__ 소금, 후추, 파프리카를 넣어 맛을 낸다.

5__ 치즈는 넣지 않는다.

아버지가 두 번째로 자주 하는 요리는 '우오바 프라 디아볼로 Uova fra diavolo' 샥슈카, 에그 인 헬 같은 요리의 일종였다. 아버지나 나처럼 달걀을 매우 좋아하는 사람들에게 이 음식은 보기만 해도 아름답고 강렬하다. 깊은 프라이팬에 은은한 레드오렌지 마리나라 소스이탈리아식 토마토 소스(평소보다 더 많은 양의 양파로 달콤함을 더한)를 넣고 그 안에 달걀 8개를 함께 익힌다고 상상해 보라. 이름만으로도 충분히 알 수 있듯 결과물도 좋은 의미로 사악하다. 이 요리는 살짝 구운 이탈리아 빵 효모로 부풀린 프랑스빵처럼 껍질이 딱딱한 빵과 함께 먹은 후, 그린 샐러드로 마무리하면 완벽하다. 여기 오른쪽에 그 레시피가 있다.

우오바 프라 디아볼로
- 2인분 -

재료
올리브오일 50ml
얇게 썬 중간 크기의 양파 1개
플럼 토마토 캔 200g
큰 달걀 4개
씨솔트와 즉석에서 간 후추

만드는 법
1__ 중간 크기의 논스틱 프라이팬 일반 프라이팬보다 코팅 방식이 두 배 두꺼운 팬
　　에 올리브오일을 넣고 중불에 가열한다.
2__ 양파를 넣고 부드러워질 때까지 약 3분간 조리한다.
3__ 토마토를 손이나 구멍 뚫린 스푼 등으로 으깨 넣는다.
4__ 가끔씩 저어주면서 토마토의 단맛이 우러날 때까지 약 20분간 끓인다.
5__ 달걀을 팬 안에 부드럽게 깨 넣고 뚜껑을 덮는다.
6__ 중약불로 불을 줄인 뒤 흰자가 투명해지고 노른자가 약간 단단해질 때
　　까지 약 5분간 조리한다.
7__ 소금과 후추를 쳐서 바로 테이블에 낸다.

금요일 음식 중에서 세 번째로 좋아하는 것은 미트볼 튀김이다. 이건 부모님이 함께 만드는 음식인데, 어머니가 미트볼을 굴려서 준비하면 아버지는 미트볼을 올리브오일에 넣고 천천히 튀겼다. 미트볼을 잔뜩 튀겨 절반은 그날 밤에 먹고, 나머지 반은 남겨뒀다가 일요일에 '라구'_{다진 고기로 만드는 이탈리아의 대중적인 소스}'를 만들 때 사용했다. 금요일 저녁에 먹는 미트볼은 그냥, 그러니까 어떤 소스도 곁들이지 않고 신선한 그린 샐러드와 이탈리아 빵과 함께 먹는다. 이 음식을 먹을 때만 버터가 아주 드물게 등장했는데, 빵에 버터를 바르면 바삭바삭한 미트볼과 달콤하고 부드러운 식감이 완벽한 조합을 이뤘다.

남부 이탈리아 음식에는 버터가 큰 부분을 차지하지 않아서 우리 집 테이블에서도 버터를 본 적이 거의 없다. 빵을 따로 간식으로 먹을 때를 제외하고는 절대 버터를 바르지 않았다. 식사 중에 먹는 빵도 파스타나 고기 또는 닭고기 요리에서 남은 소스를 먹기 위해서만 쓰였다. 버터 바른 빵은 소스의 맛을 훼손할 뿐이라고 생각한다.

한 가지 더 피렌체 빵에 대해 말해보자면, 피렌체 사람들은 소스를 온전히 흡수하기 위해 그 맛없는 무염빵을 지금까지도 만들고 있다고 주장한다. 아니면 무염빵이 더 오래가기에 소금을 덜넣는 것이라 하기도 하고, 그것도 아니면 이탈리아 도시국가 시절 소금처럼 꼭 필요한 물건을 두고 전쟁하던 토스카나인 특유의 인색함이라는 사람도 있다.

피렌체에 살았을 당시, 우리는 맛없고 퍽퍽한 무염빵에 절대 익숙해지지 못했다. 고백하자면 나는 가끔 이탈리아 최고의 빵은 프랑스에 있다고 생각한다.

아무튼 금요일 저녁만 되면 집안 곳곳에서 느껴지던 느긋한 분위기에 그때 메뉴들을 매우 애틋하게 기억한다. 나와 동생들은 주말을 친구와 보내거나 금요일 혹은 토요일 밤부터 밤샘 파티를 했다. 부모님은 집이나 외부에서 열릴 만찬 파티를 기다렸다. 물론 일요일 아침에 고통스러울 정도로 거창한 가톨릭 미사가 기다리고 있다는 것을 알지만, 남겨둔 미트볼로 라구를 맛있게 만들어 주리라는 기대가 있어 마음이 아주 편했다.

2

1960년대 미국 교외 지역에서 자란 많은 아이들처럼 나도 매일 학교에 도시락을 싸갔다. 학교 식당에서 점심을 사 먹는 일은 거의 드물었는데, 이는 두 가지 이유 때문이었다. 첫 번째는 가격이 경제적으로 부담됐고, 두 번째는 음식 맛이 매우 끔찍했다. 그 시절 미국에서 자란 사람이라면 어디 출신이든 내 말이 무슨 뜻인지 알 것이다(하지만 한 가지 고백하자면, 오래된 아이스크림 스쿱으로 찰진 백미를 퍼서 작은 파스텔톤 그릇에 동그랗게 담아 주는 음식은 아주 좋아했다). 정기적으로 또는 한 번씩 점심을 사 먹는 친구들도 있었지만 나는 조그마한 우유 사 먹을 돈 밖에 없었다(이때는 유당 불내증이 발견되기 전이다).

그래서 친구들도 대부분 도시락을 싸왔는데, 내 도시락은 도시락마저 남들과는 사뭇 달랐다.

내가 어린 시절 가지고 다닌 도시락 통(파트리지 패밀리나 베트맨 도시락)에 사랑스럽게 담겨 있던 음식을 소개해 보겠다.

스크램블 에그, 감자튀김, 이탈리아 빵 두 조각에 볶은 피망을 올린 샌드위치(이탈리아 빵을 가로로 길게 잘라 원하는 재료를 넣어 먹는 것을 '웨지' 혹은 '히어로'라 하고, 필라델피아에서는 '호기스'라고 부른다) 그리고 과일 한 조각(사과, 배 또는 오렌지)

마트에서 산 과자(트윙키, 데빌 독스, 링 딩스 또는 호호스. 생각해 보면 이 이름들은 재료와 어울리지 않는 것 같다)

과일과 과자는 평범했지만, 샌드위치는 특별해서 가끔 친구들의 부러움을 샀다. 친한 친구 리키와 나는 가끔 샌드위치를 바꿔 먹곤 했다. 리키는 학교 다니는 내내 흰 빵에 마시멜로 잼을 바른 샌드위치를 싸왔었다. 요즘 같으면 아동학대로 신고 당할 게 뻔하지만, 당시에는 아무도 신경 쓰지 않았다. 특히 나는 세상에서 가장 해로운 것을 바른 그 샌드위치를 내 고급 음식과 바꿔 먹는 게 기뻤다. 리키도 흰 빵만 먹는 삶에서 벗어나 가끔씩 영양가 있는 점심을 먹어 나처럼 기뻤을 거라 확신한다.

나의 이국적이고 탐나는 점심은 전날 밤의 저녁식사와 아주 밀접한 관계가 있다.

월요일 미트볼 웨지

일요일 저녁으로 라구 파스타와 집에서 천천히 요리한 미트볼을 먹었다면 월요일 점심은 당연히 미트볼 웨지였다.

화요일 이탈리아 빵이나 긴 빵 웨지에 치킨커틀릿을 올리고, 버터나 마요네즈를 조금 발라 상추를 넣어 먹는다.

수요일 가지 파르미자나 Parmigiana 웨지

가지 파르미자나는 빵가루를 입히지 않는다. 연한 토마토 소스를 넣어 만든 다음, 치즈를 아주 조금 올리고 얇게 채 썬 감자를 올린다.

__목요일__ 소량의 버터를 넣은 송아지커틀릿 샌드위치와 양상추(이때는 송아지를 저렴하게 살 수 있었다)

__금요일__ 스크램블 에그, 볶은 피망, 웨지 감자
주말이 가까워지면 식비 예산이 줄어들기 때문에, 목요일 밤은 파스타와 샐러드로 간단히 먹은 후 남아있는 재료를 최대한 활용했다.

주말 점심은 그때그때 닥치는 대로 먹었다. 친구들이 우리 집에 와 있든 그 반대였든, 우리는 냉장고를 습격해 땅콩버터 젤리 샌드위치를 어마어마하게 많이 만들어서 먹었다. 조금 더 자란 후에는 참치 샐러드, 볼로냐소시지와 머스터드, 햄과 치즈, 리버 워스트 간을 잘게 다져 만든 잼 비슷한 형태의 소시지와 빨간 양파, 칠면조 가슴살과 마요네즈, 아메리칸 치즈 등을 식빵이든 이탈리아 빵이든, 베이글이든 카이저 로울Kaiser roll이든 구할 수 있는 빵이면 뭐든 상관없이 올려 먹었다. 또 딜 피클과 달콤한 미니오이와 함께 과자까지 싹 털어먹고는 우유, 오렌지 주스, 사과 주스, 레모네이드로 싹 씻어 내렸다(우리 중 누가 물을 마시긴 했을까?). 디저트로는 냉동실에 있는 온갖 부자연스러운 색깔의 막대 아이스크림을 몽땅 해치웠다. 이 한낮의 폭식쇼는 방학 기간에도 멈추지 않았다. 심지어 겨울 방

학 때는 핫초코까지 추가됐다.

여름 방학 동안 우리는 끝없는 피크닉을 다니는 미치광이처럼 지냈다. 습한 두 달 동안 한데 어울려 이 집 저 집을 전전하며 서로 가져온 음식과 친구의 부모님이 집에 사둔 음식을 먹어치웠다. 여름 방학은 정말 즐거웠다. 해가 길어서 저녁 9시까지 밖에서 놀 수 있었고, 그때쯤 되면 우리는 잠잘 때도 헤어지기 싫어서 누군가의 집에서 미리 밤을 새울 작당도 꾸몄다. 여름에는 크리스마스와 더불어 내가 가장 좋아하는 휴일도 있었다. 바로 7월 4일, 미국 독립기념일이다.

이탈리아 이민자의 큰 물결을 차지하는 우리 가족은 7월 4일 기념행사를 매우 중요하게 생각했다. 할아버지와 할머니의 젊은 시절 이탈리아 남부는, 극심한 부패와 빈곤에 지쳐 미국으로 이민을 떠나는 사람들이 많았다. 이민자들은 일단 미국에 일자리를 확보해놓고 가족과 친구들을 불러 모아 미국 전역 곳곳에 이탈리아 거주지를 구축해 나갔다.

미국은 이탈리아가 제공할 수 없는 모든 것들을 흔쾌히 내어주고 새로운 삶을 꿈꿀 수 있게 도와줬다. 가능성이 많은 나라이자 대가족이 함께 살 수 있는 최상의 환경, 이탈리아 남부에서는 상상도 하지 못할 선택지를 가질 수 있었다. 그곳에서 이민자들은 새로운 세대를 낳아 함께 일하고 성장했으며, 때로는 싸우고 소원해졌다. 하지만 그때마다 음식이 서로의 집, 뒷마당, 캠프장 등으로 불러 모았고 다시 서로의 마음을 다독여주는 매개체 역할을 했다. 와인이라는 윤활제는 삐걱거리는 감정의 바퀴에 기름칠을 해주기도 하고, 어둡고 고요한 감정에 불꽃이 되어 주기도 했다.

나는 이 독립기념일 기념행사가 우리 집에서 자주 열렸던 것으로 기억한다. 우리 가족은 양가 친척들이 몰려올 것을 대비해서 며칠 동안 준비를 했다. 아버지는 종이, 끈, 벽보판을 이용해서 직접 삼각기를 그렸고, 빨간색, 흰색, 초록색 실크해트부터 온갖 장식품을 만들었다. 또한 철드럼통을 활용해서 두 개의 거대한 바비큐 그릴도 만들었는데, 이 바비큐 그릴에는 흔하디흔한 햄버거와 핫도그 그리고 두 집의 독특한 문화가 융합된 이탈리아식 소시지를 함께 구웠다. 구운 소시지는 천천히 볶은 양파와 빨강, 초록 피망과 함께 긴 이탈리아 빵 위에 올려 테이블에 나갔다.
어울릴 만한 술로 저그와인 뿐만 아니라 작은 저장통에서 바로 딴 맥주도 제공했다. 그 시절 얼음은 정육면체가 아닌 덩어리였기에, 어린 내가 무시무시한 얼음송곳을 들고 얼음을 잘게 부순 후, 두꺼운 캔버스 천에 싸인 대야에 넣어 배가 볼록한 맥주 저장통 주위를 가득 채우는 임무를 맡았다. 어머니는 디저트로 와인에 절인 복숭아 외에도, 신선한 딸기로 붉은 줄무늬를 만들고 블루베리로 별 뒤의 푸른 들판을 표현한 성조기 모양의 직사각형 스펀지

케이크를 만들었다.

저녁을 먹기 전에는 말발굽 편자 던지기 게임이나 보체 구슬 치기를 빼놓지 않았고, 저녁을 먹은 후에는 음악을 빼놓지 않았다. 삼촌들은 만돌린이나 피아노를 연주하며 〈Darktown Strutters Ball〉 같은 옛날 미국 노래의 이탈리아 버전과 오래된 이탈리아 민요를 불렀다. 이런 노래들은 미국 독립 전쟁 당시 거의 군가처럼 불린 〈양키 두들〉과 〈You're a Grand Old Flag〉 같은 오래된 미국 노래와 더불어 독립기념일을 축하하기 위해 모인 이탈리아인들에게 완벽한 배경음악이 되어 줬다.

점점 더 많은 1세대 이민자들이 세상을 떠나자, 더이상 7월 4일은 중요하지 않은 날이 되어가는 것 같았다. 우리는 여전히 남아 그날을 축하했지만, 예전만큼 참여하는 인원도 많지 않았고 열정도 덜했다. 심지어 우리 세대가 성년 초기에 이르자 각기 다른 정치적 견해도 가지기 시작했다. 무슨 일이 있어도 미국은 세계에서 가장 위대한 국가라 믿는 보수적인 이전 세대와는 의견이 맞지 않았다. 9·11 테러 공격 이후, 이 끔찍한 잘못을 바로잡는 과정에서도 그 차이는 더욱 벌어졌다.

나와 몇몇 진보적인 친척들에게는 성조기가 자유, 수용, 가능성의 상징이 아니라, 이제는 강한 애국심을 가진 사람들이 무기처럼 흔들어 대고 독점하는 수단으로 바뀌었다는 생각이 들었다. 또다시 이민자들은 비난당하고, 정부의 중동 전쟁을 반대하는 것이 사실상 반역에 가깝게 여겨지는 나라에서 살아가고 있었다. 심지어 극보수파는 프랑스가 이라크로 군대를 파병하여 미군을 돕지 않는다는 이유로 프랑스산 와인을 보이콧하고 병을 깼으며, 심지어 프렌치프라이를 '프리덤 프라이'라 부르기 시작했다. 그것들을 내게 보내줬으면 얼마나 좋았을까? 군대 말고 와인 말이다. 이 글을 쓰는 지금, 그런 끔찍한 날들이 얼른 끝나기를 희망한다.

지금은 대부분의 시간을 런던에서 보내고 있어서 독립기념일을 축하하는 것이 조금 불편하다. 미국 식민지 개척자들이 승리하고 영국인들은 패배했기 때문이다(전쟁은 오래전 일이지만 영국인 내 아내와 그 가족들에게는 아픈 역사를 자꾸 헤집는 느낌이라 승리의 날을 축하하는 것이 매우 어렵다). 그러나 오바마 행정부 시절 우리 가족과 나는 운 좋게도 윈필드 하우스런던 리젠트 파크에 위치한 미국 대사관에서 열린 7월 4일 행사에 두 번이나 초대받았다. 이 행사는 외국인(이민자를 좋게 일컫는 말)과 그들의 가족을 위한 멋지고 격조 있는 행사였는데 미국 군악대와 재즈 가수를 볼 수 있었고, 온갖 전통적인 미국 음식도 먹을 수 있었다. 다른 곳도 아닌 하필 영국에서 열린 이 두 번의 행사 덕에 아이러니하게도 나는 독립기념일의 모든 측면을 긍정적으로 바라보게 됐다.

낯선 외국 땅에서 미국 민주주의 축하 행사에 참여하고 나니, 어린 시절 평화롭게 그릴 위에 올라가 있던 이탈리아 이민자들의 소시지와 후추가, 미국의 핫도그와 햄버거가 그리워졌다.

나의 외할머니 콘체타 여사는 내가 지금까지 만난 사람 중 가
장 재미있고 관대했으며, 요리까지 정말 잘하는 사람이었다. 외할
머니는 세 살 때 칼라브리아를 떠나 맨해튼에 구석에 위치한 버플
랜크로 이민을 왔다. 내 생각에 외할머니는 증조할머니께 요리를
배워서 모든 레시피를 완벽하게 마스터했던 것 같다. 우리 어머니
처럼 외할머니도 기회만 있었더라면 아주 성공한 셰프가 됐을 것
이다.

어릴 적 외할머니는 늘 주방에서 음식을 만들고 있었다. 그래
서 항상 주방 아니면 지하실에 있었는데, 이 지하실은 종종 '준비
작업'을 하는 보조 주방으로 쓰였다. 지하실에 있는 낡은 에나멜
테이블 위에서 아기 엉덩이처럼 부드러운 피자 도우를 만들거나,
계속해서 늘어나는 대가족이 감당되지 않을 땐 통풍이 되지 않아
위험천만한 그곳에서 소스를 끓이고 파스타를 삶곤 했다.

내게 그 지하실은 멋진 타입캡슐이자 안식처였다. 위층 복도로
이어지는 계단 때문에 둘로 나뉜 공간 한쪽에는 보조 주방이 있었
고, 반대편에는 외할아버지의 작업장이 있었다. 한 쪽 벽을 따라
길게 늘어선 작업대 하부에는 낡은 수공구와 나사, 못, 볼트 등이
가득 든 수십 개의 유리병들이 뚜껑 덮인 채 못으로 고정되어 있
었다. 무엇이든 뚝딱뚝딱 잘 고치는 사람이 만약 자신의 연장으로

최고로 멋진 장식품을 만든다면 바로 이런 모습일 것 같았다. 그 공간의 왼쪽 구석에는 내가 가장 좋아하는 와인 저장고로 들어가는 문이 있었다.

와인 저장고는 대략 가로 2.4미터, 세로 3미터의 천장이 낮고 동굴 같은 방으로, 안에 들어가려면 습기 때문에 바닥에서부터 썩어 올라간 하얀 문을 통과해야 했다. 오른쪽 내부에는 거칠게 다듬은 선반이 놓여 있었고, 그 위에는 지난 계절에 만든 귀한 수제 토마토 소스들이 긴 유리병에 담겨 있었다. 이쯤에서 다른 얘기는 집어치우고 이 중요한 붉은 액체가 무엇이며 어떻게 만들어지는지 설명하겠다.

외할머니표 토마토 소스

재료

토마토 (양은 본인이 결정)

소금

싱싱한 바질

도구

무거운 금속 쇠살대가 있는 야외 개방형 화덕 또는 불구덩이

아연으로 도금된 큰 알루미늄 통 2개

흰색 베갯잇 1개

유리병과 뚜껑 여러 개

국자 1개

깔때기 1개

병뚜껑 부착기 1개

통 하나를 덮을 수 있는 두껍고 큰 유포물기가 스며들지 않도록 한쪽에 기름막을 입힌 천 1장

통 하나를 채울 만큼 충분한 물

만드는 법

1__ 불을 피운다.

2__ 알루미늄 통 1개에 물을 채워서 뜨거운 화덕 쇠살대 위에 올린다.

3__ 토마토를 베갯잇에 밀어 넣는다.

4__ 토마토 모양이 완전히 사라질 때까지 젖 먹던 힘을 다해 꽉 눌러 짜서 토마토즙을 만든 후, 남아있는 알루미늄 통 1개에 채운다.

5__ 알루미늄 통에 채운 토마토즙을 국자와 깔때기를 이용해 유리병에 하나씩 채운 다음, 소금 한 꼬집과 바질 잎 하나를 넣는다.

6__ 병마개를 막는다.

7__ 화덕에서 물이 끓고 있는 알루미늄 통에 토마토즙으로 채운 유리병을 집어넣는다.

8__ 유리병 위를 유포로 덮는다.

9__ 유리병을 잠시 끓인다. (식중독에 대한 책임은 지지 않습니다.)

10__ 유리병을 꺼낸다.

11__ 유리병을 식힌다.

12__ 시원한 공간에 저장한다.

1년 내내 사용된 이 소스는 졸이지 않아 가볍고 달콤해서 올리브오일과 볶은 마늘, 양파를 넣어 요리하거나 어떤 방식으로든 원하는 대로 만들 수 있었다.

하루나 이틀을 투자하면 몇 달 동안 이 빨간색 금덩어리를 즐길 수 있었는데, 이 병들은 와인 저장고 나무 선반 위 올리브오일에 담근 구운 피망, 그린 토마토 피클이 담긴 밀폐된 유리용기들과 함께 보관됐다. 봉인되어 있는 이 보물들 위 대들보에는 직접 만든 작은 살라미와 배 모양의 둥글고 매끈매끈한 프로볼로네 치즈가 매달려 있었다.

다시 와인 저장고로 돌아간다. 그렇다, 머스트_{발효되지 않은 포도즙}로 돌아가야 하는 것이다. 공기를 뒤덮고 있는 이 눅눅하고 진한 머스트와 곰팡이는 와인 저장고를 들어간 순간부터 내 마음을 온통 빼앗는다. 첫 숨을 쉬고 나면 콧구멍과 폐에서도 춤을 추고 있는 듯한 이 느낌은 포자에서 새 생명체가 번식하고 있음을 확신할 수 있었다. 그러나 악취 나는 오크통에서 발효된 술을 꺼내어, 아버지나 삼촌들(나중에는 나와 내 친척들)에게 건넬 때 외할아버지가 느끼는 자부심은 호흡기 질환 따위는 신경도 쓰이지 않을 만큼 보기만 해도 영광이었다. 사실 나는 와인 저장고에서 거행되는 이 의식을 남자들의 통과의례로 여겼기 때문에 동생들이 따라오고 싶어 하면 몹시 화가 났던 기억이 난다. 어쨌든 운이 좋아 거기에 있을 수 있던 우리는 디캔터_{침전물을 걸러내는 도구}에 담긴 자주색 탁한 술을 위층으로 가져가 건배하며 자부심에 차올랐었다.

그게 세상에서 가장 맛있는 와인이었냐고?
아니.
가장 맛없는 와인?
거의 그런 편.
그게 중요했나?
절대.

와인은 우리가 사랑해 마지않는 외할아버지의 일부였고, 그 와인은 우리의 입술을 통과한 많은 술 중에서 가장 달콤했다.

와인 저장고와 주방, 수많은 추억들이 담겼던 그 집은 오래전에 팔렸지만, 텁텁하면서도 달고 시고 신선했던 맛과 향은 오늘날까지 내 코와 입 그리고 마음에 고스란히 남아 있다.

외갓집 뒷마당에는 큰 정원이 있었고 거기에는 상상할 수 없을만한 온갖 종류의 채소를 길렀다. 또한 토끼와 닭 그리고 한두 마리 염소도 키웠는데 놀랍게도 이는 모두 가족들을 먹이는 데 쓰였다. 정원과 집은 계절에 따라 변하는 다양한 활동의 중심지이기도 했지만, 과일나무를 접목하고 채소를 심고 가축을 기르는 것에서

부터 화덕을 수리하는 모든 일들은 결국 접시 위에 올라가기 위해 바쳐졌다.

외할머니와 외할아버지는 칼라브리아의 극심한 가난을 피해 이민 왔기에 일밖에 몰랐다. 모든 노동은 생존과 최소한의 편안함을 유지하는 데 쓰였다. 어떤 것도 낭비하지 않았고 사치는 상상도 못했다. 그 둘에게는 꼭 필요한 것들만··· 소용이 있었다.

이탈리아 남부는 20세기 초반까지 봉건 제도가 여전히 존재했고 대부분의 사람들은 부유한 지주들을 위해 땅을 경작했다. 미국이 그들에게 다양한 일자리를 약속하면서 많은 사람들이 이민을 택한 것이지만, 사실 DNA의 일부였던 농업과 손재주를 더 이상 쓰지 않게 된다는 의미인 줄은 아무도 몰랐다. 채소를 키우거나, 가축을 기르거나, 집을 짓고 경작하는 일 모두 스스로 할 수 있는데 왜 대체 그것을 돈 주고 다른 사람에게 시키고 사 먹는단 말인가? 그들의 마음가짐이 변하지 않았기에 뒷마당은 그들이 버리고 온 땅의 축소판이 됐다.

이탈리아에 가본 적이 있다면 가파른 언덕이나 자동차 도로 바로 옆 혹은 그 어디든 정원과 포도밭이 계단식으로 알차게 심어져 있는 걸 봤을 것이다. 이탈리아 사람들에게는 극단의 지리적 환경에서도 최고의 농산물을 길러내는 재능이 있다. 산악 지역인 나라치고 포도밭과 소규모 농장의 수가 엄청나게 많으며, 그들이 생산하는 작물의 품질과 다양성 역시 뛰어나다. 시칠리아 사람들은 에트나 활화산 근처의 토양이 좋기 때문에 품질 좋은 채소와 포도를 재배하기 위해 모든 위험을 기꺼이 감수한다. 나폴리 외곽 베수비오 활화산 아래에서도 놀랍도록 깊고 달콤한 '산 마르자노 토마토'가 재배되는데 이 역시 마찬가지다.

외할머니와 외할아버지는 미국에 집을 지으면서 뒷마당에 큰 채소 정원을 만들었고, 어머니가 어렸을 때는 염소와 닭, 토끼 등 가축을 잡아먹기 위한 작은 농장까지 지었다. 우리는 그 동물들의 먹을 만한 부위는 버리지 않고 다 먹었다. 닭의 간, 심장, 발은 오랫동안 전해 내려오는 가족 레시피대로 구워 먹었고, 남은 부위는 수프나 고기육수를 만드는 데 사용했다. 토끼도 비슷한데 이 얘기는 듣기 힘들어하는 사람이 많을 것 같다(어릴 때, 동생들과 나는 외할아버지가 만든 토끼장에 자주 가곤 했다. 우리는 토끼에게 먹이를 주며 이름을 물어봤지만, 외할아버지는 늘 대답을 피하셨다. 아마 죽일 동물들에게 이름을 붙이지 않는 것이 좋다고 생각하셨던 것 같다. 하지만 가장 통통한 녀석은 이 세상에 오래 있지 않을 거라고 넌지시 얘기했던 게 기억난다). 염소는 지하실로 끌려가서 뒷다리가 묶인 채 목이 베이고 피가 뽑힌 다음 4등분됐다.

믿을 만한 소식통에 따르면, 부모님이 약혼했을 때 아버지가 이 은밀한 내장 적출 과정을 함께한 적이 있었다고 한다. 이때 미래의 장인어른은 일부러 이런 잔인한 작업을 하기에는 부적합한 둔한 칼을 준비했고, 아버지는 불쌍한 짐승이 고통에 못 이겨 사방으로 오줌 지리는 것을 보고 바로 기절해 버렸다고 한다. 미래의 사위가 바닥에 널브러져 정신 차리지 못하는 광경을 본 외할머니가 어머니를 돌아보며 이렇게 딱 한 마디 했다고 한다. "저런 인간과 결혼을 하겠다고?"

이런 얘기를 들으면 당혹스러운 사람도 많겠지만, 우리 가족에게 가축 잡는 일은 일상다반사였다(칼을 예리하게 갈아 놓지 않은 건 이해 가지 않지만). 물론 외할머니가 몇 킬로미터 떨어진 슈퍼에서 물건을 사기도 했지만, 오래된 습관은 필요하지 않으면 깨기 어려운 법이다. 사냥하고, 가죽을 벗기고, 4등분 한 끝에 동물을 먹는 것은 소중히 여겨야 할 우리의 전통이었다.

내가 13살 때쯤 어느 날 뒷마당에 갔더니, 외할머니는 친구가 사냥 가서 잡아온 다람쥐를 손에 쥐고 가죽을 벗기고 있었다. 나는 몹시 흥분해서 외할머니를 미친 사람 보듯 바라봤고, 외할머니는 오히려 그런 나를 미친 사람처럼 바라봤다. 또 어떤 날은 낚시나 사냥을 다녀온 친구들이 주고 간 장어, 사슴고기, 심지어 참새 같은 것들이 냉장고에 차곡차곡 쌓여 있기도 했다. 외할머니는 선물에 대한 보답으로 집에서 만든 쿠키, 피자, 파이 또는 외할아버지가 만든 와인 한 병을 주곤 했는데 이 모든 것들은 항상 구비되어 있었다.

나는 이렇게 사소하지만 정이 느껴지는 분위기가 좋다. 특히 직접 만든 선물처럼 쉽게 구할 수 없는 것일 경우, 그 우정은 더욱 돈독해진다고 믿기 때문이다.

사랑하는 사람에게 선물을 주는 것에 대해 얘기하자면, 우리 부모님은 뭔가를 가져가지 않고는 어느 누구든 절대 만나지 않았다(나 역시 누군가의 집에 빈손으로 가는 건 용납하지 못한다). 그렇다고 해서 가족 모두가 반드시 지켜야만 하는 룰은 아니었다.

만약 우리가 일요일에 외할머니 댁을 방문한다고 가정해 보자. 그러면 어머니는 치킨 한 마리와 외할머니의 취향을 충족시킬 패니 파머 초콜릿, 치즈를 갖고 갈 것이다. 그러면 보통 "그냥 와도 되는데 뭘 이런 걸 준비했어, 고마워 잘 먹을게."라고 말하면, 상대방은 "아, 별거 아니에요, 좋아하셨던 게 생각이 나더라고요." 쯤으로 대답할 것이다. 그러면 받는 사람은 아마 "마음씨도 착하네!" 같은 말을 하고 그걸로 끝날 테지만, 우리 집에서는 그렇지 않았다. 외할머니 댁을 방문한 날에는 완전히 정반대의 상황이 발생했다.

이해를 돕기 위해 위의 상황을 시나리오로 작성해 봤다. 이들은 모두 서로를 매우 사랑한다는 점을 유념하시라.

S #2 _____ 출발

1972년, 우리는 노동자 계층이 주로 사는 뉴욕 버플랜크에 위치한 집 주방에 있다. 긴 테이블에 크리스틴(6세), 지나(9세), 나(12세), 아버지(43세), 외할아버지(70대)가 둘러 앉아 있다. 주방 싱크대 옆에는 어머니(30대 후반)와 외할머니(60대)가 있다. 방금 푸짐한 식사가 끝났다. 외할머니는 신선한 채소를 비닐봉지에 담기 시작한다.

어머니	뭐 하시는 거예요?
외할머니	너 토마토 좀 주려고.
어머니	안 줘도 돼요.
외할머니	밭에서 딴 거야.
어머니	친구가 키워서 가져다준 게 있어요.
외할머니	신선하냐?
어머니	네.
외할머니	음, 이것도 가져가라.
어머니	싫어요!
외할머니	왜?
어머니	그게 내가 벌써… 알았어요, 조금만 주세요.
외할머니	아주 신선해, 봐라!
어머니	그래 보이네요…

외할머니가 비닐에 토마토를 제법 많이 집어넣는다.

어머니	뭐 하시는 거예요?
외할머니	토마토 담잖니.
어머니	왜 이렇게 많아요? 그거면 돼요!
외할머니	그냥 가져가라!

어머니가 한숨을 쉰다. 침묵이 흐른다. 남자들이 와인잔을 비운다.

어머니   얘들아, 코트 가져와라!

우리는 코트를 가져온다.

어머니   (아버지를 바라보며) 당신 운전할 수 있겠어?
아버지   누구? 나?
어머니   응, 당신.
아버지   나 멀쩡해.
어머니   와인 얼마나 마셨어?
아버지   당신이 걱정할 만큼은 안 마셨어.
어머니   커피 마셔.
아버지   마셨어.
어머니   그럼 왜 또 와인을 마시고 있는데?
아버지   당신 아버지가 부어주시는 걸 어떡해…
어머니   부어주신다고 꼭 마셔야 되는 건 아니잖아.
아버지   그래도 예의상 그건 아니지.

아버지가 외할아버지를 쳐다보자, 외할아버지는 고개를 끄덕이며 빙그레 웃는다. 아버지가 와인을 다 마시고 일어선다. 외할머니는 불룩해진 비닐봉지를 아버지에게 건넨다.

외할머니   여기 있네.
아버지   감사합니다.
외할머니   이것도.

외할머니가 아버지에게 5달러 지폐를 쥐여 주려 한다.

아버지	이건 뭡니까?
외할머니	그냥 받게.
아버지	무슨 돈인지 알아야…
외할머니	자네가 사 온 치킨 값이네.
아버지	됐습니다.
외할머니	그냥 좀…!

외할머니가 5달러 지폐를 비닐봉지에 쑤셔 넣는다.

아버지	이건 안 받겠습니다.

아버지가 지폐를 봉지에서 꺼낸다. 어머니가 다가와 아버지의 손에서 5달러 지폐를 낚아챈다. 지폐를 둥글게 구겨서 테이블 위로 던진다.

어머니	이건 됐어요!
외할머니	아이고, 꼭 그래야겠냐?
어머니	(봉지 안을 들여다보며) 도대체 이 안에 뭘 넣으신 거예요?
외할머니	아무것도 안 넣었다.

어머니가 봉지를 빼앗아서 안에 잔뜩 든 물건을 살펴본다.

어머니	애호박은 필요 없어요, 몇 개 사뒀단 말이에요!
외할머니	그래도 이건 신선한 거잖냐.
어머니	내가 산 것도 신선해요!

어머니가 애호박을 꺼낸다.

외할머니	그냥 가져가!

어머니   싫어요!

어머니가 애호박을 테이블 위에 세게 내려놓는다.

외할머니   으이구, 고집불통 같으니···

외할머니가 테이블 위 구겨진 5달러 지폐를 조심스레 집어 들고는 착착 편다.

외할머니   네 아들은 어딨냐?
나   (거실에서) 저 여기 있어요!
외할머니   어디?

내가 나타난다.

나   외할머니, 저 여기!
외할머니   (조용한 목소리로) 이거 가져가···

외할머니가 내게 5달러 지폐를 건넨다.

나   안 돼요, 외할머니···
외할머니   가져가!
어머니   어머니!
외할머니   네가 싫으면 쟤라도 가지게 해줘라!
나   제가 가질게요···!

아버지가 내게 돈을 달라는 제스처를 취한다. 내가 돈을 건넨다. 아버지가 지폐를 외할아버지 옆 테이블 위에 놓는다. 외할아버지가 어깨를 살짝 으쓱한다.

어머니	(비닐봉지에서 치즈 한 덩이를 꺼내며) 이건 왜 또 여기 있지?
외할머니	뭐?
어머니	이건 내가 가져온 치즈잖아요!
외할머니	네가 가져가!
어머니	왜 저걸 내가 가져가요? 어머니 드렸잖아요!
외할머니	그래도 네가 치즈 좋아하잖니.
어머니	어머니도 좋아하잖아요, 그래서 사 온 건데!
외할머니	난 치즈 많이 있어.

어머니가 냉장고를 열고, 치즈를 말 그대로 안에 던져 넣고 문을 쾅 닫는다.

어머니	자, 얘들아! 우리 가자!
외할머니	넌 왜 돈을 안 받으려는 거냐?
어머니	그 돈 필요 없어요. 다시는 어머니한테 뭘 가져오지 않을 거예요, 맹세코!
외할머니	좋다, 난 아무것도 필요 없어!
어머니	얘들아!
우리	(다른 방에서) 우리 여기 있어!
아버지	와서 안녕히 계시라고 인사해야지.

동생들과 나는 외할머니와 외할아버지에게 인사를 한다. 그러는 동안 외할머니가 우리에게 각각 1달러 지폐를 쥐여 준다. 아니 더 정확히 우리 셔츠 앞부분에 밀어 넣는다.

우리	외할머니 안 돼요, 안 돼…
외할머니	조용히 하고 돈 가져가, 안 그러면 너희들 다시는 여기 못 와!

우리가 아버지를 돌아보자 아버지가 고개를 끄덕이며 천천히 눈을 끔뻑인다. 돈을 받아도 된다는 뜻이다.

우리	감사합니다, 외할머니.
외할머니	받아줘서 내가 더 고맙다, 잘 가거라.

우리는 차례로 외할머니 볼에 뽀뽀한다. 이어 아버지는 외할아버지와 포옹하고 외할머니와 볼키스를 나눈다. 그런 다음 어머니는 외할아버지, 외할머니와 볼키스를 나눈다.

어머니	알았어요, 고마워요 어머니.
외할머니	뭘?
어머니	다음에 말씀드릴게요.
외할머니	내가 그때까지 살아 있거든 그러렴.

외할아버지가 눈을 흘긴다. 아버지가 웃는다. 우리 모두 떠나면서 서로에게 몇 번 더 큰 소리로 작별 인사를 한다. 가다가 뒤돌아보면 외할머니는 주방으로 돌아가고 있고, 외할아버지는 흔들의자로 걸어가 쿠션 아래에 있던 이탈리아어 신문을 꺼내 앉아 읽기 시작한다. 집은 다시 조용하다.

외할머니 집 정원에서 많은 음식을 얻을 수도 있었지만, 근처 허드슨강에서도 얼마든지 먹을 것을 구할 수 있었다. 어렸을 때 나는 게를 잡기 위해 외할머니, 외할아버지와 함께 부두 끝에 가서 그물 바닥에 생닭을 묶은 뒤, 탁한 물속으로 던지는 것을 좋아했었다(영국 게가 종류도 많고 질도 좋지만, 내게 최고의 게는 미국 동해안의 블루크랩이다. 달콤하고 부드러우며, 살도 넉넉해서 망치로 몇 시간 동안 계속 까먹어도 질리지 않는다).

방금 게가 허드슨강에서 나왔다고 말한 점이 아주 중요하다. 그 당시 허드슨강은 제너럴 일렉트릭 허드슨강 상류에 위치한 제너럴 일렉트릭 공장이 1947에서 1977년 사이에 약 590톤의 폴리염화비페닐을 방류한 사건 과 인디언 포인트 원자력 발전소 원자로를 냉각하기 위해 수백만 리터의 허드슨 강물을 빨아들인 후, 독성 폐수를 다시 강으로 흘려보내서 해양 생물이 떼죽음을 당한 사건 때문에 극도로 오염된 사실을 알고 있을 것이다(현재는 리버키퍼 같은 단체들이 환경을 바로잡기 위해 노력해서 큰 성과를 보이고 있다). 그럼에도 우리 가족은 모른 척하고 강에서 나오는 것을 먹었다. 내가 알기론 가족 누구도 암에 걸리거나 복통조차 크게 앓지 않았다. 이탈리아인의 면역 체계가 엄청나게 강하다는 사실을 다시 한 번 알 수 있다.

이탈리아에서도 칼라브리아인은 'Teste Dure'로 알려져 있다. 문자 그대로 직역하면 '단단한 머리'라는 뜻이지만, 의지가 아주 강하고 고집이 센 사람들을 의미한다. 가족들이 장수한 이유도,

그들의 몸이 마음보다 더 고집스럽고 강해서 그런 것 같기도 하다.

　어쨌든, 우리는 이 원자 게들을 잡느라 몇 시간을 나른하게 보
낸 뒤, 그것들을 삶아서 외할머니 집 뒷마당에 있는 퍼걸러정원에 덩
굴 식물이 타고 올라가도록 만들어놓은 아치형 구조물 아래 테이블에 대충 부었다. 그
리고 통옥수수, 삶은 감자, 토마토 샐러드, 외할머니가 만든 빵과
함께 먹었다(사람들은 종종 통옥수수하면 중서부를 떠올리지만, 뉴욕 주
의 옥수수가 지구상에서 가장 달콤하고 맛있다. 8월이 되면 식료품점과
농장 가판대에는 실버 퀸Silver Queen이라 불리는 다양한 종류의 옥수수가 넘
쳐난다). 물론 외할아버지가 만든 와인하고 그 당시 유행했던 쉐퍼
Schaefer나 블랙 라벨Black Label 같은 시원한 맥주도 곁들였다.

　게를 직접 삶아본 적이 있다면 먹을 수 있는 살에 비해 할 일은
엄청나게 많다는 것을 알 것이다. 하지만 맛으로 충분히 보상받는
다는 것도 알고 있다. 우리 가족은 맛이 주는 이러한 보상을 좋아
했다. 또한, 이 고된 작업을 하며 서로 더 오랫동안 대화를 나눌
핑계가 생기기에 더 즐겼었다.

　다음은 우리가 게와 함께 먹은 토마토 샐러드의 레시피다.

토마토 샐러드
-4인분-

재료
작은 토마토 8개 (크기에 따라 4등분 혹은 2등분)
반으로 자른 마늘 한 쪽
엑스트라버진 올리브오일 한 바퀴
찢어 놓은 바질 잎 한 움큼
레드와인 식초 한 방울 (선택사항)
굵은소금

만드는 법
1__ 자른 토마토를 볼에 넣고 마늘, 올리브오일, 바질 그리고 (사용한다면)
   식초를 넣어 섞는다.
2__ 테이블에 내기 몇 분 전 소금을 뿌린다(너무 일찍 넣으면 토마토에서 물이
   나와 음식이 묽어진다).

통옥수수는 기호에 맞게 간을 하여 삶은 후, 큰 접시에 올려 바로 테이블에 가져간다. 그러면 성질 급한 사람들이 뜨거운 옥수수를 잡고 버터를 바른다. 그러나 옥수수에 버터를 바르는 일은 '나이프에 버터를 묻혀 옥수수에 바르는 것'이 아니다.

절대 아니다.
절대로 나이프로 발라서는 안 된다.

집에서 만든 빵 한 조각에 버터를 듬뿍 묻혀 간이 된 옥수수에 발라주면, 한 가지 음식으로 진정한 이탈리아 스타일의 두 가지 요리가 만들어진다. 첫 번째는 버터가 스며든 옥수수고 두 번째는 버터 바른 옥수수의 단맛으로 가득해진 빵이다. 이것은 이미 맛있는 음식을 더 맛있게 만들어 가장 맛있는 식사를 즐길 수 있게 해준다. 너무 간단해서 어처구니없을 정도지만 우리 가족을 제외하면 아무도 모르는 방법인 것 같다. 기회가 된다면 통옥수수를 먹을 때 위의 방법을 시도해 보길 바란다. 그러면 내가 하는 말을 맛으로 느낄 수 있을 것이다.

식사를 마친 후 보체 구슬치기 게임까지 억지로 끝내고 나면 드디어 집에 돌아갈 시간이 된다. 차에 타자마자 우리는 뒷좌석에서 꾸벅꾸벅 졸고, 버터와 게에서 나오는 희미한 향도 함께 싣고 집으로 달린다.

3

1973년도에 우리 가족은 카토나 집을 떠나 이탈리아에서 1년 동안 살았다. 아버지가 피렌체 중심부에 위치한 디 벨레 아르티 아카데미에서 드로잉, 조각, 청동 주물을 공부하기 위해 안식년 휴가를 가졌기 때문이다. 어머니와 동생들 그리고 나는 버몬트 북쪽이나 맨해튼 남쪽에도 가본 적이 없었고, 비행기도 타본 적이 없었다. 그래서 세계의 절반을 날아 완전히 다른 나라에서, 그것도 교외가 아니라 도시에서 살게 됐다는 것에 매우 흥분했고 또 조금은 긴장도 됐다.

로마에 도착해 피렌체로 가기 전, 관광을 하기 위해 며칠 밤을 펜션에서 묵었다. 우리는 시스티나 성당, 콜로세움, 포로 로마노 등 관광객들이 흔히 가는 장소를 방문했는데, 이런 곳들은 뉴욕 록펠러 센터나 엠파이어스테이트 빌딩 혹은 그런 것들보다 오래된 건물을 본 적 없는 우리의 눈에 단연 압도적이었다.

매일 저녁 숙소와 멀지 않은 레스토랑에 가서 식사를 했는데, 솔직히 말해서 그곳이 내가 안에 앉아 식사를 한 첫 레스토랑이었다. 내 기억이 맞는다면 12살 즈음이었던 내가 가본 유일한 레스토랑은 우리 집에서 몇 킬로미터 떨어진 곳에 있었던 머스쿠트 태번이라는 피자 가게뿐이었다.

'머스쿠트'라는 이름은 뉴욕의 음용수를 공급하는 인근 저수지의 이름을 본 딴 것이었다. 1920년도에 지어진 머스쿠트 태번은 좁고 낡은 건물로, 바닥도 기울어진 배처럼 경사져 있었다. 내부 또한 어둡고 우중충했으며 나무로 된 낡은 바와 체크무늬 테이블보가 씌워진 테이블이 20개 정도 있었다. 약 2달러에 차가운 생맥주, 밀러하이라이프같은 맥주들이 긁힌 유리 피처에 담겨 제공됐고, 양상추 샐러드는 아직도 미국 일부 레스토랑에서 쓰이는 작고 얇은 나무 그릇에 담겨 나왔다. 그곳은 주변도 허름해서 아마 보건법 위반 사례도 많았을 테지만 얇은 크러스트 피자가 맛있어서 장사가 꽤 잘 됐다(어퍼 웨스트체스터의 인구가 많아지면서 다른 피자 가게도 많이 생겼지만, 그중 어느 곳도 머스쿠트의 피자 맛을 따라가지 못했다).

우리 가족은 1년에 두세 번 정도 특별한 일이 있을 때 머스쿠트에 가거나, 매년 건강 검진이 끝난 후 '마운트 키스코 프렌들리'에서 햄버거를 먹는 것을 제외하면 외식의 경험은 거의 없었다(최근, 세계 최고 레스토랑 중 한 곳인 오스테리아 프란체스카나의 오너 셰프 마시모 보투라의 아내 '라라 길모어'가 바로 이 '프렌들리' 레스토랑에서 서빙했다는 사실을 알게 됐다. 독자들이 이런 정보를 알고 싶어 할 것 같아서 일부러 마시모의 이름을 언급했다. 앞으로도 이런 식으로 계속 언급할 예정이다).

어쨌든, 우리가 살던 50년 전 웨스트체스터는 레스토랑이 극히 드물었고, 있어도 저렴하거나 한때 유행했던 오렌지 소스를 곁들인 오리 요리처럼 전통적인 프랑스 요리를 파는 고급 레스토랑이었다. 솔직히 지금도 그렇지만 당시에는 공립학교 교사의 월급이 그리 많지 않아서 5인 가족이 외식하기에는 경제적으로 어려웠다. 때문에 거의 집에서만 먹었지만 어머니의 요리 솜씨가 수준급이라 저렴한 레스토랑은 말할 것도 없고, 고급 레스토랑 요리도 어머니가 아무 때나 만들어주는 음식보다 맛이 없었다.

그래서 레스토랑에서 밥을 먹는 것, 특히 로마에 있는 레스토랑에서 밥을 먹는 건 나와 동생들에게 새로운 경험이었다. 우리가 관광하는 동안 먹었던 음식들은 기억이 나지 않지만 아마 단순한 파스타 요리였을 거고, 부모님도 12살, 9살, 6살 아이들이 깨지 않고 밤새 잘 자는 정도로 충분히 만족스러웠을 것이다. 하지만 그곳이 정갈하고 깨끗했으며, 오늘날 대부분의 이탈리안 레스토랑처럼 불이 아주 환했다는 것은 기억난다. 좌석 세팅도 잘 되어 있었고 우리가 자리에 앉자마자 웨이터가 뒤집어져 있던 유리잔을 바로 해주었던 기억도 난다. 또, 흰 테이블보와 웨이터들의 희고 빳빳한 재킷도 생각나고, 아버지가 뿌듯해하며 약간 어눌해진 이탈리아어로 1년 동안 여기에서 살게 됐다고 설명했을 때, 그들이 상냥하게 대해줬던 기억도 난다. 나를 둘러싼 모든 것들은 낯설었지만 그 분위기는 무척 좋고 설렜다. 레스토랑의 준비 상태, 웨이터들의 응대 태도 그리고 빈 테이블에 보이지 않게 깃든 기대감이 좋았다. 오늘 저녁이든 다른 어떤 저녁이든 이곳에서 행복한 일이 생길 것만 같았다.

　이유는 모르겠지만 나는 레스토랑 웨이터들이 조끼나 재킷 단추를 미처 채우지 못하고, 나비넥타이도 주머니에 매달려 있거나 아니면 목 주위에 대충 걸친 채 오픈을 준비하는 과정이 마음에 들었고 큰 안정감도 느꼈다. 특히 오픈 준비를 끝내서 웨이터들이 말끔하게 다려진 유니폼의 마지막 단추를 채울 때, 지배인이 모두를 초대하듯 문을 활짝 열고 안으로 물러나 첫 손님을 기다리는 순간을 좋아한다.

　수개월 후 우리는 로마에 돌아가 같은 레스토랑을 다시 방문했다. 웨이터들은 처음 방문했던 그날처럼 변함없이 우리를 친절하게 맞이해 줬다. 아버지는 그 모습에 모종의 신뢰가 생겼는지, 자리에 앉자마자 웨이터에게 얼마 전에 왔었던 그 가족이라고 얘기했다. 웨이터는 양손을 들어 올리고 크게 미소 지으며 다시 와서 반갑다고 우리를 환영해 줬고, 심지어 동생들의 이름까지 기억해서 불러줬다. 우리가 방문한 이후로도 끊임없이 많은 손님들을 맞이했을 거고, 지금까지 맞이한 손님만 해도 어마어마할 텐데 젊지도 않은 이 남자는 어떻게 그런 걸 다 기억하는 건지 우리로서는 알 길이 없었다. 다만 그가 이탈리아 웨이터의 전문성과 타고난 우아함을 대표하는 귀한 인물이라는 것쯤은 말할 수 있을 듯하다.

　피렌체에 정착했을 때 나는 이탈리아어를 한 마디도 하지 못해서 이탈리아어 학교를 등록했다. 제대로 된 문법을 배우기 위해 한 학년 아래로 들어갔는데, 이건 정말 현명한 선택이었다. 두 달 만에 이탈리아어가 유창해졌고, 체류가 끝날 즈음에는 아버지가 이탈리아어로 써야 하는 편지들을 내가 다 교정해 줬다(불행하게도 이탈리아어를 매일 쓰지 않은 결과, 지금은 거의 잊어버렸다. 하지만 이탈리아어 수업도 듣고 있고, 이탈리아로 자주 여행도 다니면서 연습할 기회는 생기고 있다. 나와 대화하는 인내심 많은 현지인들에게 미안하긴 하지만).

미국과 달리 이탈리아 학교는 점심시간이 없었다. 수업은 8시 30분쯤 시작해서 오후 1시에 마쳤고, 그 후에는 점심과 오후 휴식을 위해 모두 집으로 돌아갔다. 짧은 수업 시간을 보충하기 위해 토요일 오전 9시부터 오후 12시까지 수업이 있긴 했지만, 나는 오후에 자유시간을 더 많이 가질 수 있어서 이런 일정이 좋았다. 물론, 이 일정은 아이들이 점심을 먹으러 집에 갔을 때 돌봐 줄 어른이 집에 있다는 가정하에 계획됐다. 요즘은 확연히 바뀌었지만, 1970년대 초반 이탈리아는 늘 집에 어머니나 조부모님이 있었다.

날씨가 따뜻해지는 봄이 오면, 아마 순전히 우연의 일치겠지만 교사들의 파업이 더 잦아져서 집에 어른이 있는 게 훨씬 더 중요해졌다. 우리는 그해 내내 교사 파업을 여러 번 경험했는데 대개 파업이 일어나기 전에 알려줬다. 이런 갑작스러운 파업의 이유는 몰랐지만 아이로서는 교사들의 파업을 환영했다.

완연한 봄이 되어 나무에는 꽃이 피고 이탈리아의 푸른 하늘이 머리 위에 펼쳐져 어느새 여름이 코앞에 다가오면, 파업은 훨씬 더 잦아졌고 아무런 예고 없이 들이닥쳤다. 몇 번이나 학교까지 걸어가 텅 빈 복도를 마주했던 기억이 난다. 우리가 어떤 안내라도 받으려고 행정실 앞을 서성거리면 "애들아, 오늘 파업 때문에 수업 없어! 얼른 집에 가!"라고 남아있는 몇몇 직원이 말해주곤 했다. 그러면 우리는 아주 기뻐하며 집으로 돌아갔다.

처음 파업이 시작됐을 때 어머니는 예상치 못한 귀가에 놀랐고, 나는 들뜬 목소리로 파업한다고 알려줬었다. 그때 부모님은 적잖이 충격을 받았다. 두 분 다 미국 고등학교에서 일했고, 거기에서는 이런 일이 일어나지 않았기 때문이다. 그러나 결국 교사들이 더 자주 수업을 거부하고 내가 걸핏하면 학교 간지 30분 만에 돌아오자 어머니는 못마땅한 듯 눈을 굴리며 고개를 저었다.

내 동생들은 가톨릭 학교에 입학했고, 수녀들은 보통 더 나은 임금이나 더 짧은 근무 시간을 요구하지 않아 꾸준히 학교에 다녔다. 나는 제대로 된 이탈리아어를 배우는 데 치중해서 파업이 잦은 곳에 다니긴 했지만, 이탈리아에서 받은 교육이 내가 받은 모든 교육 중에서 최고라 할 수 있다.

그해 이탈리아에서 먹어본 진짜 본토 음식에 대해서 써보고도 싶지만, 유감스럽게도 우리는 다른 도시로 관광을 가거나 칼라브리아에 사는 친척 집을 방문하지 않으면 늘 집에서 식사를 했다. 이탈리아에서 안식년을 보내는 동안 아버지의 연봉이 줄긴 했지만, 옛날 이탈리아 화폐가 미국에 비해 가치가 매우 낮았기에 외식은 하려면 할 수 있었다. 하지만 우리 가족에게 외식이란 어림도 없었다. 부모님은 기차로 여행을 할 때조차, 밖에서 파는 비싼 샌드위치를 사 먹지 않기 위해 미리 재료를 다 사서 챙겨갔었다. 때문에 나는 몇 년이 지나 혼자 이탈리아를 여행하게 되고서야 비로소 경이롭고 다양한 이탈리아 본토 음식을 경험할 수 있었다.

그럼에도 칼라브리아 여행 중 기억에 남는 식사가 있다. 우리는 외할머니, 외할아버지의 고향인 이탈리아 치타노바라는 도시에 갔었다. 지금은 외할아버지의 친척들만 남아 있지만, 외할머니와 외할아버지가 피렌체로 우리를 방문하러 왔을 때, 다 같이 두 분의 고향으로 순례를 떠났었다.

치타노바도 그 당시 칼라브리아와 남부 전역에 있는 대부분의 도시들처럼 여전히 매우 가난했다. 그곳의 첫인상은 내가 시간을 거슬러 과거로 여행을 간 것 같은 느낌이었다. 피렌체에 비해 차도 눈에 띌 정도로 훨씬 적었고, 건물도 낡을 대로 낡았으며 마을 사람들은 로마 남부의 전통대로 가족이 죽었을 때나 입는 검은 옷을 입고 있었다. 대부분 대가족이라 항상 누군가가 유명을 달리하긴 했지만, 그때는 하필 마피아의 표적이 된 누군가의 옆을 걷다가 산탄총을 잘못 맞고 죽은 사람이 있었기에 특히 더 그랬다. 그러나 최근에 들은 얘기로는 진실을 약간 은폐했다고 한다. 아무도 정확히 무슨 일이 있었는지는 모르지만, 아마 모르는 게 최선일 것 같다.

치타노바의 거리는 매우 깨끗했지만 솔직히 건물 대다수가 황폐했다. 사람들은 수백 년 전 지어진 집에서 살았는데, 그중 많은 집은 아직도 흙바닥이었고 실내 배관이 없는 곳도 더러 있었다. 우리가 머문 곳은 고모할머니 중 한 분이 소유한 집이었는데, 바닥은 타일이었지만 뜨거운 물이 나오지 않았다. 실내 화장실조차 없어서 아버지가 작은 뒤뜰에 있는 돌 헛간에 나가 스토브에 끓인 뜨거운 물로 면도했던 게 기억난다. 사실 그곳은 최근에서야 실내 화장실을 설치했는데 변기만 있고 세면대는 없다.

우리는 치타노바에 닷새 동안 머물렀다. 그동안 가족들은 친척들과 못다 한 얘기를 나눴고, 나와 동생들은 외할머니와 외할아버지를 알아가는 계기가 됐다. 외할아버지의 여형제들과 그들의 자식들 그리고 또 그들의 아이들 등 수많은 친척들은 매우 가까운 거리에 살았다. 나는 어딜 가든 사방에서 나오는 어머니 쪽 DNA에 약간 압도당하는 기분이었다.

친척들이 열어주는 환영 파티의 중심에는 염소가 있었다. 몇몇 남자 친척이 아버지에게 염소를 사러 가자고 제안했고, 매우 더운 도시에서 할 일이 없던 나는 그 기회를 놓치지 않고 같이 따라갔다. 그때 딱 한 번 치타노바를 벗어났던 기억이 난다.

40분 정도 차를 타고 칼라브리아산으로 가니, 척박한 지형임에도 최대한 지혜롭게 경작해놓은 땅이 보였다. 나는 그렇게 건조하고 거칠고, 고집스러울 정도로 아름다운 땅을 본 적이 없었다. 하지만 가장 인상적이었던 건 전쟁이 끝난 지 한참 지났는데도 몇 킬로미터마다 사격 진지가 있었다는 점이었다. 제2차 세계대전에 집착하는 나로서는 바로 이 땅에서 연합군이 추축국과 전투를 벌인 장면을 상상하니 심장이 벌렁거리기 시작했다.

전쟁이 끝난 지 거의 80년이 지난 지금도 이탈리아, 특히 시칠리아와 이탈리아 서쪽 사르데냐 본토의 남부 해안에는 상당히 많은 사격 진지가 남아 있다. 버려지거나 사용되지 않는 많은 물건들처럼 가난한 나라 곳곳에는 그러한 공간이 실용적으로 활용된다. 사르데냐에서는 해변 레스토랑의 저장고나 현지 농부의 창고로 사용되는 것을 봤고, 시칠리아에서는 사생활을 원하는 청소년들이 야간 은신처로 사용한다는 것을 들은 적이 있다. 어느 나라든 그런 은신처에는 항상 낡은 담요와 값싼 술 그리고 콘돔이 포함되기 마련이다. 물론 우리 중 누구도 알 것 같진 않지만.

우리는 이탈리아 서쪽 지중해 해역의 티레니아해에서부터 아드리아해 남쪽에 있는 이오니아해까지 칼라브리아 전체가 내다보이는 산 정상의 작은 오두막에 도착했다. 그곳에서 동화책 주인공처럼 두꺼운 양털 바지와 코듀로이 코트 그리고 펠트 모자를 쓴 나이가 지긋한 목동을 만났다. 몇 분 뒤 돈이 오고 갔고(아버지도 돈을 내야 한다고 주장했지만 친척들에 의해 거부당했다), 껍질을 벗겨

내장을 뺀 다음 깨끗이 씻긴 염소고기가 차 트렁크에 실렸다. 우리는 다시 치타노바를 향해 내려갔다.

아쉽게도 나는 염소를 준비하는 과정은 보지 못했지만, 새로 알게 된 많은 친척들과 함께 긴 테이블에 앉아 있었던 게 기억난다. 하나같이 우리의 방문을 기뻐해 줘서 환영받는다는 느낌이 들었다. 친척들은 칼라브리아 방언으로 서로 신나게 얘기했는데 그때쯤엔 이탈리아어를 꽤 잘했던 나도 사투리는 알아듣기 힘들었다. 그래도 함께 와인병을 돌리고, 농담도 하고 주세페 베르디의 오페라 〈라 트라비아타〉에 나오는 〈브린디시〉를 부르며 축배를 들었다. 물론 염소고기도 실컷 먹었는데, 상당히 맛있었다.

그날 외할아버지는 내가 봤던 모습 중 가장 행복해 보였다. 오랜 세월이 흐른 뒤 고향으로 돌아와, 자신의 문화를 이해하고 사랑하는 사람들 틈에 섞여 누구보다 행복해하고 있었다.

외할아버지는 제1차 세계대전 당시 이탈리아 군에 징집되어 북부 이탈리아 산맥의 치열한 전투에 참전했었다. 그 후 고향으로 돌아왔지만, 극심한 가난에 시달려 결국 더 나은 삶을 찾기 위해 미국으로 떠났다.

외할아버지는 고향을 떠나면 오랫동안 돌아오지 못한다는 것을, 아니 돌아올 수 있을지조차 모른다는 것을 알고 있었다. 행여 돌아와도, 사랑하는 사람들이 생존해 있을지 미지수라는 것도 알고 있었다. 그럼에도 떠나야만 했던 외할아버지의 심정은 어땠을까? 나는 지금도 그런 삶을 헤아리기 어렵고 감히 상상조차 할 수 없다. 지도자들은 계속 같은 실수를 반복하고 주변 정세는 빠르게 변하는 와중에도 오직 살아남기 위해서, 앞으로 나아가기 위해서 해야만 했던 일들을 어찌 내가 가늠할 수 있을까.

그 시기의 많은 이탈리아 이민자들처럼 가족, 안정된 직장 그리고 뒷마당 정원은 외할아버지를 이 세상에 단단히 묶어 놓고 20세기의 휘몰아치는 혼란으로부터 보호해 주는 마지막 요새였다.

이탈리아에서 보냈던 시간을 떠오르게 하는 강력한 맛이 딱 하나 더 있다. 바로 얼마 안 되는 용돈으로 방과 후 매일 사 먹었던 간식 '스키아차타'다.

스키아차타는 포카치아 올리브유·소금·야채를 뿌려 구운 크고 둥근 이탈리아 빵 의 토스카나 버전이다. 기본적으로 만드는 방식은 똑같지만 더 얇게 만든다. 먼저 반죽을 손가락으로 누르거나 압력을 가해 핀 다음, 표면에 작은 구멍을 만들어 올리브오일을 붓고, 굵은소금을 듬뿍 뿌려 굽는 것이다. 그러면 겉은 바삭하고도 속은 푹신하고도 약간 부드러운 식감이 완성된다.

매일 학교 앞에 카트를 끌고 와 스키아차타 대량 생산 버전처럼 보이는 것을 파는 행상이 있었다. 굶주린 어린 10대들은 소중한 용돈을 소금과 기름이 범벅 된 스키아차타와 바꿔 먹었다. 여러모로 싸구려였지만 내가 스키아차타나 포카치아 또는 이탈리아 플랫브레드 같은 빵을 먹을 때마다 그 간식이 아직까지 비교 대상으로 소환되고 있고, 앞으로도 영원히 기준이 될 것 같긴 하다.

4

이탈리아에서 거의 1년을 보낸 뒤 우리는 뉴욕 카토나 집으로 돌아왔다. 동생들과 나는 돌아온 게 너무 기뻤다는 얘기를 꼭 하고 싶다. 우리는 친구들과 함께 경험한 모든 미국적인 것들, 그중에서도 특히 음식과 관련된 것들이 너무나도 그리웠다. 물론 어머니가 우리들이 좋아하는 건강식을 요리해 주기는 했지만 우리가 갈망했던 건 땅콩버터 젤리 샌드위치, 토요일 밤에 가끔 먹는 인스턴트 도시락 스완슨Swanson TV 디너, 벨비타Velveeta 샌드위치, 부이토니Buitoni 냉동피자 같은 것들이었다.

지금처럼 글로벌한 시대에는 원하는 제품을 어디서든 쉽게 구할 수 있어서 이런 얘기가 터무니없게 들리겠지만, 1970년대 이탈리아는 기본적으로 땅콩버터가 존재하지 않았다. 동생들과 내게는 너무나 충격적이고 불공평한 일이었다. 우리는 땅콩버터를 사랑했다. 새하얀 빵이나 껍질이 딱딱한 이탈리아 빵에다가 젤리, 잼, 꿀, 바나나, 마시멜로 플러프 또는 버터와 함께 땅콩버터를 거의 매일 발라 먹었다. 사실, 피렌체에 머무르는 동안 삼촌이 우리의 간곡한 부탁으로 작은 플라스틱 통에 담긴 땅콩버터를 가져오긴 했었다. 동생들과 나는 몇 주 동안 용기에 구멍이 날 때까지 싸워가며 박박 긁어먹었다. 땅콩버터가 그다지 건강한 음식은 아니지만, 우리가 좋아했던 벨비타나 부이토니 냉동피자 같은 영양가가 거의 없는 음식에 비해선 건강한 음식이었다.

　잘 모르는 독자들을 위해 말해보자면, 부이토니 냉동피자는 작고 둥근 반죽에 토마토 소스로 알려진 것을 바르고 그 위에 마른 허브와 치즈로 채운 것이다(예전에는 그랬다. 지금도 그 냉동피자가 나오려나?). 이 꽁꽁 언 원반 모양의 피자를 냉동고에서 꺼낸 다음, 바로 토스터에 밀어 넣고 먹기만 하면 됐다. 본질적으로 켈로그 사에서 나오는 팝타르트의 짭짤한 이탈리아 버전이었다. 그리고 우리는 그것들을 무척 좋아했다. 왜냐고? 그것들은 우리가 일상에서 먹는 음식과 정반대였다. 가끔 먹는 스완슨 TV 디너나 흰 식빵에 마요네즈를 바른 벨비타 한 조각도 마찬가지였다. 친구들이 먹는 건 우리도 먹고 싶었다.

　이제 와 생각해 보니, 어머니가 그런 음식들을 정말 싫어하면서도 사준 건 분명 이러한 이유 때문이었을 것이다. 우리를 달래기에 쉽고 빠른 간식이기도 했지만, 친구들과 '잘 어울릴 수 있도록' 사준 것이라 생각하고 싶다. 사달라고 칭얼거리는 게 듣기 싫었다는 것이 더 설득력 있긴 하지만.

　이제 내가 10대 시절, 학교 가는 날에 먹은 음식들을 잠깐 살펴보겠다.

아침   우유에 말은 시리얼(라이스 크리스피 같은 것들) 2~3그릇, 버터와

젬 혹은 젤리를 바른 토스트 2조각과 오렌지 주스

점심   흰 식빵에 바른 땅콩버터 젤리 샌드위치 3개나 송아지커틀릿, 가

지 파르미자나 혹은 이탈리아 빵 반 덩이 아니면 한 덩이에 전날

저녁으로 먹고 남은 것을 넣어 만든 샌드위치, 과일 한 조각, 마트

에서 산 트윙키 같은 과자

방과 후 간식   마요네즈 바른 흰 식빵에 아메리칸 치즈 또는 벨비타를

얹은 샌드위치 1~2개 또는 (종종 바나나를 잘라 올린)땅콩

버터 오픈샌드위치 3~4개, 우유 몇 잔, 과자, 과일 조금

저녁   파스타 2~3그릇, 치킨커틀릿 혹은 송아지커틀릿 3~4조각이나

폭찹 2조각 또는 런던브로일소의 옆구리나 우둔을 사용하여 얇게 썰어 구운 스

테이크 2인분(나는 이 부위를 미국에서만 보고 영국에서는 본 적이 없다.

어떻게 그 명칭을 얻게 됐는지 알아봐야겠다) 아니면 어머니가 만든

다양한 요리와 그린 샐러드, 디저트

야식   앞에 언급했던 음식 중 남은 것이 무엇이든 이탈리아 빵 2조각 사

이에 넣어 만든 샌드위치

만약 영양사가 이 의심스러운 출처를 보고 섭취한 칼로리를 계산해 봤다면, 어마어마한 양을 먹은 사람을 심히 걱정했을 것이다. 비만이거나 당뇨가 있거나 우울증 환자는 아닐지 말이다. 그런데 이걸 다 먹은 사람은 바로 나였다. 나는 매우 날씬하고 운동도 잘했으며, 넘치는 에너지로 항상 배가 고팠다. 그러나 태어날 때부터 위장 문제로 고생했었는데, 이런 식습관 때문에 나이가 들면서 점차 증상이 악화되기는 했다.

나의 위

20대 후반이 되어서야 유당불내증이 있고, 설탕을 소화시키는 능력이 떨어진다는 것을 알게 됐다. 즉시 이 둘을 식단에서 제외하니 다행히도 조금은 나아졌지만 여전히 문제는 지속됐다. 간단히 말해, 과민성 대장 증후군 비슷한 증상으로 고생했다.

TMI 같겠지만 만약 당신이 아무리 음식을 사랑해도 알레르기나 소화 체계가 고장 나면, 더 이상 먹는 것이 행복하지 않고 삶도 약간 고통스러워진다. 특히 나이가 들면 들수록 더욱더.

우리의 장은 뇌와 밀접하게 연결되어 있고 따라서 기분에도 영향을 미친다는 사실은 입증된 바 있다. 장이 제대로 작동하지 않으면 우리는 살 수가 없다.

나는 일정 기간 동안 밀가루를 끊는 글루텐 프리 식단을 유지
했는데, 유당이나 설탕과는 다른 느낌으로 힘들었다. 수도 없이
시도한 대부분의 글루텐 프리 파스타는 내가 알고 있는 파스타와
전혀 달랐다. 그래도 룸모^{Rummo}에서 나온 파스타는 일반적인 파스
타에서 느껴지는 탄성과 깊이를 거의 구현해냈지만, 다른 브랜드
들은 내가 사랑하는 파스타의 맛을 내주지 못했다.

대신 나는 리소토나 뇨키를 자주 만들어 먹었다. 주로 감자로
되어 있고 소량의 밀가루만 들어가기 때문이다. 메밀 파스타도 먹
긴 했지만 밀가루가 전혀 없어서 쓴맛이 났고, 면이 끊어지지 않
게 하려면 40~50퍼센트 정도의 흰 밀가루가 들어가야 했다(얇은
메밀면을 좋아하지만 어울리는 육수가 있어야 맛있다). 모두 실용적이
고 맛있는 대안이긴 했어도 정말 중요한 점은 메밀, 퀴노아, 옥수
수, 쌀, 렌틸콩, 병아리콩 등 그 어떤 조합으로 만든 파스타도 고
전적인 이탈리아 소스와는 전혀 어울리지 않는다는 것이다. 오히
려 세몰리나 파스타·푸딩 등의 원료로 쓰이는 알갱이가 단단한 밀의 종류나 부드러운 밀
가루 혹은 듀럼밀 단백질과 글루텐 함유량이 높은 밀의 종류로 만든 파스타는 그
것을 보완할 소스가 수없이 많았다.

버터나 치즈처럼 가볍고, 미트 소스처럼 묵직한 음식의 제맛을
내는 건 저 빌어먹을 글루텐이다. 불행하게도 이것은 '지구는 둥
글다' '나는 더 이상 키가 자라지 않을 것이다' '우리는 언젠가 모
두 죽는다'처럼 압도적이고 부인할 수 없는 진리다. 그러므로 나
는 사기꾼이 되고 싶지 않다. 나는 파스타를 원한다! 진짜 밀가루

로 만든 파스타 말이다! 언젠가 글루텐의 고민을 해결할 약이 나올지도 모른다. 아니면 평생 못 먹든지.

작게 울분을 터트리고 나니, 밀가루 파스타가 모든 소스와 어울리는 것은 아니라고 말해야겠다. 파스타를 적절한 소스와 성공적으로 조합하려면 재료의 구성과 품질만큼 파스타의 모양이 중요한데, 이건 그야말로 신의 조합이라 할 수 있다.

이탈리아인들은 파스타와 소스의 조합에 심히 까다롭다. 특정한 소스만이 특별한 파스타와 어울리고, 반대로 특별한 소스라면 특정한 파스타만이 어울린다고 생각한다. 이러한 이유로 제대로 된 이탈리아 요리책에는 특정 소스와 어울리는 파스타를 많게는 세 가지 정도 추천한다.

우리 집 누군가도(이름은 언급하지 않겠다) 집안 전통으로 내려오는 특별한 소스를 어울리지 않는 파스타와 함께 내놓은 적이 있었다. 이때 내 감정을 묘사하긴 참으로 어렵지만 한번 해보자면 첫째, 음식을 요리할 수 없었던 나 자신에게 화가 났다. 아마 연기처럼 성가신 일을 하느라 그랬을 가능성이 크다(솔직히 해가 바뀔수록 연기가 조금씩 시들해지고 있다). 둘째, 예를 들어 별 모양의 파스타와 미트 소스 같은 조합은 말도 안 된다는 걸 어떻게 모를 수 있는지 당황스러웠다. 혀 깨물고 조상들의 무덤 위에서 춤추는 편이 더 나았다. 물론, 나처럼 음식을 사랑하는 이탈리아인 부모 밑에서 자라지 않았기에 극단적이고 불공평한 조건이라는 것은 알고 있다. 그 누군가는 파스타와 소스의 조합이 맛의 미묘한 차이를 결정한다는 것을 몰랐을 것이다.

나는 이런 일이 생기면 숨을 깊게 들이마신 뒤, 다음번에는 더 적절한 조합으로 요리해주길 조용히 제안하고(다음은 없을 것이라 스스로에게 맹세하지만), 음식에 대한 이해가 낮다는 이유로 불쌍히 여기지 않기 위해 노력한다.

글루텐이 포함되어 있든 말든 파스타를 먹는 모든 사람들에게 내가 부탁하고 싶은 것은, 제발 파스타와 소스를 적절하게 조합해 달라는 것이다.

그런 의미로, 내 선에서도 괜찮은 조합 몇 가지를 소개해 주겠다.

스파게티 참치가 들어간 토마토 소스Salsa pomodoro con tonno, 카르보나라, 봉골레

리가토니튜브 모양의 파스타면 소고기 라구, 아마트리치아나 토마토와 베이컨을 이용한 소스

디탈리작고 짧은 튜브 모양의 파스타면 완두콩을 곁들인 토마토 소스Salsa pomodoro con piselli, 홍합을 곁들인 토마토 소스salsa pomodoro con cozze

'적절한 조합'을 더 명확하게 설명하기 위해 그리고 파스타와 소스의 조합에 조금 더 집착하기 위해 '라구Ragù'에 관한 몇 가지

생각을 공유하고 싶다.

라구 무엇을, 왜, 어떻게?

프랑스 요리에서는 채소, 토마토 가끔은 고기를 넣어 만든 스튜를 '라구Ragout'라 한다. 이 라구를 이탈리아어 라구Ragù로 바꿔서 전파시킨 사람도 프랑스인이라고 한다.

작가 마시모 라나리에 따르면, 라구는 메인 요리로만 제공되다가 1800년대 들어서야 파스타에 쓰였고, 그때부터 라구 안에 어떤 종류든 꼭 고기를 넣어 생파스타나 건파스타와 함께 제공되는 소스로 자리 잡았다고 한다.

루스 로저스, 안토니오 칼루치오, 제나로 콘탈도 그리고 콘탈도의 제자 제이미 올리버 같은 요리사들이 이탈리아 요리의 깊은 면을 소개하기 전까지는, 사실상 피자를 제외하면 그 '푸르고 유쾌한' 땅에 사는 영국인들이 먹은 이탈리아 요리라곤 스파게티 볼로네제(그들이 부르는 이름으로 '스패그 볼Spag bol')뿐이었다. 하지만 모순적이게도 이탈리아에서 스파게티 볼로네제 같은 음식을 찾기란 어려울 것이다. 그 음식은 1861년 가리발디가 이탈리아를 통일한 후, 나폴리 남쪽 왕국의 '스파게티'와 북쪽의 '라구 알라 볼로네제'를 결합하여 통일을 상징하는 음식으로 만들었기 때문이다. 만약 현재에도 그 음식을 어딘가에서, 특히 볼로냐에서 만들어지고 있다면 그 요리사는 추방당하고 비난받을 것이다.

볼로냐식 라구 알라 볼로네제는 길고 납작한 탈리아텔레 생파스타면과 먹는 것이 '전통'이지만(만약 이탈리아에서 '전통 방식'이 있는 음식을 변형해서 먹었다간 감시 대상에 오를지도 모른다) 아마도 납작하고 두꺼운 페투치네 면과도 함께 먹을 수는 있다. 소스의 풍부함을 제대로 흡수하려면 적절한 모양과 질감을 가진 파스타가 필요하기 때문이다(그렇지만 나폴리에서는 원기둥 모양의 면인 파케리가 허용된다고 들었다).

건파스타는 라구 알라 볼로네제를 제대로 흡수하지 못하므로 적절한 조합으로 간주되지 않는다. 나는 이에 관해 위대한 셰프이자 타인을 돕기 좋아하는 마시모 보투라와 얘기를 나눴었다. 그는 이 조합을 개인적으로든 문화적으로든 모욕으로 여긴다. 나는 그 말에 동의한다. 마시모 보투라가 직접 손으로 다져 만든 라구 알라 볼로네제를 생파스타와 건파스타 두 가지 버전으로 먹어본 결과, 건 파스타는 뭐라 말로 형언할 수 없었다(나는 뻔뻔하게 이런 식으로 계속 자랑할 예정이다).

소스 자체에 대해서 말하자면, 볼로냐 사람들은 그들의 미트소스를 볼로네제 소스라 부르지 않는다는 것을 꼭 알아둬야 한다. 그들은 그냥 '라구'라 부른다. 볼로냐 밖에서만 다른 고기가 들어 있는 토마토 소스와 구분하기 위해, 볼로네제 또는 알라 볼로네제로 부른다. 변형된 버전도 무수히 많다. 토마토가 들어 있거나 없는 것, 오직 다진 송아지고기만 넣은 것, 다진 소고기만 넣은 것, 다진 돼지고기와 소고기 그리고 송아지고기까지 섞어 넣은 것, 크림을 조금 섞어 넣은 것 등등 엄청나게 많은 버전이 있다.

그러나 역사학자들과도 얘기를 나누고, 이탈리아 북부에 있는 아르투지 박물관에서도 셰프와 요리해 본 결과, 진정한 라구 알라 볼로네제 레시피는 『요리의 과학과 맛있게 먹는 기술Science in the Kitchen and the Art of Eating Well』이라는 훌륭한 요리책에 나와 있다고 말할 수 있다. 1891년도에 출간된 독특하고도 두꺼운 이 책은 71세의 은퇴한 사업가 펠레그리노 아르투지가 쓴 것으로, 그는 처음으로 이탈리아 각 지방에 있는 수백 개의 레시피를 모아 하나의 요리책에 담았다. 원래의 레시피는 450개였지만 지금은 700개도 넘어서 대부분의 이탈리아 가정에서는 이 책을 두 번째 '성서'로 여긴다.

펠레그리노 아르투지의 레시피는 소금 간을 한 돼지고기, 다진 송아지고기, 당근, 양파, 셀러리, 육수, 소금, 버터, 육두구넛맥이라고도 불리는 향신료 그리고 소량의 밀가루를 섞는 것이다. 여기에 토마토는 전혀 들어가지 않고, 약 10분 동안 요리한다. 원래 이 라구 소스에 '덴티 디 카발로Denti di cavallo'라는 면과 먹도록 권유됐다는데, 나는 이 파스타면을 들어보지도 못 했을 뿐더러 중요한 건 맛있어 보이지도 않는다. 어쨌거나 이 레시피는 라구 소스를 만드는 가장 정통적인 방법이자 오늘날 우리가 먹는 다양한 라구 소스의 기본으로 알려져 있다.

다른 스타일의 라구 소스는 고기를 다지지 않고, 천천히 익혀서 만드는 방법이다. 많은 이탈리아계 미국인들은 이 소스를 '레드 소스' 혹은 '그레이비'라는 매우 애매한 이름으로 부른다(내게 그레이비는 추수감사절 때 칠면조 위에 붓는 소스일 뿐이다). 어떻게 이런 단어들을 사용하게 됐는지는 알 수 없지만 그 단어들의 특수성이 부족한 것은, 미국인들과 2,3세대 이탈리아계 미국인들 스스로가 이탈리아 요리만이 가지고 있는 성분이나 품질을 미국 요리와 비슷하게 만들어버린 결과다.

우리 집에서는 거의 모든 소스마다 이름이 붙어 있었다. 소스마다 각각 용도가 전혀 다르기 때문이다. 비가 오나 눈이 오나 어떤 날이든 우리는 마리아 로사 소스, 마리나라와 완두콩이 들어간 토마토 소스 또는 마리나라와 비슷한 가벼운 토마토 소스들을 먹겠지만, 아무것도 모르고 불 끈 채 요리하지는 않을 것이다.

우리 가족의 라구는 알라 볼로네제 또는 친가 쪽의 라구였는데, 내가 일요일마다 먹은 것이 바로 후자의 라구다. 고기를 장시간 조리해서 부드럽고, 양도 매우 푸짐해서 위로도 되어 줬다.

그 레시피를 간단히 소개하자면 소 정강이살, 갈빗살 그리고 돼지 갈빗살, 고기가 붙어 있는 모든 뼈 또는 우족 같은 다양한 부위의 고기를 기름에 살짝 볶은 뒤, 접시에 담아 육즙이 모일 수 있게 놔둔다. 그리고 간 소고기, 빵, 마늘, 파슬리, 달걀, 파마산 치즈를 넣고 미트볼을 만들어 튀긴 후, 앞서 볶아둔 고기 옆에 따로 놔둔다. 여기서 미트볼의 핵심은 지방이 적절하게 섞여있는 간 소고기를 빵과 거의 1:1 비율로 섞어야 한다는 것이다. 빵은 만든 지 오래된 이탈리아산이나 프랑스산 흰 식빵에서 테두리를 제거한 후, 물에 푹 담갔다가 물기를 완전히 빼야 한다. 이 두 가지 재료의 적절한 비율만이 완벽한 미트볼을 탄생시키는 만큼, 사실 미트볼이라는 이름은 '미트브레드볼'이나 '브레드미트볼'처럼 바보스럽지 않은 이름으로 바꾸는 게 맞다.

볶은 고기와 미트볼을 만들었다면 이제 토마토 소스 차례다. 토마토 소스는 천천히 끓인 후 볶아둔 고기와 그 육즙까지 넣고 잠시 놔둔 다음, 미트볼도 한데 넣어 섞으면 된다. 대부분의 스튜나 라구처럼 전날이나 이른 아침에 요리하여 맛이 어우러지게 두는 것이 가장 좋다. 주로 리가토니 면이나 속이 비어있는 지티 리가테 면 혹은 펜네 같은 건파스타와 함께 먹는다. 이러한 종류의 파스타를 사용하는 이유는 지티 리가테나, 펜네의 주름진 표면이 일반적인 파스타의 매끄러운 표면보다 훨씬 더 소스를 잘 머금기 때문이다(만약 이것을 생파스타와 함께 내고 싶다면 가르가넬리 같은 것을 사용하면 된다. 가르가넬리는 정사각형의 반죽을 빗금이 그어진 나무 판에 올려놓은 다음, 연필 크기의 나무 막대기에 반죽을 감아 굴려 만든 튜브 모양의 파스타다).

파스타가 준비되면 고기와 미트볼을 소스에서 꺼내 각각 접시에 따로 담는다. 소스는 뼛조각이 없도록 걸러낸 다음, 한 국자 가득 퍼서 물기 뺀 파스타에 부어주고, 나머지는 각자 먹을 때 추가할 수 있도록 다른 그릇에 담아둔다.

파스타를 첫 번째 요리로 테이블에 내고, 만약 우리 친할아버지와 취향이 비슷하면 파마산이나 페코리노 로마노 치즈를 뿌려준다. 이제 뼈에서 떨어질 정도로 부드러운 고기와 미트볼을 접시에 담아 두 번째 요리로 내놓는다. '절대' 파스타와 단백질을 함께 내놓아서는 안 된다.

내가 만약 파스타를 담은 그릇에 미트볼을 얹으면 부모님한테 크게 혼났을 것이다. 식사의 의도된 흐름을 망쳤을 뿐 아니라, 파스타와 빵을 함께 먹는 것과 다름없는 저속한 행동을 했다고 말이다. '라구 알라 볼로네제'처럼 고기가 소스의 일부가 아닌 경우라면 고기는 별도로 제공되어야만 한다. 마치 빵은 파스타를 먹은 뒤 남은 소스를 닦아내기 위한 '스카르페토Scarpetto'(작은 신발이라는 뜻이다)로만 사용되어야 하는 것처럼.

이러한 신조는 여러 세대 동안 존재해 왔고 합리적이기 때문에 나는 기꺼이 준수하고 있다. '원래 그래왔으니까 그런 것'과는 다른 개념이지만(맞는 것 같기도 하다), 우리 가족의 일부 요리에는 이 경계가 모호한 것들이 있다.

어린 시절 매주 일요일 아침이 되면 라구 냄새를 맡으며 눈을 떴다. 지금도 일요일에 부모님과 함께 있으면 항상 이 전통적인 음식을 나눠먹는다.

이제 투치 가문의 전통적인 라구 레시피를 다음 장에서 소개해 보겠다.

투치 라구

- 8인분 -

외할머니는 소스를 더 가벼운 버전으로 만들었다. 원래 레시피에서는 살이 붙은 돼지갈비와 스튜용 소고기가 필요하지만, 원한다면 뼈째로 자른 돼지고기 덩어리나 소시지, 돼지족 등 다양한 부위를 추가할 수 있다. 이 소스는 '폴페테Polpette'(미트볼)와 함께 먹으면 맛있는데, 요리가 완성되기 30분 전 소스에 넣기만 하면 된다.

소스는 음식을 먹기 이틀 전에 준비해 놔도 무방하다. 냉장고에 넣어두었다가 파스타에 붓기 전 데우기만 하면 돼서, 고기와 미트볼을 함께 냉동해 둬도 문제없다.

재료

올리브오일 50ml

스튜용 소고기 500g, 지방 제거하고 헹궈낸 다음, 물기를 빼서 중간 크기로 자른다.

스페어립 500g, 지방 제거 후 반으로 잘라 헹구고, 물기를 뺀다.

양파 115g, 대충 다진다.

마늘 3쪽, 마찬가지로 대충 다진다.

단 맛이 없는 드라이 레드와인 125ml

토마토 퓌레 과일이나 삶은 채소를 으깨어 소량의 물을 넣고 걸쭉하게 만드는 것 175g

따뜻한 물 375ml, 필요에 따라 추가

플럼 토마토 홀 통조림 400g 5개, 으깨거나 블렌더를 사용해 퓌레로 만든다.

싱싱한 바질 잎 3장

싱싱한 오레가노 잎 1테이블스푼(또는 말린 것으로 1테이블스푼), 다진다.

만드는 법

1__ 올리브오일을 스튜 냄비에 넣고 중강불에 올려 데운다.

2__ 스튜용 소고기는 모든 면이 갈색이 될 때까지 약 10분간 굽는다.

3__ 냄비에서 꺼내 그릇에 담아 따로 둔다.

4__ 스페어립을 냄비에 넣고 마찬가지로 모든 면이 갈색이 될 때까지 약 10분 동안 굽는다.

5__ 립을 꺼내 스튜용 소고기가 담긴 그릇에 함께 넣어둔다(사실 냄비가 크면 모든 고기를 한꺼번에 조리해도 된다).

6__ 냄비에 양파와 마늘을 넣고 저어준다.

7__ 약불로 줄인 후 양파가 부드러워지고 모양이 없어질 때까지 약 5분간 조리한다.

8__ 와인을 넣고 냄비 밑부분을 깨끗하게 긁어가며 젓는다.

9__ 토마토 퓌레를 넣는다. 그리고 따뜻한 물 125ml를 퓌레가 담겨있던 통에 부어 남은 퓌레를 알뜰하게 풀어준 다음 냄비에 붓는다.

10__ 따뜻해지도록 2분 정도 데운다.

11__ 으깨거나 퓌레로 만든 플럼 토마토와 나머지 따뜻한 물 250ml를 추가한다.

12__ 바질과 오레가노를 넣고 젓는다.

13__ 뚜껑을 약간 삐딱하게 덮고 30분간 끓여 단맛을 낸다.

14__ 그릇에 담긴 고기와 육즙을 냄비에 부어준다.

15__ 뚜껑을 다시 삐딱하게 덮고 수시로 저어가며 고기가 부드럽고 토마토가 익을 때까지 2시간 정도 뭉근히 끓인다.

16__ 소스가 너무 뻑뻑해지면 따뜻한 물을 125ml 정도 더 넣어준다(미트볼을 만들었다면 요리가 완성되기 30분 전 소스에 넣어주면 된다. 미트볼이 부드러워지면서 일부 소스를 흡수할 것이다).

파스타와 소스의 조합에 불만을 표현하는 것이 아주 만족스러웠기 때문에, 내가 종종 레스토랑에서 목격하는 훨씬 더 터무니없고 범죄에 가까운 행동에 나의 감정을 고백하려 한다.

그 행동은… (타이핑하는 동안 혈압이 오르는 것 같다. 젠장, 경미한 뇌졸중이나 더 심한 병 없이 고발할 수 있길 바란다) 그 행동은… (빌어먹을 땀이 나기 시작한다) 그 행동은… (숨 쉬어, 숨!) 다 큰 어른이 스파게티를 잘라먹는 행위다!

이런 신성모독에 가까운 행위를 목격해 버리면 그 순간 그 작자가 제아무리 매력적이고 지적이고 친절하고 이타적이어도 나는 영원히 그 사람을 혐오할 것이다. 내가 할 수 있는 건 그저 바라보는 것 밖에 없다는 것을 안다. 그래서 대신 아주 깊게 혐오할 거다. 데이비드 마멧이 그의 위대한 연극 〈아메리칸 버팔로〉에서 "이 사람들을 가르칠 유일한 방법은 그들을 죽이는 것이다."라고 썼듯이.

그러나 스파게티를 부러뜨린 다음, 그것을 삶아서 특정 레시피에 사용하는 건 찬성이다.

왜냐고?

내가 아이들에게 "내가 그렇다면 그런 거야."라고 말하듯 딱히 이유는 없다(아니면 우리 할머니가 그렇게 요리했었고, 맛있었기에 나도 따라 하는 걸지도 모른다).

다음 장의 레시피를 시도해 보면 내가 무슨 말을 하는지 알게 될 것이다. 이건 내가 어릴 때 먹어온 맛에서 조금 다르게 변형한 버전이다. 나는 종종 크게 한 냄비 가득 만든 후 집에서 점심으로 며칠씩 먹거나, 영화 세트장에서 배우와 스태프들에게 케이터링 서비스가 제공하는 끔찍한 음식들의 해독제로 쓰기 위해 가져가곤 한다.

렌틸 스파게티
- 4인분 -

재료
당근 ½ 개, 잘게 다진다.
양파 ½ 개, 잘게 다진다.
셀러리 줄기 ½ 대, 잘게 다진다.
마늘 ½ 쪽, 얇게 슬라이스한다.
엑스트라버진 올리브오일 3테이블스푼, 추가로 뿌리기 위해 조금 더 준비한다.
건조된 갈색 렌틸콩 165g, 헹구고 선별한다.
스파게티 250g
마리나라 소스 375g
소금
즉석에서 간 후추

만드는 법
1__　중형 또는 대형 소스팬(파스타를 포함한 모든 재료가 이 소스팬에 들어갈
　　　만큼 충분히 큰지 확인해야 한다)에 엑스트라버진 올리브오일을 붓고 당
　　　근, 양파, 셀러리, 마늘을 넣어 중약불에서 부드러워질 때까지 약 7분
　　　간 볶는다.
2__　다른 중형 소스팬에 렌틸콩을 넣는다.
3__　렌틸콩 위 2cm 높이까지 차가운 물을 채운다.
4__　천천히 끓여 렌틸콩이 부드러워질 때까지 약 20분간 끓인다.
5__　불을 끄고 옆에 둔다.
6__　깨끗한 행주를 펴고 스파게티를 그 안에 감싼다.
7__　스파게티가 2~4cm로 부서질 때까지 행주를 꾹 누르거나 구부러뜨린다.

8__ 큰 그릇 위에 부러진 스파게티를 놓고 펼쳐준다.

9__ 소금물이 담긴 큰 냄비를 끓인다.

10__ 스파게티를 알 텐데가 될 때까지 삶는다.

11__ 면수를 반 컵 남겨두고 물은 버린다.

12__ 그사이 렌틸콩의 물기를 뺀 뒤 볶아놓은 채소가 든 소스팬에 넣는다.

13__ 마리나라 소스도 넣는다.

14__ 렌틸콩이 소스와 섞이도록 약 10분간 뚜껑을 덮고 뭉근히 끓인다.

15__ 스파게티와 따로 놔둔 면수를 넣어 액체 같은 농도를 유지한다.

16__ 소금과 후추를 넣어 간을 맞춘다.

17__ 스파게티와 소스가 잘 어우러지도록 약 3분 동안 끓인다.

18__ 바로 테이블에 낸다.

5

1982년도에 대학을 졸업하고, 뉴욕 웨스트엔드 애비뉴 사이 76번가에 있는 아파트에 처음으로 자리를 잡았다. 어퍼웨스트사이드로도 알려진 이 동네는 순전히 주거 전용 지역이다. 근처에 있는 웨스트엔드 애비뉴, 브로드웨이, 암스테르담 애비뉴 그리고 콜럼버스 애비뉴 또한 주거 전용 지역인데, 이곳은 상점, 레스토랑, 체육관 등 여러 가게들이 무수히 많은 아파트 건물의 1층을 차지하고 있다. 어퍼웨스트사이드는 여러 세대를 거쳐온 수많은 유대인 가족들의 주거지로서 유대인 델리 조리된 육류나 치즈, 흔하지 않은 수입 식품 등을 파는 가게 와 베이커리의 수가 그것을 입증하고 있다.

이 지역은 근로자와 중산층 가족들 그리고 많은 배우들도 살았는데(그레이트 화이트 웨이 극장이 도보 30분 거리에 있어서 연극계 종사자들이 많았다), 대부분 임대료 통제 아파트에서 거주했다. 나는 침실 하나짜리 아파트 1층에서 당시 내 여자친구 그리고 대학 동기와 함께 살며 월세 660달러를 나눠 부담했다(우리는 모두 같은 침실에서 잤다. 같은 침실이라고 했지 같은 침대라고는 말하지 않았다).

그 집에는 거실이 있었고 그 옆에는 코딱지만 한 주방 그리고 작은 화장실과 침실이 있었는데, 어느 것도 1960년대 중반 이후로 손을 보지 않은 상태였다. 심지어 거실과 주방 공간에 있는 큰 창문마저도 통풍구에 가려져 자연광이 전혀 들어오지 않았고, 이 창문에는 아코디언 형태의 안전문까지 달려 있어서 우리를 더욱 답답하게 만들었다. 침실은 75번가에 있는 아파트 건물 뒤편을 바라보고 멋진 자연광도 들어오긴 했지만, 1층이라는 위치 때문에 거기에도 안전문이 있었다. 그래서 기본적으로 웨스트 76번가 107의 2D 아파트는 우리 3명을 담기에는 너무나도 '큰' 감옥이었다.

결국 대학 친구가 이사를 나갔고 곧 여자친구와도 헤어져서 나 혼자 그곳에 남았다. 실직 기간이 길어지면서 750달러 이상으로 치솟은 월세를 감당하지 못할 때까지 혼자 사는 삶을 즐겼다. 나는 주당 약 170달러의 실업 수당을 받았고, 돈을 벌기 위해 시간 날 때마다 아파트에 페인트칠을 했다. 그러나 그 달은 이상하리만큼 월세를 못 낼 정도로 상황이 열악했고 돈에 쪼들렸다. 누군가에게 돈은 빌리고 싶지는 않아서 버티던 중, 동료가 내게도 자격이 있다고 말한 것을 믿고 연극배우노동조합Actor's Equity Office에 가서 액터스 펀드를 신청했다.

그건 대출이 아니었다. 먹고살기 위해 분투하는 조합 소속 배우들에게 제공되는 돈이었다. 내가 조합의 회원이며 조합의 프로덕션에 꾸준히 참여했다는 것을 증명하기만 하면 받을 수 있었다. 내가 할 일은 과거에 참여한 연극의 프로그램과 공연 리뷰를 가져오는 것이었는데, 나는 이 모든 게 속이 울렁거릴 정도로 부담스러웠고 절망적이었다. 부모님께 말을 하면 기꺼이 집세를 내주실 테지만 부탁하기에는 자존심이 너무 상했다. 새로운 일도 시작해 다음 달이면 돈이 들어오지만, 그 달에는 말 그대로 돈에 쪼들렸 고 자존심이고 뭐고 구걸하는 것밖에 선택지가 없었다.

연극배우노동조합은 브로드웨이의 중심지인 타임스스퀘어에 위치해 있었다. 책상 뒤에 앉은 직원에게 필요한 서류를 제출하자 당장 자금을 승인해 줬다. 나는 너무 당황스럽고 자신에게도 부끄 러웠지만 그제야 안심이 됐다. 직원에게 깊이 감사한 뒤 나가려고 일어서는데 그가 내게 신발이 필요하진 않은지 물었다.

"신발이요?" 내가 되물었다.
"네, 신발."
"음, 아뇨. 근데 신발은 왜요?"
"혹시 필요하면 신발도 한 켤레 받으실 수 있거든요." 그가 부드 럽게 말했다.
"아… 아니요. 괜찮습니다. 물어봐 주셔서 감사합니다."
그가 고개를 끄덕이며 미소를 지었고, 나는 그 자리를 떠났다.

나중에 알게 된 사실인데, 공짜 신발을 제공하는 것은 사람들 이 기본적으로 매일 신고 다니는 신발이 딱 한 켤레밖에 없던 때 부터 내려오던 관습이었다. 매일 일을 구하기 위해 이 오디션 저 오디션 가리지 않고 걸어 다니는 배우라면 당연히 신발이 닳을 것이고 새 신발이 필요하기에 배우 기금에서 이런 정책을 도입했던 것이다. 아직도 시행되고 있는지는 모르겠지만 이 사려 깊고 실용적인 관습이 참으로 감동적이었다. 몇 년 뒤, 조금씩 지속적으로 돈을 벌기 시작하자 나는 배우 기금에 당시 내가 받았던 돈의 두 배에 해당하는 금액을 기부했다. 배우 기금은 어려운 시기와 노년기를 겪는 조합원들에게 꼭 필요하고 훌륭한 제도다. 혹시 브로드웨이 공연을 보러 갔는데 공연 말미에 배우가 기부를 부탁하면 부디 관대한 마음으로 베풀어주시길 바란다. 미래에 당신이 추앙해 마지않을 공연자가 오늘 그들의 집세를 내지 못할지도 모르니.

혼자 작은 아파트에서 살았던 몇 년 동안 나는 아주 간단한 요리를 해 먹었지만 지금처럼 요리에 관심이 많지는 않았다. 대개 파스타 마리나라나, 치킨커틀릿 같은 것들을 만들었다. 심지어 오븐을 사용한 기억도 없다. 모든 음식을 4구짜리 작은 가스레인지로 요리했다. 요리하지 않을 때는 주로 커피숍이나 햄버거 가게, 또는 쿠바식 중국음식점에서 사 먹었다(쿠바식 중국음식점에 관해서는 곧 다시 언급하겠다).

벽과 캐비닛이 아직도 1930년대에 칠한 흰색으로 되어있는 67번가의 '존스' 같은 커피숍에서는 약 3달러에 달걀 프라이, 콘드비프 해시감자와 주로 통조림에 든 소금에 절인 소고기를 넣어 만드는 아일랜드 음식, 토스트, 홈 프라이 살짝 삶은 감자 조각을 버터 따위로 튀긴 것, 오렌지 주스, 그리고 무한 리필 커피로 구성된 아침식사를 주문할 수 있어서 주로 그곳에서 아침을 해결했다. 점심에는 중국식 메뉴까지 완비한 아시아인 소유의 화려한 커피숍 '체리 레스토랑'에서 완두콩 수프와 구운 치즈 또는 칠면조 샌드위치 같은 것을 먹었는데 배도 든든하고 비용도 적게 들었다. 저녁은 대개 통통한 빵으로 거대하고 기름진 햄버거를 만들던 '빅 닉스' 같은 햄버거 가게에서 먹었다(지금도 여전히 그 햄버거를 생각하면 침이 한가득 고인다). 혼자든 친구와 함께든 그 심장이 멎을 듯한 식사를 하고 난 뒤에는 2달러 정도 되는 영화를 보거나, 1940년대 이후 기적적일 정도로 변함없는 76번가와 암스테르담에 있는 볼링장에 가곤 했다. 여기서 나는 긴 병에 든 버드와이저나 밀러하이라이프 맥주를 마셨고, 1시간 전에 거하게 소 반 마리나 먹고도 흰 식빵으로 만든 미국식 치즈 샌드위치를 또 먹으며 밤새 볼링을 쳤다. 이 모든 걸 하는 데 10달러 이상은 쓰지 않았다.

웨스트빌리지처럼 어퍼웨스트사이드에도 큰 게이 커뮤니티가 있었고, 암스테르담 애비뉴와 콜럼버스 애비뉴에는 많은 게이바와 레스토랑이 있었다. 불행히도 1980년대 중후반에 젠트리피케이션 도심의 특정 지역이나 장소의 용도가 바뀌는 등 변화에 따라 부동산 가치가 상승하면서 기존 거주자 또는 임차인들이 내몰리는 현상 이 진행되어 수많은 건물들이 콘도미니엄과 협동조합으로 바뀌거나, 부실하고 설계가 형편없는 주거지역을 만들기 위해 허물어졌다. 대부분의 사람들은 쫓겨나다시피 했고, 하필 젠트리피케이션으로 치솟는 임대료와 에이즈 전염병이 맞물리는 바람에 가게를 운영하던 많은 게이들이 에이즈로 사망했다. 그리고 그들을 헌신적으로 지원해 주던 후원자 대열까지 무너져 버려서 게이바는 그렇게 문을 닫을 수밖에 없었다.

동네의 모습이 모든 면에서 다양성을 잃어감에 따라, 주민을 먹여 살리고 그 지역의 특별한 분위기를 선사해 주던 가게들은 미국의 다른 많은 지역들처럼 비슷비슷한 모습으로 변해버렸다. '존스'나 '체리 레스토랑' 같은 옛 커피숍들이 하나둘씩 사라졌고 '스타벅스'나 그와 유사한 프랜차이즈 기업으로 빠르게 대체됐다. 개인이 하던 철물점과 옷가게들 역시 마찬가지다. 약국, 신발가게, 서점, 이발소 등 1930년대와 1940년대 이후로 인테리어가 거의 변하지 않았던 많은 가게들은 다 사라졌고, 제2차 세계대전 시대의 고색창연한 아름다움을 자랑하던 볼링장도 철거되어 값싸게 장식된 '신식' 당구장으로 바뀌었다. 그리고 다양한 민족과 문화적 특징을 반영한 동네의 수많은 작은 레스토랑들과, 마초 볼Matzo Ball 발효 과정 없이 물과 밀가루만으로 만든 빵 수프, 감자 팬케이크, 파스트라미 샌드위치 양념한 소고기를 훈제하여 차갑게 식힌 것(안타깝게도 지금은 사라진 '카네기 델리'에서 파는 것만큼 맛있진 않았지만), 마블 브레드Marble Babke 부드럽고 달콤한 반죽에 초콜릿이나 시나몬스월을 넣고 꼬아 만드는 빵 같은 전통적인 음식을 파는 유대인 델리는 사라져 버렸다.

이쯤에서 어퍼웨스트사이드를 잠시 떠나 다운타운으로 20블록쯤 가서, 앞서 언급한 나의 낙원 '카네기 델리'가 사라진 것을 애도해 보자.

카네기 델리는 1937년도에 창립되어 뉴요커들과 관광객들 모두에게 사랑받는 장소였다. 보통은 어떤 도시에 있는 레스토랑이 관광객 맛집이 되면, 그 지역 주민들은 그곳을 잘 찾지 않게 된다. 그러나 카네기 델리는 예외였다. 현지 뉴요커들은 사람이 너무 많아서 흡사 화재 현장 같은 시간대를 피해 그곳에 가거나, 웨이팅이 있어도 어쨌든 가긴 갔다. 안 갈 수가 없었다. 음식이 맛있기도 했지만, 도시의 너무 많은 부분이 끊임없이 새로워지고 있을 때 그곳에 가면 옛 뉴욕의 정취를 느낄 수 있었다. 종종 회의가 있거나 오디션을 보거나 혹은 브로드웨이에서 공연을 하게 되면, 나는 카네기 델리에 들러 치킨 수프(면이 들어간 것과 마초볼이 들어간 것 두 가지 다 남아 있으면, 나는 감사한 마음으로 둘 다 먹었다) 한 그릇과 파스트라미 샌드위치를 먹곤 했다.

어느 지점이든 유대인 델리에서는 빵 두 조각 사이에 육류와 닭고기 또는 참치 샐러드가 어마어마하게 많이 들어간 샌드위치를 판다(유튜브에 닉 크롤과 존 멀레이니 채널을 검색해서, "참치가 너무 많아요!Too Much Tuna!"라는 주제로 코믹 연기하는 영상을 찾아보기 바란다. 그걸 보고 나면 당신들의 삶이 보다 나아질 것이다). 하지만 카네기 델리는 이 샌드위치를 극단으로 몰고 갔다. 그들의 모토는 '당신이 음식을 다 먹었다면 우리가 뭔가 잘못한 겁니다'였다. 샌드위치가 너무 커서 하나를 다 먹기는커녕 거대한 호밀과 아직 따뜻한 파스트라미를 입에 넣는 것만으로도 벅차지만, 하나만 주문해서 나눠

먹는 건 허용되지 않았다. 그래서 친구와 나는 각자 샌드위치를 주문하고 최대한 많이 먹은 다음, 남은 것을 야식으로 집에 가져가곤 했다. 진짜 배가 조금밖에 고프지 않으면, 한쪽에 애플 소스를 바른 감자 팬케이크인 라트케를 주문했다.

주문한 음식이 나오기를 기다리며 맥주나 크림소다를 홀짝이고, 테이블마다 놓인 작은 스테인리스 그릇에 든 피클을 먹었다. 나는 반쯤 시큼한 피클을 선호했다. 나처럼 사람들이 '입맛에 맞는' 피클을 찾으려 얼마나 많은 그릇을 뒤적였을지, 또는 저 탁한 액체를 언제 마지막으로 갈았을지 따위의 생각은 하지 않으려 노력했다. 이따금 내가 특히 체호프 같다￼인간의 내향성이나 정신의 허무함, 행동을 일으키는 동기의 복잡함 등이 짙게 깔리는 것고 느껴지면, 치킨 수프 대신 보르쉬를 주문했다. 어떤 것이든 모두 다 맛있었다.

카네기 델리의 음식은 살을 에는 듯한 추운 2월 밤, 두세 블록 떨어진 시티센터에서 댄스 공연을 관람하거나 브로드웨이 극장에 다녀온 사람의 온몸을 따뜻하게 데워주는 힘이 있었다. 또 늦은 밤 싸구려 시내 바에서 진탕 마시고 일자리가 없으면 평생 살게 될 것 같은 원룸 아파트로 돌아가다 불쑥 들렀을 때, 배도 채워주고 영혼까지 채워주며 위로해 줬다.

그러나 지금은 사라진 옛 뉴욕 레스토랑들과 바처럼, 카네기 델리도 더 이상 존재하지 않는다(사실, 카네기 델리가 사라진 이유는 임대료가 상승했다거나 건물이 철거됐기 때문이 아니다. 2세대 주인이 장사를 할 만큼 했다고 생각해서 결정한 것이다. 그건 당연히 그 사람의 권리지만 우리 모두에게는 끔찍한 손실이다).

앞서 말했듯, 뉴욕의 젠트리피케이션 때문에 많은 가게가 원하지 않음에도 문을 닫아야 했고, 문화적으로 의미 있는 수많은 건물과 장소가 파괴됐다(대표적인 예로 '펜 스테이션'은 60년 동안 도시를 웅장하게 장식한 뒤 잔인하게 철거됐다). 이유는 모르겠지만 우리 미국인들은, 과거를 현재나 미래보다 덜 중요하게 보기 때문에 한때 있었던 것들을 보존해야 한다는 의무감을 거의 느끼지 않는다. 현재만 중요한 것이 아니라는 사실은 여태껏 배우지 못했다.

분명 변화는 좋지만, 미래를 창조한답시고 과거를 완전히 지울 필요는 전혀 없다. 미래와 과거는 공존할 수 있고 공존해야 한다. '루초우' '게이지 앤 톨너' 플라자 호텔의 '오크 룸' 같이 아주 오래되고 멋진 장소들이나 '일레인' '키예프 앤드 플로랑'처럼 조금 덜 오래된 장소들은 이제 없다. 그것들이 사라진 주된 이유는 거의 항상 재정적인 문제 때문이다. 임대료가 인상되거나 경기가 침체하거나, 소유주가 근시안적으로 직원들의 노동조합을 결성하지 못하게 하거나 또는 단순히 유행에 뒤처졌기 때문이다. 시대와 취향은 변하지만 그들의 메뉴와 인테리어는 변화가 없다는 것도 한몫 하긴 한다. 만약 그들이 조금 더 오래 버텨줬다면, 새로운 세대가 그들의 클래식한 요리와 옛 세계의 매력을 재발견해서 다시 살려냈을 가능성이 크다. 물론 '델모니코' '피터 루거' '프런시스 터번' '올드 홈스테드' '바베타'처럼 도시 주변에 남아 있는 오래된 레스토랑도 아직 많다. 그러나 도시의 물리적 범위와 800만 명 이상의 인구를 고려해 볼 때 그 수는 미미하다. 220만 명의 파리는 수십 개의 오래된 레스토랑을 보존하고 있다.

우리 조부모님과 부모님이 가족의 역사를 소중히 여기지 않고 옷이나 가구, 도자기, 식기류, 책, 사진, 예술작품, 일기 등의 형태를 경건하게 후세에 전해주지 않았다면 우리는 어떤 모습일까? 이 기념물들은 금전적 가치 없이 감정적 가치만 있어도 충분하다.

나는 어머니가 쓰던 냄비와 프라이팬을 그대로 가지고 있고 절대 버리지 않을 것이다. 그 누구도 이것과 똑같은 모양을 만들어낼 수 없을 뿐 아니라 보기만 해도 어머니가 생각나고, 우리를 위해 만들어주던 특별한 음식들이 떠오르기 때문이다. 소중한 가족의 유산을 잃는 것은 엄청난 손실이다. 그것들은 결코 대체되거나 다시 만들어질 수 없다. 아마 가장 귀한 유산은 가족 레시피일 것이다. 물리적인 유산처럼 레시피도 우리가 어디에서 누구로부터 왔는지 상기시켜주고, 다른 사람들에게는 다른 장소와 다른 시간에서 온 또 다른 민족에 관한 얘기를 들려준다. 그러나 잃어버린 물리적인 유산과는 달리 레시피는 여러 번 반복해서 재창조될 수 있는 우리 역사의 일부다. 레시피가 없어질 수 있는 유일한 방법은 우리가 잃어버리기를 선택한 경우뿐이다.

나는 혁신이 사업에 도움이 되고 사업은 사업이라는 사실을 알고 있다. 하지만 레스토랑과 도시를 유명하게 만드는 데 일조한 역사적인 레시피로 만든 전통 요리를, 깊이 따져보지도 않고 없애 버리는 건 막대한 문화적 손실이라 생각한다. 그리고 카네기 델리 가 폐업해버린 것처럼 훌륭한 유대인 델리가 많이 없어지는 것 또 한 실로 엄청난 손실이라 생각한다.

이제 다시 어퍼웨스트사이드로 돌아가 보자. 요즘 북쪽으로 향 하는 길을 구불구불 따라가다 보면, 거의 40년 전 내가 처음 그곳 으로 이사 갔을 때와는 전혀 다른 레스토랑들을 만나게 된다. 콜 럼버스 서클 미국 맨해튼 어퍼웨스트사이드에 있는 원형 광장 은 이제 무시무시한 건 물들의 중심지가 됐다. 고급 쇼핑몰과 굉장히 많은 레스토랑뿐 아 니라 만다린 오리엔탈 홍콩, 태국의 합작 호텔 브랜드, 재즈 콘서트홀, 여러 사무실 그리고 아파트들까지 들어섰다. 돈이 많다면 그곳들 중 어 디에서든 식사를 할 수 있겠지만, 일반 서민들은 은행이라도 털 어야 겨우 '퍼세'에서 식사를 할 수 있다. 그곳의 저녁식사는 와인 을 포함하지 않은 아홉 가지 코스의 테이스팅 메뉴가 355달러부 터 시작한다. 앞서 말했듯 와인은 없다. 돈을 아끼고자 와인을 직 접 가져간다면 병 당 150달러의 콜키지 요금을 내면 된다. 그러나 거기에 판매세 8.875퍼센트가 포함되지 않았다는 것을 명심해야 한다. 그리고 누차 말하지만 퍼세는 와인이 포함되지 않아 그나마 저렴한 가격대의 레스토랑이다. 나는 거기서 먹은 적은 없지만 아주 훌륭하다는 얘기는 들었다.

북쪽으로 계속 가다 보면, 트럼프 인터내셔널 호텔에 있는 프랑스 출신의 요리 전문가 '장 조지' 레스토랑을 지나친다. 장 조지 레스토랑은 매우 훌륭하지만 집주인은 악마 같다. 브로드웨이를 계속 올라가면 '갭' '브룩스 브라더스' '포터리 반' 그리고 170개의 스타벅스 같은 체인점들과 더불어 새로 오픈한 꽤 괜찮고 비싼 레스토랑이 나온다. 그리고 마침내 78번가에 이르면 '라 카리다드'라는 50년 전통의 보석 같은 식당을 만나게 된다.

라 카리다드는 맨해튼에 남아있는 몇 안 되는 쿠바식 중국 레스토랑 가운데 중 하나다. 1960년대 후반 쿠바로 갔다가 미국으로 이민 온 '라파엘 리'라는 중국인이 설립했고, 현재는 그의 아들이 운영하고 있다. 지금도 매우 합리적인 가격에 쿠바식과 중국식이 섞인 신기하고도 멋진 요리를 제공한다. 뉴요커가 아니라면 '쿠바식 중국요리가 무엇이죠?' '왜 그런 걸 먹어야 하나요?' '어떤 식으로 요리를 하나요?' 같은 의문을 품을 것이다. 이에 대답하자면, 많은 중국인들이 19세기 중반 철도 건설 일자리를 찾기 위해 쿠바로 이주했으나, 20세기 초 마오쩌둥이 권력을 잡자 쿠바 혁명 초기에 많은 중국계 쿠바인들이 다시 한번 공산주의를 피해 어쩔 수 없이 뉴욕으로 이주한 것이다. 그리고 그들이 양쪽 조상을 반영하는 레스토랑들을 바로 이곳에 열어 쿠바식 중국요리가 탄생했다.

내 첫 아파트는 라 카리다드와 두 블록밖에 떨어지지 않은 곳에 있어서 꽤 자주 갔었다. 레스토랑 밖에는 항상 택시 몇 대가 대기하고 있었고, 기사들은 그곳 음식을 테이크 아웃해서 먹고 있었다. 우리처럼 그들도 음식이 입에 맞을 뿐만 아니라 서비스도 번개처럼 빠르고, 가격마저 터무니없이 저렴했기 때문이다.

이 식당은 긴 유리창 두 면이 브로드웨이와 79번가를 바라보고 있어서 거의 테라리움 같이 보였다. 보행자들은 버스 정류장에서 버스를 기다리며 식당 안을 들여다봤다. 레스토랑 안에 앉아 있는 사람들이 창밖의 셔츠 입은 군중들의 일상생활을 구경하는 것과 비슷하다. 그 레스토랑은 40명 정도가 앉을 수 있는 적당한 규모로 별다른 장식은 없었다. 직원들은 때로는 퉁명스럽지만 대체로는 약간 지쳐 보이면서도 친절한 딱 그 정도의 서비스를 제공했다.

그곳에서는 완자탕을 주문한 후, '로파 비에하Ropa Vieja'라고 알려진 진한 갈색 소스에 소고기를 넣어 곁들이는 꼬리 스튜나 새우볶음밥을 선택할 수 있었는데 가격이 매우 저렴했다. 약간 기름지기는 하지만 맛있는 프라이드 치킨(대부분 닭다리)과 노란 쌀밥, 붉은콩 아니면 검은콩, 바나나 튀김 그리고 아보카도와 양파 샐러드까지 합쳐서 내 기억으로 6달러에서 8달러 정도면 사 먹을 수 있었다. 지난 40년 동안 분명 가격이 올랐겠지만, 여전히 매우 합리적인 가격이었다. 수년 전 여느 쿠바식 중국 레스토랑과 마찬가지로 라 카리다드도 에스프레소 머신이 있는 몇 안 되는 곳 중 하나였다. 그 커피가 비록 로마에서 만드는 것처럼 아주 맛있지는 않았지만 근처 커피숍에서 자바라 부르며 제공하는 산미 나고 맛없는 커피에서 잠시 벗어나 숨을 돌리기에는 충분했다. 그곳의 노란 쌀밥과 새우, 완두콩 그리고 검은콩이 곁들여진 큰 타원형 접시 하나를 먹으면, 젊은 배우는 꽤 오랜 시간 속이 든든했다. 그러다 다시 배가 고파지면 그날 할당된 현금을 다 써버렸기 때문에 마리나라 파스타를 저녁으로 먹고, 값싼 레드와인을 마시며 배를 채웠다. 그래도 그의 마음속 깊은 곳과 뱃속 깊은 곳에서는 라 카리다드에서 점심을 먹은 것이 그만한 가치가 있었다는 것을 알았다.

뉴욕에 있을 때마다 나는 어퍼웨스트사이드에 가서 내가 좀 더 젊었던 시절에 열광했던 동네에 가본다. 앞에서 말했듯 그곳은 상당히 많이 변했다. 조금은 나아졌고, 조금은 나빠졌다. 더 안전하고 깨끗하지만, 과거의 느낌이 상당히 많이 사라졌다. 나는 아직도 라 카리다드에서 밥을 먹는다. 그곳이 좋기도 하거니와 다른 대부분의 식당과 마찬가지로 20블록 반경에 있는 모든 쿠바식 중국 레스토랑이 사라졌기 때문이다. 이제 그 일대는 문신을 한 바리스타가 주문을 받아 고객의 이름을 묻고 에코컵에 적은 뒤, 음료가 나오면 온 세상에 다 들리도록 쩌렁쩌렁 이름을 외치는 영혼 없는 카페로 바뀌었다. 푸짐한 한 끼와 특별한 민족 요리의 역사 한 조각을 얻을 수 있었던 가격이 지금은 고작 커피 한 잔으로 변해버렸다.

이 챕터를 수정하면서 라 카리다드가 2020년 7월 23일에 갑자기 폐업했다는 사실을 알게됐다. 이유는 모르겠지만 많은 고객들처럼 나도 가슴이 아프다.

6

1995년도에 지금은 고인이 된 아내 캐스린 스패스(이하 케이트)와 4년간의 만남 끝에 결혼을 했다. 당시 아내에게는 두 아이들이 있었다. 2000년도에는 우리 둘의 쌍둥이 니콜로와 이사벨이 태어났고, 2002년도에는 카밀라가 태어났다. 하지만 슬프게도 케이트는 2005년도에 유방암 4기를 진단받아 4년 후 2009년도에 내 곁을 떠났다. 케이트는 어머니, 아내, 친구로서 최고였다. 매우 지적이고 아름다웠으며 친절하고 인내심이 강했다. 내가 아는 훌륭한 사람 중 한 명이었다. 나는 아내를 사랑했고 앞으로도 늘 그럴 것이다. 사실 아직도 아내의 죽음을 이해하기 어렵고, 아내의 부재가 여전히 믿기지 않는다.

맨해튼에 있는 작은 프렌치 레스토랑인 '뚜 바 비앙'에서 첫 데이트를 할 때부터 케이트도 나처럼 맛있는 음식을 즐긴다는 걸 알게 됐다. 뚜 바 비앙은 1948년도에 개업했고 다행히 아직도 그곳에 있다. 우리는 둘 다 맛있는 코코뱅 포도주로 요리한 닭고기 을 주문했고, 내가 미처 한 입도 먹기 전에 아내는 자기 코코뱅과 바게트 반 개 그리고 와인 두어 잔을 해치웠던 것 같다.

처음 만났을 때 아내는 생계를 유지하기 위해 집에서 놀이방을 운영하는 싱글맘이었다. 고된 하루를 보내고 아무리 피곤해도 아내는 매일 밤 균형 잡힌 음식을 준비해 아이들과 함께 제대로 된 저녁식사를 했다. 식사는 대부분 간단하고 아이들이 좋아하는 것들이었지만 종류가 다양하고 영양가도 높은 것들이어서 두 아이는 음식을 아주 맛있게 잘 먹었다. 내가 그 가족에 합류하면서 케이트와 나는 자연스럽게 함께 요리를 하기 시작했고, 우리가 준비하는 음식의 종류와 유형은 바뀌고 늘어났다. 나는 우리 가족 레시피를 매일 테이블에 소개했고 (지금의)아내 펠리시티와 똑같이 케이트도 나중에는 나보다 그 음식들을 더 잘 만들었다. 솔직히 어떤 음식은 훨씬 나았다.

케이트가 암 진단을 받기 직전 어느 순간이 기억난다. 그때 케이트는 우리 어머니의 레시피로 가족 모두가 좋아하는 라자냐 알라 볼로네제를 만들었다. 집에서 만든 담백한 시금치 파스타에 볼로냐 소스와 베샤멜 소스 그리고 간 파마산을 더해 베이킹 접시에 층층이 쌓아 굽는 식이었다. 결과물은 놀랍도록 진하고 섬세했고, 어느 누구든 한 번 먹으면 멈추지 못했다. 사실 이 요리를 제대로 만들어내는 것은 굉장히 어렵다.

파스타는 정확한 두께여야 한다. 모양이 유지될 만큼 두꺼워야 하지만 한 입 베어 먹은 뒤 입안에서 거의 녹아내릴 정도로 얇아야 한다. 볼로냐 소스는 뻑뻑해질 수 있으므로 고기를 너무 많이 넣어선 안 되고, 당근과 셀러리 그리고 양파와 토마토도 적당량을 넣어 꼭 필요한 만큼의 당도를 유지해야 한다. 베샤멜 소스는 영국에서 말하듯이 너무 묽지도 '찐득찐득' 해서도 안 되고, 파스타 반죽 시트가 손상되지 않도록 주의해가며 조리해야 한다. 요약하자면 시간이 많고 인내심이 있을 때 그 음식에 도전해야 한다. 그렇지 않으면 그냥 하지 않는 게 좋다. 자신과 주변 사람 모두를 매우 불행하게 만들 테니까.

케이트는 이 요리를 여러 해 동안 실험했고 눈부시게 성공했는데도 늘 우리 어머니에게 어떻게 해야 더 맛있어지는지 의견을 묻곤 했다. 어머니는 사람들에게 요리를 알려줄 때 매우 인내심이 많고 격려도 잘 하는 분이었지만, 본인이 가지고 있는 경험과 지식 그리고 뛰어난 요리 솜씨로 인해 다른 사람에게 겁을 많이 주는 편이었다. 그러나 케이트는 언제나 그렇듯 의연했다.

이 음식은 시간이 많이 걸리고 힘도 많이 들어서 보통 특별한 일이 있을 때만 내놓았다. 어느 날 부모님과 케이트, 내 의붓딸 크리스틴 그리고 어린아이들과 나는 뭔가를 함께 축하할 일이 있었다. 그게 무엇이었는지는 기억나지 않지만 케이트가 이 탐나는 음식을 대접해야 할 만큼 충분히 의미 있는 이벤트였다. 우리 모두 음식을 먹자마자, 케이트가 이전 어느 때보다 음식을 잘했다는 걸 알 수 있었다. 아버지와 내가 기쁨에 겨워하고 있는 동안 어머니는 방금 입에 넣은 음식의 맛을 입안에 제대로 스며들게 하려는 듯 접시에 시선을 고정한 채 천천히 씹고 있는 게 보였다. 잠시 후, 케이트가 어머니를 보고 용기를 내 물었다. "어때요, 어머니?"

어머니는 여전히 시선을 고정한 채 계속 말없이 음식을 씹었다. 약간 긴장감이 느껴질 정도의 시간이 흐른 다음, 어머니가 케이트을 보고 말했다. "이제 내가 너한테 더 이상 가르칠 게 없구나." 그러고는 어머니가 울기 시작했다. 케이트는 어머니를 안으며 환하게 웃었다. 우리도 함께 웃었다.

그리고 나서야 우리는 라자냐를 게걸스레 먹어치웠다.

케이트의 어머니 도로시와 그녀의 두 번째 남편 브래드와 함께 식사하는 것은 우리 부모님과 식사할 때와는 전혀 다른 느낌이었다. 그들을 만나는 건 언제나 즐거운 일이었지만, 좀처럼 요리하는 걸 좋아하지 않는 부부였다. 많은 사람들처럼 음식을 즐겨도 닭이나 스테이크를 굽는 것 이상의 과정이나 새로운 레시피에 도전하는 과정을 전혀 즐기지 않았다. 부엌일을 좋아하는 사람이 있고 그렇지 않은 사람이 있듯 말이다. 그래도 두 분은 우리의 방문을 늘 반겨주셨고 즐거운 시간을 보냈다.

도로시와 브래드는 프리포트에서 멀지 않은 메인 해변에 위치한 아름다운 집에서 살았다. 프리포트는 주로 '엘엘빈'과 '세바고' 같은 아울렛이 있는 오래된 마을이다. 여름이 되면 케이트와 나 그리고 내 의붓 아이들, 나중에는 우리 아이들까지 웨스트체스터에서 북쪽으로 5시간 동안 차를 몰아 그곳으로 가곤 했다. 우리는 작은 보트를 타고 다른 섬에 가거나 숲에서 하이킹을 하거나, 프리포트에 있는 거대한 엘엘빈 매장에 가서 폴라플리스, 보온병, 카라비너처럼 우리에게 필요한 물건들만 사며 시간을 보냈다. 거기에서 머무는 동안에는 불가피하게 케이트와 내가 요리를 맡았다. 우리 아이들이 무엇을 먹고 안 먹는지를 잘 알고 있기도 했지만, 요리하는 것을 좋아하고 케이트의 부모님도 기뻐했기 때문이다. 그러나 케이트와 내가 감히 시도하지도 못하는 음식을 브래드가 만들었다.

브래드는 미국 동부의 메인주에서 나고 자랐으며 메인 사람답게 높낮이 없이 단조로운 어조로 말했다. 메인을 방문해 본 적 없는 사람들을 위해 짧게 소개하자면, 메인은 여름은 짧고 겨울은 길고 힘든 아름답고 거친 곳이다. 메인에서 태어난 사람들은 그곳에 아무리 오래 거주한 사람이 있어도, 메인이 고향이 아니면 모조리 '외지인'으로 여긴다. 그들은 대부분 말수가 적고 신랄하며 독특한 유머감각을 가지고 있다. 메인에서 통하는 우스갯소리 하나를 예로 들어보겠다. 작은 '요트클럽'에서 열린 긴장감 넘치는 모임을 하던 중, 정중한 대화를 이끌고자 한 회원이 옆 사람에게 평생 메인에서 살았는지 물어봤다고 한다. 그러자 그 사람은 아주 진지한 표정으로 "아뇨, 아직."이라 대답했고, 그 뒤로 대화가 거의 이어지지 않았다는 얘기가 있다.

그러나 가족, 친구들과 함께 메인의 차가운 바다에서 잡은 랍스터를 먹다 보면, 동네에서 가장 냉정하다고 생각했던 사람도 그 이미지를 벗게 된다. 랍스터를 해체해 제대로 먹기 위해선 테이블에 앉은 사람 모두가 합심하고 노력해야 하기 때문이다. 이 행위를 하다 보면 모든 장벽은 없어지고 대화를 하지 않을 수 없다.

나는 영국, 몰디브, 아일랜드 등 다른 많은 나라에서 랍스터를 먹어봤지만, 가장 맛있는 것은 메인산 1킬로그램짜리 랍스터다. 나는 아무리 맛있어도 랍스터를 철판에 굽거나 테르미도르랍스터 살을 소스에 버무린 후 껍데기에 다시 넣고, 그 위에 치즈를 얹은 요리 또는 뉴버그세리주 또는 브랜디를 섞어 만든 진한 생크림 소스로 조리한 요리로 만든 것은 좋아하지 않는다. 랍스터 비스크갑각류로 만든 진한 수프를 좋아하지 않는다거나, 살짝 구워 버터 바른 번빵에 랍스터 롤 올려먹는 것을 싫어한다는 말이 아니다. 신선한 랍스터의 경우 소금물에 살짝 삶는 것이 가장 맛있고, 풍미를 더해야 한다면 버터만 있으면 된다고 생각한다. 브래드는 메인 해안의 작은 섬 해변에서 매년 여름 랍스터를 꼭 이런 방법으로 만들어줬다.

우리가 도착하는 날, 브래드는 일기 예보를 확인해서 우리의 연례 섬 여행 혹은 랍스터 소풍에 가장 적합한 때를 결정했다. 선택된 날이 되면 아침식사를 마치고 쿨러에 맥주와 물, 소다수, 치즈 조각, 집에서 만든 훈제 생선파테곱게 간 생선 살에 양념과 향신료를 넣고 파테라는 밀가루 반죽을 입혀 오븐에 구운 요리를 채웠다. 옥수수와 빵은 비닐봉지에 담고 구명조끼를 준비한 다음, 집에서 내려다보이는 바위투성이

해안으로 내려갔다. 브래드는 두 개의 낡은 삼베 자루에 다 찌그러지고 시커먼 알루미늄 솥과 폐냉장고에서 나온 작은 와이어 선반, 장작더미를 집어넣었다. 그런 다음 우리 모두 작은 보트를 타고 노를 저어 약 45미터 떨어진 곳에 정박된 모터보트까지 갔다. 보트에 안착한 뒤, 우리는 브래드가 알고 있는 근처 정박지로 향했다. 그곳에 완벽한 크기의 랍스터를 아주 싼 가격에 판매하는 상인이 있었다. 곧 랍스터의 빠르고 사나운 발은 움직일 수 없도록 고무줄에 묶인 후 빈 쿨러에 던져져 우리 보트로 옮겨졌다.

근처에 있는 다른 섬들보다 바위가 적은 섬을 향해 차갑고 푸른 바다를 헤치고 나아가면, 들쭉날쭉한 짙은 회색 바위 위에서 물개들이 햇볕을 쬐거나 수영을 하고 있는 게 보였다. 모든 장면이 와이어스 미국 촌락에서 펼쳐지는 인간의 삶과 죽음을 다룬 인물화와 풍경화를 주로 그린 사실주의 화가 가문 사람의 취향에 어울릴 법한 서정적인 분위기였다. 우리는 섬에서 조금 떨어진 곳에 보트를 정박하고, 작은 보트로 뛰어 올라타서 해안으로 노를 저어 갔다.

내가 간단하게 설명해서 그렇지 이 여정에는 계류선을 제대로 묶지 않았다거나 무게가 고르게 분배되지 않았다거나 노를 젓기로 한 사람이 엄청나게 무능해서 일직선으로 노를 젓지 못한다며 욕설과 저주가 난무했고, 우리 모두를 해안에 데리고 가려면 몇 번이나 왔다 갔다 해야 할지, 누가 먼저 갈지에 관해 어쩔 수 없는 불협화음이 있었다. 그러나 섬에 도착해서 시원한 맥주 캔을 급히 따는 소리와 함께 바로 긴장이 풀렸다.

브래드와 아이들 그리고 나는 불을 피우기 위해 돌을 모아 둥글게 쌓았고, 그 사이 케이트와 도로시는 전채요리를 내놓았다. 브래드가 가져온 장작과 섬에서 모아온 마른 소나무 가지로 불을 피워 와이어 선반을 올린 다음 불이 골고루 올라오기를 기다렸다. 몇 분 후, 우리는 알루미늄 솥에 바닷물을 채워 활활 타오르는 선반에 올려놓았다. 물이 보글보글 끓어오르자 랍스터를 조심스럽게 넣어 해초로 덮고, 아이들이 껍질을 벗겨놓은 달콤한 옥수수를 그 위에 올려 또 해초로 덮었다. 불 옆에 놓인 작은 냄비에서는 버터가 녹아가고 우리는 메인 요리를 초조하게 기다리며 치즈와 크래커를 먹었다.

브래드는 시간을 재지 않고도 랍스터를 언제 먹으면 될지 귀신같이 알았다. 그냥 느낌으로 아는 것 같은데 단 한 번도 틀린 적이 없었다. 껍데기를 벗겨낸 속살은 늘 완벽했다. 우리는 녹은 버터에 랍스터를 푹 담갔고, 뜨거운 옥수수에는 차가운 버터를 바른 다음 소금을 뿌렸다.

소금과 버터.
버터와 소금.

이 두 가지 조미료는 고대 식물과 선사 시대 십각류의 맛과 풍미를 한층 높여 우리 모두에게 놀라운 맛을 선사했다. 앞서 말했듯 이 랍스터 요리는, 스테이크나 버거를 제외하고 브래드가 해

주는 유일한 음식이었다. 우리는 그가 이 음식을 완벽하게 만들기 위해 혼신의 힘을 다하는 것이 기뻤다. 그만큼 맛이 놀라워졌기 때문이다.

나와 케이트는 신선한 해초가 있으면 항상 실패 확률 0퍼센트의 브래드 레시피로 랍스터를 요리했다. 나는 지금까지도 실패 없이 그 음식을 해내는 데 자부심을 느낀다. 그러나 여전히 케이트의 '라자냐 알라 볼로네제'에는 한참 못 미쳐 여전히 노력 중이지만. 분명 내가 가까이 가기도 전에 펠리시티가 먼저 성공할 것을 믿어 의심치 않는다.

7

크리스마스이브

내가 지금 거주하고 있는 영국은 해마다 낮이 점점 짧아지다 보니, 반세기도 전에 살았던 뉴욕 어퍼웨스트체스터에서 보낸 어린 시절의 겨울을 그리워하지 않을 수 없다. 언덕 꼭대기에 나무로 둘러싸여 있던 우리 집은 12월 초순이면 거의 항상 눈으로 가득 차 있었다. 연못과 호수가 얼기 시작하면, 우리를 둘러싼 숲은 딱딱한 검은색과 부드러운 흰색의 조화로 아름답고도 신비로워져서 그 어느 때보다 매력적이었다. 나는 겨울에 관한 모든 것이 좋았고, 특히 크리스마스를 사랑했다. 우리의 크리스마스는 지금까지도 여전히 함께 보내기 위해 노력하는 즐거운 축제다.

부모님의 자금이 한정적이었어도, 우리 집은 늘 우아하게 꾸며져 있었다. 아버지는 호두나무 조각으로 구유_{소나 말 등의 가축에게 먹이를 담아 주는 그릇}를 만들어 그 안에 마리아와 요셉 그리고 아기 예수의 현대판 인형을 넣어뒀다. 몇 년 동안 꾸준히 조금 더 전통적인 상점에서 구입한 양치기와 현자 그리고 농장 동물들이 그루피우스_{독일 베를린 태생의 건축가, 사상가, 교육자, 바우하우스 이념 창시자}에서 영감을 받고 꾸며진 우리의 마구간으로 들어왔지만, 내 눈에 그것들은 세련되지 못한

침입자로 보였다. 매년 집에서 만든 이 구유와 크리스마스트리 조명(매우 크고 손으로 칠한), 양말 등의 크리스마스 용품들이 구겨진 박스에서 꺼내질 때면, 나는 넘쳐나는 기쁨에 압도당하는 느낌이었다. 크리스마스가 우리를 지루하고 평범한 일상에서 벗어나, 끝없는 놀이로 가득 찬 일주일 정도의 불분명한 날들로 데려다 주리란 걸 알았다.

성당에 제대로 나가지는 않았지만 이탈리아계 가톨릭 가족으로서 우리는 크리스마스이브에 생선만 먹었다. 물론 우리가 먹는 보통의 일상 식사도 여러 세대에 걸쳐 내려온 레시피로 만드는 가정식이긴 했다. 그래도 크리스마스 동안에는 훨씬 더 높은 수준의 전통 음식을 먹어야 한다는 관습이 있었다. 크리스마스이브에 생선을 먹는 것은, 축제 전날 밤에는 육류를 먹지 않는 로마의 전통을 따른 것으로 알려져 있다. 일부 가정에서는 이런 식사를 '일곱 물고기의 축제'라고 부르지만 '7'이 성경에서 가장 많이 사용되는 숫자라는 것 말고는 왜 일곱 마리 물고기인지 제대로 아는 사람은 아무도 없다.

어쨌든 내가 어렸을 때 우리 집에서는 크리스마스이브에 적어도 일곱 가지의 생선을 먹었다. 어머니는 다음 장에 나오는 레시피와 비슷하게 식사를 준비했다.

애피타이저

새우 칵테일 껍질을 벗긴 새우를 마리로즈 소스 또는 칵테일 소스와 함께 먹는 것
구운 조개
해산물 세비체
속을 채운 버섯 구이
체폴레이탈리아식 도넛

첫 번째 코스

감자, 그린 올리브, 토마토를 곁들인 소금에 절인 대구
참치 소스 파스타

두 번째 코스

구운 연어 아니면 빵가루를 입힌 파란농어
구운 감자
그린빈스
브로콜리 라베
그린샐러드

디저트

아이스크림
비스코티 쿠키
애플파이
파네토네 이스트로 발효시킨 이탈리아 빵
견과류와 말린 무화과

옆의 내용은 과장이 아니다. 이건 부모님, 동생 둘 그리고 나 이렇게 다섯 사람을 위한 음식이었다. 세월이 흘러도 요리 가짓수는 변함이 없었지만, 배우자와 아이들, 친구들 등이 불가피하게 늘어나게 되면서 음식의 양이 늘어났다.

각 코스별로 한 가지 음식만 집중해서 소개를 해보겠다. 먼저 체폴레 또는 이탈리아계 미국인들 발음으로 '체폴리'는 으깬 감자와 밀가루로 만든 반죽을 링이나 볼 모양으로 느슨하게 만들어 기름에 바싹 튀긴 것이다(밀가루로만 만들 수도 있다). 아주 뜨거운 온도의 올리브오일에 튀기면 금세 부풀어 오르고 중독성 있게 맛있어진다. 어머니가 체폴레를 튀기기 시작하면 가족 전체가 무의식 중에 스토브로 점점 가까이 다가가, 어머니 근처에 옹기종기 모여 있는 모양새가 됐었다. 급기야 요리가 시작되기 전까지는 전혀 느끼지 못했던 허기로 허덕이기까지 했다.

체폴레가 완전히 부풀어 오르고 노릇노릇해지면 옆에 꺼내서 식힌다. 손으로 잡을 수 있을 정도까지 식으면 누군가 재빨리 하나를 집어서 먹는다. 아버지는 여러 해 동안 조각을 했고, 용매제를 다루는 일을 해서 손에 굳은살이 박여 있었다. 그렇기 때문에 방금 튀겨낸 가장 뜨거운 것은 아버지 차지였다. 우리도 똑같이 집어봤지만 소용이 없었다. 부드러운 손바닥과 연약한 손끝으로는 그 노릇노릇한 체폴레의 열기를 감당할 수 없었고, 어쩔 수 없이 아버지가 한 개를 통째로 삼키는 장면을 지켜보면서 체폴레가

식기만을 기다려야 했다. 그래도 아버지의 열정과 탐욕 때문에 혀와 입이 데었다는 것에 큰 기쁨을 얻었다.

어머니는 지금도 외할머니로부터 물려받은 작고 검은 프라이팬으로 체폴레를 만든다. 어머니는 전쟁의 상흔이 남아있는, 그 값을 매길 수 없이 귀한 유물로 오직 체폴레와 또 다른 핑거푸드인 피티 프리티Pitti Fritti를 만든다. 크리스마스이브 때 먹는 음식은 아니지만 피티 프리티는 여기에서 언급할 만하다.

피티 프리티는 남은 피자 도우로 만드는 손바닥 크기의 튀김이다. 체폴레처럼 올리브오일에 튀겨서 잠시 식힌 뒤, 설탕을 발라 놓으면 모두 오며가며 집어먹는다. 특히 아이들이 좋아한다. 나는 피자를 만들 때 종종 반죽을 따로 조금 남겨서 밤새 냉장고에 넣어뒀다가 아침식사로 피티 프리티를 만든다. 앞에서 말했듯 피티 프리티는 설탕을 발라 먹을 수 있지만 달걀 프라이와도 잘 어울린다(달걀을 엑스트라버진 올리브오일에 튀겨 가장자리는 바삭하고 노른자는 부드럽게 만들어 피티 프리티 위에 올린 다음, 소금과 후추를 뿌려 간을 맞추면 된다).

자, 다시 체폴레로 돌아간다. 체폴레를 만드는 다른 방법은 모양을 만들 때 반죽 안에 멸치를 몇 마리 넣는 것이다. 아주 어렸을 때 이걸 처음 먹어보고 멸치 향에 몸서리를 쳤던 기억이 난다. 하지만 10대에 들어서고 내 미각이 더 강한 맛을 받아들이기 시작하면서부터는 어머니나 외할머니가 멸치를 가득 넣어 만들어주는 체폴레를 순순히 기다리곤 했다. 솔직히 두 가지 버전 다 믿을 수 없을 정도로 맛있다.

지난여름에 갑자기 체폴레가 너무 먹고 싶어서 몇 번 만들어봤지만 제대로 된 결과물이 나오지 않았다. 충분히 부풀지 않거나 전혀 부풀지도 않았고, 기본적으로 약간 무거웠다. 두 번째 시도마저 실패한 후에는 열심히 만든 반죽을 차마 버릴 수 없어서 작고 둥근 피자 모양으로 만들어 야외 오븐에서 구웠다. 그런데 놀랍게도 반죽이 제대로 부풀었고, 나는 얇은 피자를 선호하는데도 이건 정말 완벽하게 맛있었다. 거기에 감자와 함께 먹어보니 맛의 깊이와 부드러움까지 더해졌다(나는 감자빵을 좋아하지만 이건 아주 다르다). 그 후 나는 볶은 피망과 염소 치즈, 볶은 양파 등 다양한 토핑으로 실험하기 시작했는데 하나같이 반죽과 완벽하게 어울렸다. 점심이나 저녁으로 이 토핑들과 그린 샐러드 그리고 좋은 맥주가 나온다면 나는 차마 거절할 수 없을 것이다.

다음 크리스마스이브 요리로는 지금도 내가 여전히 즐겨 먹는 '바깔라'다. 소금에 절여 말린 대구 요리인 바깔라는 잘 말리고 절여서 저장하는 방식을 수천 년 동안 행해왔다. 대구는 차가운 북쪽 바다에서 왔지만 전 세계 문화의 요리로 발전했다. 그게 가능했던 이유는, 이 저장 방식 덕분에 아주 멀리 떨어진 곳까지 대량

수송이 가능했고, 거래도 할 수 있었기 때문이다. 한때 대구가 너무 많아서 노바스코샤 해안에서는 사람들이 이 탐나는 물고기의 등을 밟고 물을 건넜다는 말까지 전해진다. 하지만 불행하게도 남획으로 인해 대구의 숫자는 줄어들었고, 과장이 아니라 지금은 전 세계 생선가게에서 상당히 높은 가격에 팔리고 있다.

크리스마스이브가 다가오면 수 세기 동안 해왔던 대로 어머니는 대구를 하루 정도 물에 담가 불렸다. 그런 다음 헹궈서 과한 소금기를 뺀 뒤, 감자 그리고 그린 올리브와 함께 가벼운 토마토 소스에 넣고 천천히 조리했다. 엑스트라버진 올리브오일을 조금 더 뿌리고 구운 빵 한 조각이나 '피스코토'를 곁들이면, 대부분의 간단한 시골 요리처럼 우리가 섭취할 수 있는 가장 건강한 음식 중 하나가 된다. 여기서 '피스코토Fiscotto' 또는 '비스코토Biscotto'는 이탈리아어로 두 번 구웠다는 뜻이고, 첫 번째 단어는 칼라브리아 발음이다. 매우 낮은 온도에서 몇 시간 동안 천천히 구운 묵은 빵을 말한다. 결과물은 토스트같이 딱딱한 빵이 만들어져서 통 안에 오랜 기간 동안 보관할 수 있다. 천천히 구우면 설탕이 빠져나와 부드러운 단맛이 생기는데, 치즈나 구운 피망과 함께 먹거나 작은 조각으로 부수어 수프에 넣어 먹거나… 무엇이든 원하는 대로 먹을 수 있다.

첫 번째 코스인 대구요리와 뒤이어 나오는 음식들을 먹고 나면

(음식이 너무 많아서 나는 한때 부모님께 토할 공간을 달라고 간청했다)
메인 요리가 나왔다. 주로 석쇠에 구운 파란농어였다.

파란농어는 기름지고 '비린내'가 난다고 사람들이 대체로 잘 먹지 않는다(고등어보다 기름기는 적고 살은 더 연해서 잘 부서지지만 같은 과에 속한다). 그러나 제대로 요리하면 이러한 특성들이 완화된다. 어릴 때는 가시가 너무 많아 싫었지만 맛은 거부할 수 없어서, 내 앙상하고 작은 손으로 끊임없이 발라먹어 부모님을 당황하게 한 적도 있다.

이 요리의 준비과정은 매우 간단하다. 파란농어를 반으로 길게 자른 후, 빵가루와 올리브오일, 다진 마늘 조금, 다진 파슬리, 소금을 섞은 양념을 듬뿍 뿌려주고, 그 위에 얇게 자른 레몬 몇 조각을 얹는다. 그다음 파란농어를 베이킹 트레이에 올리고 포일로 느슨하게 덮은 후 160°C로 예열한 오븐에 넣어 굽는다. 20분에서 30분 정도가 지나면 포일을 제거하고 오븐을 그릴 모드로 전환하여 위쪽이 바삭하고 노릇노릇해질 때까지 5분 정도 굽고, 몇 분간 놔둔다.

익히 알다시피 생선을 요리하면 주방에… 생선 냄새가 진동한다. 파란농어를 요리하면 생선 냄새가 더 심하다. 상한 생선 같진 않지만… 정말 훨씬 더 심한 냄새가 난다.

그렇다고 요리하길 주저하지는 마시라! 부드러운 빵가루와 각종 양념, 레몬의 신맛이 이 특별하고도 고약한 생선 냄새를 확실하게 제거해 줄 것이다.

여러 해 동안 부모님과 나는 크리스마스이브와 크리스마스 식사를 번갈아가며 담당해왔다. 물론 내가 크리스마스이브 음식을 준비하면 위에서 언급한 애피타이저 몇 가지밖에 못 만들지만, 솔직히 말해서 어머니의 엄청난 생산성을 따라갈 만큼의 시간과 정성은 없었다. 그래서 최소 일곱 가지의 해산물이 들어간 해산물 스튜만 크게 한 냄비 끓이곤 했다. 나는 이 스튜를 구운 빵과 함께 내거나 가끔은 파스타로 만들었다. 하지만 보통 스파게티나 링귀니 면과 함께 소스로 사용한다. 손님이 올 때마다 만드는 요리 중 하나도 바로 이것이다. 이 요리의 장점은 고등어나 정어리 또는 연어처럼 아주 기름진 생선을 제외하고는 어떤 종류의 해산물을 써도 된다는 것이다. 요리하는 데 시간도 오래 걸리지 않고 손님이 조개류에 알레르기가 있지 않는 한, 항상 대성공이다.

영국에서는 크리스마스이브에 생선 요리하는 것이 전통은 아니지만, 나는 아직도 그날 밤이 다가오면 적어도 두세 가지의 생선 요리를 만들려 한다. 나는 생선 요리야말로 고기 중심의 크리스마스 음식들과 곧 다가올 박싱데이 영국 등에서 크리스마스 뒤에 오는 첫 평일을 공휴일로 지정한 것 전에 꼭 필요한 가벼운 음식이라고 생각한다.

영국에서 아내 펠리시티의 부모님과 함께 보낸 몇 번의 크리스마스 동안 내 평생 너무나 많은 것들을 경험했다. 선물 증정식, 와인 따르기, 게임하기 그리고 나에게는 새로운 경험인 크리스마스

크래커 뽑기 등을 했다. 음식은 우리 가족의 크리스마스와는 많이 달랐지만, 다행히도 펠리시티의 어머니 조안나가 요리를 잘해서 맛은 똑같이 좋았다.

전채요리로 데블스 온 호스백 대추를 베이컨으로 감싸 약간 바삭하게 구운 요리 과 작은 소시지 같은 음식이 나오는데, 둘 다 샴페인 몇 모금과 함께 몇 분 만에 입에서 사라진다. 이탈리아 식사와는 달리 첫 번째 코스 요리는 없지만(이에 관한 내용은 잠시 후 나온다) 음식은 풍부하다. 영국식 구운 감자, 찐 야채, 브레드 소스라 불리는 죽 등이 나온다(브레드 소스는 우유에 담근 흰 식빵인데, 찰스 디킨스의 소설『올리버 트위스트』에서 구빈원을 운영하는 범블 씨나 구빈원 소년들, 이가 없는 빅토리아 시대의 연금 수급자들에게 주었을 법한 모양과 맛이다. 다른 음식들은 다 좋아하지만 그것만은… 즐기지 않는다).

이 모든 것은 항상 거대한 고기 한 조각으로 만든 메인 요리와 함께 나온다. 여러 해 전에는 칠면조였을 테지만 내가 가족이 되어 미국식 추수감사절을 가족 연례행사에 도입한 뒤로는, 우리 모두 한 달에 칠면조 두 마리는 좀 지나치다고 합의를 봤다. 따라서 중앙 무대를 차지하는 구운 고기들은, 터더킨이라고도 알려져 있는 스리버드 로스트 뼈를 발라낸 칠면조나 거위 안에 뼈를 발라낸 오리고기를 넣고, 그 안에 다시 뼈를 발라낸 닭고기를 넣어 굽는 음식 나 구운 햄, 소갈비 또는 크고 살찐 거위 중 하나다. 테이블에 있는 모든 사람들처럼 나도 모든 음식을 사랑하므로 식사가 끝날 때쯤엔 거의 아무것도 남지 않는다.

나의 첫 영국식 크리스마스 음식 중에 내 입맛에 새롭게 다가

왔던 건 고전적 영국 크리스마스 디저트인 스티키 토피 푸딩 대추로 만든 푸딩에 토피 소스를 얹은 영국식 디저트이었다. 나는 단것을 좋아하지 않지만 어떤 이유에서인지 이걸 거부하기는 매우 어려웠다. 특히 식사가 끝날 무렵에 펠리시티의 아버지가 아낌없이 내주는 좋은 포트 한 잔을 곁들일 때는 더더욱 그랬다.

이 잔치가 끝나면 우리는 모두 배불리 먹어 만족했고, 나는 우리 가족의 영국식 억양을 들으며 옛날 영국에서는 크리스마스가 어떤 모습이었을지 상상해 본다.

아마 나는 프록코트와 실크해트를 착용하고 목에 긴 모직 스카프를 두른 채 처가 식구들에게 작별 인사를 할 것이다. 그러고 나서 내 가족들을 데리고 조지아 양식의 집들이 늘어선 눈 내리는 거리를 지나쳐 집으로 떠났을 거다.

또 내가 미국 버전으로 상상한 영국의 크리스마스는, 처가의 현관문을 열고 나오자 눈 대신 다시 비가 내리는 것을 보고 큰 충격을 받는 것이다. 아이들은 할머니 할아버지와 헤어져야 해서 울고 있고, 우리는 조금 큰 아이들을 어떻게든 차에 밀어 넣어 두 살짜리 에밀리아가 멀미로 온몸에 토하기 전에 조심스럽게 차를 타고 떠나는 거다. 참으로 디킨스적인 풍경이지 않은가!

크리스마스

세 명의 어린아이들과 함께하는 크리스마스 아침은 가슴이 따뜻해지는 동시에 몹시 피곤하다(어린아이가 셋이나 있는 사람들은 모두가 공감할 것이다). 케이트와 나는 일찌감치 일어나 아이들이 벨로키랍토르 공룡처럼 선물에 달려드는 것을 막아야 한다. 나는 항상 큰 비닐봉지를 여러 개 준비해 놓고, 아이들이 작은 손으로 다급하게 포장지를 찢어발기자마자 생긴 그 잔해를 봉지 안에 집어넣는다(이렇게 해야 정돈 상태가 유지되고, 곧 어마어마한 종이 더미가 생길 그곳에 쓰레기로 착각해서 버려지는 일이 발생하지 않는다. 예전에 케이트에게 주려고 산 아름답고 고풍스러운 연필화를 실수로 버린 뒤로는, '포장 뜯으면 즉시 큰 비닐봉지에 넣는 방식'을 고집한다. 그 후로는 단 하나의 예술작품이나 장난감 병정도 분실하지 않았다).

선물의 북새통과 흥분이 모두 끝나면, 사용설명서를 읽기 싫어서 조립하지 않고 있던 장난감들을 집에 와 있던 친척 몇 명이 조립해 준다. 그러는 사이 우리는 의도대로 파자마 차림으로 커피를 홀짝이며 아이들이 이 장난감에서 저 장난감으로 옮겨 다니는 광경을 지켜본다. 매년 우리는 크리스마스 저녁식사에 초대된 손님들이 오후 서너 시까지는 오지 않을 테니, 그전까지는 금쪽같은 휴식을 취할 수 있으리라 생각했다. 그러나 매년 이런 일은 일어나지 않았다. 이유는 다음과 같다.

우리 집에서는 크리스마스에 아주 특별한 음식을 제공한다. 팀파노Timpano라는 이 음식은 파스타, 라구, 살라미, 여러 가지 치즈, 삶은 달걀 그리고 미트볼을 채운 페이스트리 같은 둥근 반죽을 구운 것이다. 아주 크고 무겁고, 당연히 속이 꽉 차 있다. 크리스마스를 비롯한 특별한 날에 제공하는 이 전통 음식의 레시피는 친가 쪽 가족들이 미국으로 가져왔다. 나는 크리스마스에 우리 집이든 친척들의 집이든 이 음식을 먹지 않았던 적이 없다.

팀파노는 굉장한 눈길을 끌기 때문에 영화 〈빅 나이트〉의 절정 장면에서도 식사의 중심 요리로 등장시켰다. 하지만 요리를 준비하는 데 노동력이 너무 많이 들고, 요리 과정 역시 상당한 시간과 주의가 필요하다.

이 마지막 이유 때문에 부모님은 며칠 전부터 힘들게 준비한 팀파노를 들고 우리 집에 오전 11시쯤 방문하셨다. 우리는 오후 두세 시까지 아래층에 내려가지 않아도 된다고 생각했지만, 팀파노의 마무리 작업을 돕기 위해 어쩔 수 없이 내려가야 했다.

자갈길 진입로에서 차 소리가 나는가 싶으면 어김없이 잠시 후 부모님이 "메리 크리스마스!"라고 외쳤고, 나는 멋쩍게 케이트를 바라봤다. 케이트는 조용히 한숨을 쉬고는 천천히 고개를 돌려 나를 보는데, 그 눈에서 살기가 느껴졌다. 이 시점에 이르면 내 불안지수는 수직 상승했고, 나는 혹시 블러디 메리나 스카치 사워로 평정을 찾을 수 있을까 싶어 바에 갔다.

부모님은 우아하게 차려입고 '음식들'이 담긴 큰 보자기와 선물을 들고는 만면에 미소를 지으며 계단을 올라왔다. 전날 밤에도 만났지만 마치 몇십 년 동안 헤어졌다 다시 만나는 것처럼 행복해하고 기뻐하시는데 어떻게 내가 너무 일찍 도착했다고 화를 낼 수 있을까?(불쌍한 아내만큼은 아니겠지만)

어머니는 굳이 크리스마스이브 저녁식사에서 남은 음식들뿐 아니라 최소 세 가지 음식을 더 가져왔다. 우리는 아직도 전날 먹은 음식에서 회복하지 못한 상태였지만 그건 중요하지 않았다. 어머니는 "나는 너희가 만든 음식을 먹지 않을 거고, 네 아버지도 필요 없다고 하실 거다."라는 말로 더 이상 음식을 가져오지 말라는 우리의 부탁을 일축시켰다.

아무튼 이런 일이 생기는 이유는 바로 '팀파노' 때문이다. 이 전통적인 투치 가족의 요리에 익숙해질 수 있도록 레시피를 공개하겠다.

팀파노

- 12~16인분 -

(비율은 팬 크기에 맞게 조절될 수 있음)

팀파노 반죽을 얇고 둥근 형태로 편다. 이때 지름은 사용하는 프라이팬의 크기에 따라 결정된다. 프라이팬의 바닥 지름, 프라이팬의 윗면 지름 그리고 프라이팬의 높이 2배를 더한다. 모두 더하면 필요한 지름과 거의 같을 것이다.

반죽은 전날 미리 만들어서 밤새 냉장 보관하거나 팬을 준비하기 전 미리 치대서 옆에 둔다. 만약 냉장 보관을 했다면 꼭 실온에 되돌려놓는다. 팬에 반죽을 펴기 전에 버터와 올리브오일로 넉넉히 기름칠하는 게 중요하다. 팬에 기름칠을 하고 반죽을 펴는 작업은 파스타를 삶는 동안 하면 된다.

라구를 준비할 때 사용하는 고기는 일반적으로 팀파노를 굽기 전날 저녁 식사로 제공된다. 왜냐하면 팀파노를 먹고 난 뒤에는 샐러드 외에 다른 음식을 먹을 공간이 없기 때문이다.

반죽
다용도 밀가루 500g, 뿌려서 쓸 용도로 조금 더 준비
큰 달걀 4개
씨솔트 1티스푼
올리브오일 3테이블스푼
물 125ml

팬 준비
버터
올리브오일

속 채우기 용

지티 파스타면 1.3kg, 포장지에 적힌 시간의 절반 정도로 아주 알 덴테 식감
으로 삶아 헹구고 물기를 뺀다.

올리브오일 2테이블스푼

투치 라구(86쪽) 레시피 양의 두 배, 실온에 둔다.

제노아살라미 800g(5X10mm 조각), 실온에 둔다.

샤프 프로볼로네 치즈 800g(5X10mm 큐브), 실온에 둔다.

큰 삶은 달걀 12개, 껍질을 까서 세로로 4등분 하고 다시 4등분 한 것을 반
으로 잘라 덩어리로 만들어 실온에 둔다.

곱게 간 페코리노 로마노 치즈 100g

큰 달걀 6개, 잘 풀어둔다.

반죽 만들기

1__ 밀가루, 달걀, 소금 그리고 올리브오일을 반죽 후크가 달린 스탠드믹서
그릇에 넣는다(대용량 푸드 프로세서를 사용해도 된다).

2__ 물 3테이블스푼을 넣고 섞는다.

3__ 1테이블스푼씩 물을 조금 더 넣어서 공 모양이 될 때까지 섞는다.

4__ 작업대에 밀가루를 가볍게 살짝 뿌리고 약 10분 동안 반죽을 잘 섞는다.

5__ 5분간 쉴 수 있도록 그대로 옆에 둔다.

손으로 반죽할 경우

1__ 밀가루와 소금을 함께 넣고 깨끗하고 건조한 작업대나 나무 도마 위에
서 치댄다.

2__ 재료를 장작처럼 수북이 쌓은 다음, 반죽 가운데에 우물을 만든다.

3__ 우물 중앙에 달걀을 넣고 포크로 가볍게 휘젓는다.

4__ 물 3테이블스푼을 넣어 젓는다.

5__ 포크를 사용해서 재료가 달걀 혼합물에 서서히 섞이게 한다.

6__ 남아 있는 물을 한 번에 1테이블스씩 넣어가며 달걀에 재료를 계속 섞어준다.

7__ 손으로 부드러운 반죽을 만든다.

8__ 반죽이 너무 끈적거리면 밀가루를 더 넣어준다.

9__ 5분 동안 쉬게 놔둔다.

10__ 밀가루를 살짝 뿌린 작업대에 반죽을 편다.

11__ 반죽 위에 밀가루를 바르고 밀어서 편다.

12__ 다시 밀가루를 바르고 반죽이 작업대에 늘어 붙지 않게 이따금 반죽을 뒤집어가며, 2mm 두께로 원하는 지름이 될 때까지 편다.

팬 준비

1__ 팀파노 베이킹 팬에 버터와 올리브오일을 충분히 발라 기름칠을 한다.

2__ 반죽을 반으로 접고 삼각형 모양으로 한 번 더 반으로 접어 팬에 넣는다.

3__ 반죽을 펼치고 팬에 넣어 바닥과 옆면에 맞게 부드럽게 누른 다음 여분의 반죽을 옆에 두른다.

4__ 남은 건 따로 놔둔다.

5__ 오븐을 180°C로 예열한다.

속 만들기

1__ 물기를 뺀 파스타를 올리브오일과 섞고, 라구 ¼을 넣기 전에 살짝 식힌다.

2__ 파스타의 약 ¼을 팀파노 바닥의 반죽 위에 고르게 펴준다.

3__ 살라미 ¼, 프로볼로네 치즈 ¼, 삶은 달걀 3개, 미트볼 ¼ 그리고 로마노 치즈 ⅓을 올린다.

4__ 이 재료 위에 라구 ¼을 부어준다.

5__ 각 재료의 동일한 양으로 이 과정을 반복하며 팬의 윗부분 2cm가 남을 때까지 계속 층을 만든 다음, 마지막 남은 라구를 올려준다.

6__ 풀어둔 달걀을 위에 붓는다.

7__ 반죽을 위로 접어 속을 완전히 밀봉한다.

8__ 삐져나온 반죽은 잘라내서 버린다.

9__ 팀파노가 단단히 밀봉됐는지 확인한다.

10__ 작은 구멍이라도 보이면 남아있던 반죽을 구멍에 맞게 잘라 덮은 후, 물을 조금 발라 단단하게 봉한다.

11__ 노릇노릇해질 때까지 약 1시간 굽는다.

12__ 그런 다음 포일로 덮고, 반죽이 황금빛 갈색이 되고 팀파노가 완전히 익을 때까지(내부 온도가 48°C에 도달할 때까지) 약 30분 동안 계속 굽는다.

13__ 오븐에서 꺼내 30분간 식히고, 수축되도록 놔뒀다가 팬에서 꺼내 확인해 본다(구운 팀파노는 팬에 달라붙지 않고 약간 움직여야 한다. 테스트하려면 팬을 왼쪽 오른쪽으로 가볍게 흔들어본다. 만약 붙어 있는 부분이 있으면 칼로 조심스럽게 떼어낸다).

14__ 팀파노를 팬에서 꺼내기 위해 팬의 전체 지름을 덮을 만큼 크고 얇은 도마나, 베이킹시트를 팀파노 위에 올려놓는다.

15__ 베이킹시트나 도마 그리고 팀파노 팬의 가장자리를 꽉 잡고 팀파노를 뒤집는다.

16__ 팬을 치우고 팀파노를 30분 더 식힌다.

17__ 길고 날카로운 칼로 바닥까지 완전히 잘리도록 신경 써가며 팀파노의 중앙을 지름 8cm 정도로 둥글게 자른다.

18__ 그런 다음 중앙의 원이 남은 조각들을 지탱하게 한 채 파이 자르듯 팀파노를 하나씩 자른다.

19__ 잘린 조각은 쌓인 재료 층이 잘 드러나면서도 잘 뭉쳐져 있어야 한다.

팀파노가 크리스마스의 골칫거리가 된 이유는 불규칙한 조리 시간은 물론 식히는 시간도 오래 걸렸기 때문이다. 조금도 과장하지 않고 그 정도로 변덕스러운 음식이다. 요리하는 데 한두 시간이 걸리고 식히는 데 한 시간이 걸리거나 또는 그 반대의 경우도 있었다. 오븐이나 요리에 사용하는 팬에 따라 걸리는 시간도 다르고, 소스가 보통 때보다 조금 더 묽거나 팀파노가 냉동이 되어 있었다는 것조차 모두 변수가 된다. 준비하는 음식이 그것 한 가지라면 괜찮다. 그러나 팀파노는 첫 번째 코스 요리로 제공된다. 팀파노 때문에 양고기 다리나 간단한 햄 같은 두 번째 코스 요리는 준비할 시간도 없다. 사람들은 그렇게 거창한 '첫 번째 코스 요리'를 먹어놓고 왜 두 번째 요리를 먹어야 하는지 의아해하지만 그에 관해선 대답할 말이 없다. 다만 그게 전통이라는 것만 알뿐이다.

이탈리아 가정에서는 어떤 날이든 '첫 번째 코스 요리'와 '두 번째 코스 요리'가 다 제공되는 편이다. 내 처남 존이 그의 부모님과 함께 처음으로 웨스터체스터 우리 집을 방문하러 왔을 때가 기억난다. 그날 요리는 우리 어머니가 맡아 투치 라구와 파스타를 대접했고, 라구 고기와 미트볼도 잇달아 내놓았다. 존은 너무 맛있다며 계속해서 가져다 먹었다. 머지않아 대접과 접시가 치워지고 새 접시가 놓였다. 그리고 바로 이어서 어머니가 로스트 치킨과 감자, 두 가지 야채 요리와 샐러드를 테이블에 내놓자 그제야 존이 약간 당황하는 기색을 보였다. 한 끼의 식사가 다시 생긴 것을 보고 혼란스러워하던 존은 어머니께 정중히 물었다.

"와. 잠깐만요… 이게 다 뭐예요?"

"뭐냐니? 저녁 아닌가." 존의 물음에 마찬가지로 어리둥절해진 어머니가 답했다.

"또요? 저희가 좀 전에 먹은 건 뭔가요?" 존이 얼빠진 듯 음식을 바라봤다

"그건 첫 번째 코스였네." 아버지가 장난스럽게 웃으며 말했다.

"맙소사, 전 그런 줄도 모르고…"

"자넨 그게 식사의 전부인 줄 알았겠지?" 내가 물었다.

"아. 네. 제가 3인분이나 먹었거든요!"

"그게 메인 요리라고 생각하는 것 같더라니…"

"뭐라고? 그것만 먹으면 안 되지, 그것도 일요일에!" 어머니가 응징을 가했다.

두말할 필요도 없이 우리는 치킨과 야채를 맹렬한 기세로 먹어 치웠다.

우리는 항상 두 가지 코스였고, 심지어 명절에는 더 거창해졌다. 첫 번째 코스로 라자냐, 파스타, 수프는 당연한 메뉴였지만, 앞서 말한 대로 팀파노는 '요리 자체'와 '결혼 생활' 양쪽 다 문제를 일으킬 수도 있는 메뉴였다. 시간을 제대로 못 맞춰서 팀파노가 너무 익거나 덜 익는 바람에 그 비싼 고기를 케이트가 분노에

차서 먹어치운 적이 얼마나 많은 지 모른다. 케이트는 팀파노를 좋아하지도 않았기 때문에 다른 고기 요리를 정성껏 준비해서 맛있게 먹기를 간절히 원했다(팀파노는 약간 고수같다. 고수는 좋아하는 사람과 싫어하는 사람이 극명하게 갈린다. 다행히도 나는 고수를 좋아한다). 그러나 기적적으로 시간에 잘 맞춰 팀파노를 만들어냈다 하더라도 그 음식은 너무 기름지고 무거워서 육류 코스를 충분히 즐기기는 어려웠다. 어찌 됐든 우리는 크리스마스 음식 대부분을 먹어치웠지만, 케이트의 영혼 깊은 곳에는 억울한 마음이 없지 않았다. 물론 파스타로 가득 찬 드럼통 같은 무생물 때문에 크리스마스를 망친 것처럼 말하는 게 좀 가혹하긴 하지만 때로는 거의 그랬다.

앞서 언급했듯이 보통은 햄이나 양고기 다리가 나왔다. 햄은 대개 큰 뼈가 있는 정강이살을 사용하여 정향과 파인애플 조각 몇 개를 꽂아 갈색 설탕 글레이즈를 끼얹었다. 그런 다음 조금 놔둔 후 굽거나 그라탱으로 만든 감자 혹은 구운 감자, 강낭콩과 함께 내놓았다. 양고기 같은 경우에는 소금과 올리브오일을 뿌려 작은 칼로 칼집을 낸 뒤, 그 안에 마늘과 로즈메리를 끼워 넣었다. 그리고 화이트와인을 육즙에 조금 섞어서 가볍고 감칠맛 나는 그레이비 소스를 만들었다. 오븐에서 구워지는 양다리의 달콤한 향기는 지금도 행복했던 명절을 떠올리게 된다.

대부분의 나라에서 양고기를 많이 먹지만, 미국에서는 인기가 떨어진 것 같다. 맛있고 여러 방법으로 요리할 수 있는데 왜 그런

지 이유는 잘 모르겠다(영국인과 이탈리아인은 양고기를 좋아하고, 호주와 뉴질랜드 같은 곳은 그들만의 양고기가 유명하다. 그래도 나는 아이슬란드에서 먹은 양고기가 지금까지 먹은 양고기 중에서 가장 맛있었다. 이에 관해서는 뒤쪽에서 자세히 다루겠다).

저녁식사 후에는 에스프레소, 디제스티보식후에 마시는 이탈리아 술, 과일, 견과류, 대추, 말린 무화과, 비스코티 그리고 라자로니 아마레티 쿠키가 나왔다. 아몬드 향이 나는 이 작고 동그란 쿠키는 부드럽고 주름진 불투명한 종이에 포장되어 있었다. 아버지가 가장 좋아하는 파티 마술은 그 종이를 튜브 모양으로 말아서 테이블 위에 곧게 세운 다음 그 위에 불을 붙이는 것이었다. 제대로 하면 원통 모양을 그대로 유지한 채 불이 고르게 타내려 가다가, 불길이 바닥에 닿아 테이블보가 타기 직전에 검게 탄 종이가 공중에 높이 떠오른다. 거의 천장까지 올라가지만 절대 천장에 닿지 않는다. 어떤 성질 때문에 공기역학이 발생하는지 이해하기 어렵지만, 내가 알기로 이런 능력을 가진 종이는 세상에서 그것 하나밖에 없다. 어린 시절 우리는 아버지에게 그걸 해달라고 계속 졸랐고, 아버지는 기꺼이 응하곤 했지만 어머니는 종종 실망했다. '발사 실패'가 몇 번이나 있었고, 소중한 테이블보에는 아직도 그 흉터가 남아있기 때문이다.

저녁과 디저트를 먹고 정치나 애매하게 진지한 주제에 관해 반쯤 취한 상태로 대화를 나눈 뒤에는, 가구를 거실 구석으로 밀고

'반지 게임'을 했다. 이 게임에서는 거짓말과 속임수를 써도 된다. 팀도 없고 승자도 없다.

먼저 반지 하나를 긴 끈에 꿰서 그 끝을 한데 묶어 둥근 줄을 만든다. 게임을 하는 사람들은 둥그렇게 앉아 허리 높이에서 양손으로 둥근 줄을 잡는다. 한 명은 원 중앙에 앉아 누가 반지를 숨기고 있는지 찾아내야 한다. 그리고 반지를 가지고 있는 사람을 찾으면 그 사람이 중앙에 앉는다. 게임이 시작되면 모두 손을 양 방향으로 슬며시 내밀어 반지를 건네는 척하거나 실제로 옆에 있는 사람에게 반지를 건네며, '자, 너 가져! 난 그거 필요 없어!' 같은 소리를 크게 외친다. 물론 중앙에 있는 불쌍한 사람은 서서히 미쳐간다. 반지를 옆 사람의 주먹 안에 잘 밀어 넣을수록, 술래가 될 확률은 낮아진다. 잔인하지만 놀랍도록 재미있는 게임이다. 이 게임에서는 속임수가 꼭 필요할뿐더러 오히려 공정하기까지 하다는 것을 이해하면 비로소 게임을 즐길 수 있게 된다.

크리스마스가 끝날 즈음 손님들도 모두 떠나고 아이들도 피곤하지 않다고 징징대다 마침내 방으로 들어가고 나면, 케이트와 나는 '불가피한 대화'를 나누게 된다. 케이트는 인내심이 많은 성자 같은 여성이며 어떤 것에도 거의 불평을 하지 않는 사람이라는 걸 알아주시라. 그러나 크리스마스트리 조명 옆에 앉아 내가 늦은 밤 스카치를 홀짝이노라면 "저 빌어먹을 팀파노…"라는 말이 케이트의 입에서 새어 나온다. 뒤이어 케이트는 전통에 대해서, 가족을

138

모욕하지 않을 방법에 관해서 입에 침이 마르도록 얘기하고, 크리스마스에는 스키를 타러 가는 게 맞지 않느냐고 열변을 토한다.

하지만 나는 가족이 모두 잠든 한밤중에 종종 냉장고를 열어둔 채 거대한 팀파노 한 조각을 먹으면서, 이 모든 고생에도 불구하고 세상에서 가장 좋은 크리스마스 선물은 아마도 '저 빌어먹을 팀파노'일 거라고 은밀히 생각했다.

크리스마스 에필로그

지금의 아내 펠리시티 블런트와 나는 2010년 가을에 데이트를 시작했고(자세한 내용은 뒤에 등장한다), 약 1년 후 그녀는 나와 아이들이 있는 웨스트체스터로 이사 왔다. 펠리시티가 우리와 함께 처음으로 크리스마스를 보냈을 때, 나는 펠리시티가 케이트보다는 팀파노를 잘 받아들이기를 바랐다. 그러나 그런 일은 일어나지 않았다. 실제로 앞 페이지에서 묘사한 것과 정확히 똑같은 상황이 벌어졌다. 농담이 아니다. 정확히 똑같았다. 크리스마스 이른 아침에 부모님이 도착하고, 고기가 덜 익거나 바싹 탄 채 애처로운 모습으로 식탁에 등장하고, 이번에도 성자처럼 인내심 강한 여인이 팀파노라는 말만 나와도 눈을 흘기고 이를 갈며, "저 빌어먹을 팀파노…"라는 말로 시작하는 늦은 밤의 대화가 따라온다. 이번에는 고급스러운 영국 억양으로 낮게 읊조린다는 것만 다를 뿐.

크리스마스 칵테일
-1인분-

코스모폴리탄 칵테일의 크리스마스 버전을 소개한다.

재료
석류씨 1테이블스푼
케틀원 보드카 50ml
쿠앵트로 리큐르 25ml
크랜베리 주스 25ml (무가당 또는 크랜베리 주스 칵테일. 취향에 따라 원하는 대로)
석류 주스 25ml
얼음
라즈베리 1개, 민트 잎 1장, 싱싱한 로즈메리(장식용)

만드는 법
1__ 석류씨를 셰이커에 넣고 섞는다.
2__ 술을 넣는다.
3__ 주스를 넣는다.
4__ 얼음을 넣는다.
5__ 흔든다.
6__ 쿠페 잔이나 마티니 잔에 따른다.
7__ 민트잎으로 감싼 라즈베리로 장식하고, 작은 로즈메리 줄기를 꼬치에 꿰서 장식한다.
8__ 마시며 더 즐거운 휴일을 보낸다.

8

영화와 TV는 어린 시절 나의 성장에 큰 역할을 했고, 내가 거의 40년 동안 전념할 직업을 선택하게 했다. 10살 무렵에는 매주 토요일에 친구와 영화관에 가서 부모님이 순진한 우리 눈에 적합하다고 생각하신 영화가 있다면 뭐든 보곤 했다(어느 토요일에는 〈혹성탈출〉을 끝까지 앉아서 보고는 눈이 다 감길 정도로 피곤한 상태로 극장을 나왔다. 너무 오랫동안 현실 세계를 떠났던 탓에, 근처 키스코 산 아래에 있는 마을에는 왜 유인원이 없는지 매우 어리둥절했던 기억이 난다).

나는 독서를 좋아하고 특히 제2차 세계대전과 관련된 거라면 전부 다 읽을 정도로 즐겼지만, 집에 있던 흑백 제니스 TV로 오래된 영화를 보는 데도 많은 시간을 보내서 부모님이 계속 TV에서 나를 떼어낼 정도였다. 정확히 무슨 요일인지 기억은 나지 않지만 오후 시간대 9번 채널에서는 〈밀리언 달러 무비〉를 방영했었다. 보통 고전적인 영화를 방영하는 프로그램이었는데, 이 방송이 시작될 때면 엄청나게 많은 버터롤빵과 땅콩버터 샌드위치를 먹어가며 집중해서 봤다. 또한 〈사하라 특공대〉〈브래디 번치〉〈서부를 향해 달려라〉〈로스트 인 스페이스〉 같은 1960년대와 70년대의 수많은 고전 드라마에도 중독되어 있었다(뒤의 세 편은 좋든 나쁘든 30년 후에 할리우드 영화로 만들어졌다).

나는 요리 프로그램도 좋아했는데, 해가 거듭될수록 뉴욕시 공영 TV 방송국인 WNET에서는 점점 더 많은 요리 프로그램이 생겨났다. 특정 배우들이 나를 연기로 이끈 것처럼 두 명의 텔레비전 요리 프로그램 진행자가 내게 큰 영향을 미쳤고, 음식에 흥미를 갖게 하는 데 일정 부분 기여했다.

카메라 앞에서 누군가 요리하는 장면은 매력적이었고, 내가 생각했을 때 이 두 명의 진행자는 다른 누구보다 뛰어났다. 첫 번째로 언급할 사람은 당연히 요리 TV의 왕인 '줄리아 차일드'고, 두 번째는 그녀의 왕자 '키스 플로이드'다.

요리의 왕은 언제나 첫 번째로 올 자격이 있으므로 먼저 소개하겠다.

줄리아 차일드

줄리아 차일드는 미국인들이 요리하고 먹는 것에는 물론, 매주 TV를 시청하는 사람들의 식단에도 큰 영향을 미쳤다. 1963년도에 처음 전파를 탄 줄리아의 〈프렌치 셰프〉는 미국에서 TV로 방영된 최초의 요리 프로그램 중 하나로 10년 동안 방영됐다. 줄리아가 닭 뼈를 제거하거나 타르트 타탱을 만들거나 종종 실수하는 장면을 지켜보면, 시청자들도 그런 음식들을 만들 수 있을 것만 같았다. 줄리아가 음식 분야에서 이룬 업적은 참 놀랍다. 자크 페펭 같은 다른 훌륭한 재능을 가진 사람들과 함께 요리 기술에 관한 프로그램을 시즌별로 참여했을 뿐 아니라, 영향력이 큰 저서인 『프랑스 요리의 기술Mastering the Art of French Cooking』을 시작으로 수많은 작품을 쓰는 등 줄리아가 한 일은 끝도 없다.

줄리아에 대해서는 『줄리 앤 줄리아Julie and Julia』를 포함한 많은 책에 쓰여 있다. 그 책은 동명의 영화로도 만들어졌는데 운 좋게 내가 거기에 출연했다. 그 영화의 제작 과정에 관해 길게 쓰는 것이 이 책의 목적에 맞을지 모르겠지만, 메릴 스트립과 노라 에프론이 내게 폴 차일드 역할을 제안해 줘서 큰 영광이었다는 말은 꼭 하고 싶다(사실, 줄리 앤 줄리아에 관한 얘기가 하나 더 있다. 212쪽을 봐주길 바란다). 그 작품은 〈악마는 프라다를 입는다〉처럼 다시 또 하고 싶은 보기 드문 작업이었다(물론 여기에는 한 가지 큰 이유가 있지만, 에밀리 블런트의 공으로만 돌리지는 않겠다).

어쨌든 나는 아주 어릴 때부터 줄리아 차일드에게 푹 빠져 있었다. 어머니는 〈프렌치 셰프〉를 빼놓지 않고 시청했고, 나는 어머니와 함께 그 프로그램을 즐겨 봤던 기억이 있다. 그러나 내가 그 프로그램에 그렇게 매료된 데는, 줄리아가 하는 모든 것에 어머니가 깊은 관심을 보여서인지 아니면 줄리아가 자신이 하는 모든 일을 진지하게 대했기 때문인지는 잘 모르겠다. 하지만 어머니는 아이 셋의 워킹맘이었고 몹시 바빴기 때문에 내가 어머니와 〈프렌치 셰프〉를 봐야 함께 시간을 보낼 수 있다는 걸 나는 분명히 알고 있었다. 사실, 어머니가 다림질을 하거나 빨래를 개는 동안에 〈프렌치 셰프〉를 함께 볼 때가 많았다. 어머니는 생산적인 일을 하지 않고 오롯이 TV만 보는 것을 아주 싫어했다. 나 역시 항상 해내야 할 일이 너무 많다고 느끼기 때문에 지금도 앉아서 영화만 보는 게 힘들다. 배우이자 작가 그리고 감독으로서 최대한 많은 영화를 보는 게 내가 당연히 해야 할 일인데도, 이런 이상한 죄의식을 갖는 건 말이 안 된다. 하지만 나는 대체로 운동을 하거나, 밤늦게 아이들이 자러 가거나, 저녁식사가 끝나고 주방 정리 정돈까지 마치고 나서야 뭔가를 보는 편이다. 그러나 보통 이 시간이 되면 너무 피곤해서 힘들긴 하다.

아무튼 내 마음에 대한 불필요한 정보는 이쯤 해두고, 줄리아가 크레프나 수플레를 열심히 만들고 있으면 어머니는 요리 과정에 대해 큰소리로 의견을 내곤 했다. 손가락에 물을 묻혀 다리미판에 놓인 셔츠에 물을 튕기며 "아, 저걸 저렇게 만드는구나…" "버터가 너무 많은 것 같은데?" "줄리아 정말 대단하지 않니?" 같은 말들이었다. 어머니는 줄리아 차일드를 사랑하고 존경했으며 그 감정은 고스란히 내게 전해졌다. 누군가가 어떻게 음식을 요리하는지에 대한 열렬한 관심과 함께.

여러 해가 지나 부모님의 집을 방문했을 때 우연히 〈프렌치 셰프〉의 옛 방영분을 보게 됐다. 그때는 음식에 관심이 커져있었기 때문에 어릴 때보다 훨씬 더 주의 깊게 프로그램을 시청했다. 하지만 그날, 줄리아가 "지금까지 줄리아 차일드였습니다. 본 아뻬띠맛있게 드세요 라는 프랑스어!"라며 흔한 인사말을 할 때 나 자신에게 깜짝 놀라고 말았다. 갑자기 눈물이 차올라 울지 않으려고 애써야 했기 때문이다. 흑백 영상 속 요리사가 프랑스어로 내게 작별 인사를 하는데 왜 갑자기 강렬한 감정의 파동을 느꼈던 걸까?

잠시 후 나는 줄리아 차일드가 어머니와 함께한 행복했던 어린 시절의 기억을 되살려주었을 뿐 아니라, 줄리아 자신이 자기가 하고 있는 일에 진심으로 행복해하는 모습에 감동받은 것이란 걸 깨달았다. 나는 그 순간, 수많은 사람들이 동경하는 것의 구체적인 형상을 보고 느꼈다. 자신이 사랑하고 잘하는 일을 하며 인생을 보내는 것. 이것을 성취하는 경우는 드물지만, 그럴 수 있는 사람만이 진정한 행복을 느낄 수 있고 그들이 선택한 직업을 통해 다른 사람에게 기쁨을 전해줄 수 있다.

비록 줄리아 차일드 역시 자신을 행복하게 해주고 지적 능력과 호기심 그리고 삶에 대한 열정에 부합하는 직업을 찾느라 고생하고 방황했지만, 첫 오믈렛을 만들 때부터 우리 모두에게 "본 아뻬띠!"라는 마지막 인사를 할 때까지 전 세계 수백만 명의 사람들에게 영감과 기쁨을 줬다. 50년 전 뉴욕 웨스트체스터에 살던 어느 어머니와 아들에게도 말이다.

키스 플로이드

미국 시청자들에게 줄리아 차일드나 키스 플로이드는, 오늘날 화면에 자주 등장하는 요리 관련 유명 인사들에 비하면 잘 모를 수도 있다(사실 그런 사람이 너무나도 많지만 누가 내 말을 들어줄까?). 하지만 영국인들과 내게는 음식 여행 프로그램의 최적화된 기준을 세워준 사람이 바로 키스 플로이드다. 매 에피소드에서 그는 와인을 마셔가며 그 나라 요리의 백과사전적인 지식을 드러내고, 방방곡곡 온 나라의 레시피까지 섭렵한다.

그의 프로그램을 본 적이 없다면 유튜브에서 쉽게 찾아볼 수 있는데, 그 영상들은 음식을 좋아하는 사람에게 큰 선물이 될 것이다. 프로그램의 형식은 간단하다. 외국이나 영국의 한 지역에 가서 농부, 지주, 주부, 어부 그리고 요리사에게 빌린 주방에 들어가 전통적인 지역 음식을 요리한다. 가끔 야외에서 요리하기도 한다.

스페인 에피소드에서는 스페인 시골에 가서 돼지고기 스튜를 만들고, 이탈리아 에피소드에서는 작은 이탈리아 마을 광장에서 현지 파스타 요리를 하고, 또 어느 에피소드에서는 작은 고기잡이배를 타고 거친 바다 위에서 생선 스튜를 만든다. 공공장소에서 촬영할 때는 소형 카메라로 지역 주민들을 가감 없이 담아낸다. 주민들은 나비넥타이를 하고 멜빵을 맨 미친 영국인이, 술에 취한 듯한 열정으로 그들의 전통 음식을 만들고 카메라를 보며 쉴 새

없이 지껄이는 모습을 보고는 당황하거나 기뻐하거나 심지어 화를 내기도 한다.

　최근에 그가 프로방스 어느 집 작은 주방에서 찍은 에피소드를 봤다. 첫 장면부터 오늘날의 요리 프로그램에서는 절대 볼 수 없는 형태가 6분 동안 나온다.

　플로이드는 와인을 홀짝거리며 프로방스식 생선 스튜를 만들기 위해, 현지 시장에서 잔뜩 사 온 생선이 담긴 싱크대를 보여준다. 그는 촬영감독에게 이것저것 찍으라 지시하며 생선 종류를 설명하고는, 그 생선을 손에 든 채 따라오라고 또 지시한다. 그리고 스토브로 자리를 옮겨 스튜의 기본을 설명하고 냄비에 생선을 넣어 뜨거운 물을 부은 다음, 재빨리 오븐에 가서 구워지고 있는 닭을 끄집어내 이건 어떻게 준비했는지 설명한다. 그러면서 그 집의 주인이 그에게 닭을 제대로 요리하지 않았다고 지적했던 것을 얘기하며, 주인이 뭐라고 하든 상관없고 어쨌든 자기가 프랑스 요리를 다 알 수는 없다고 능청스레 말한다. 다시 스토브로 돌아가 네 개의 냄비에서 끓고 있는 라따뚜이 재료에 관해 설명하고는 그것들을 한데 합친 뒤 와인을 홀짝거리며 잠시 쉬어간다는 멘트를 하면서 장면을 마무리한다. 그는 이 모든 것을 쉼 없이 6분 안에 다 해치운다.

　촬영을 해본 사람이라면 카메라에 대고 말을 하면서 레시피를 준비하는 것이 거의 불가능에 가깝다는 사실을 알 것이다. 보통은 중간에 쉬어가거나 끝없이 재설정을 하기 마련이다. 아마도 계속 실수를 하는 것도 모자라 최종적으로는 이런저런 장면들을 한데 모아 나중에 편집을 해야 할 수도 있다. 6분 동안 계속 흥미롭고 재미있는 장면을 유지하는 것은 오늘날 TV에 출연하는 셰프들도 모두 시도하고 싶어 하는 기술이다. 사실 플로이드의 프로그램이 최고의 제작 품질을 보여주는가라고 하면 그렇지도 않다. 그러나 플로이드의 에너지와 흥 그리고 자신이 하고 있는 일에 대한 깊은 지식 더불어 인상적인 소형 카메라 기술이 믿기 어려울 정도로 다이내믹하고 즐거운 요리 프로그램을 만들었다.

한 에피소드에서는 그가 영국 특유의 흐린 오후, 남서부에 위치한 콘월 어딘가에서 영국 해군과 쪼그리고 앉아 찻잔에 럼을 부어 홀짝거리며 요리를 한다. 흙과 벽돌로 만든 임시 스토브에 직사각형 냄비를 올려놓고 포르투갈 맨 오브 워(처음 들어본 요리였는데 돼지고기, 양파, 토마토, 여러 가지 홍합을 넣고 만든다)를 만든다. 몇 개의 장면으로만 이루어진 화면이 매우 빠르게 흘러가는데 기묘하지만 상당히 재미있다. 그 요리가 어떤 맛인지 알까? 아니, 알지 못한다. 하지만 그게 중요할까? 내게는 전혀 중요하지 않다.

폴로이드는 별 거 없는 기본적인 주방 도구와 가장 원시적인 주방 환경, 최악의 날씨로 인적이 끊긴 아무도 없는 곳에서, 나도 폴로이드처럼 알코올을 홀짝여가며 음식을 만들 수 있을 것만 같은 자신감을 줬다. 그는 음식을 대충 만들든 미슐랭 별점을 받은 고급레스토랑 주방에서 요리하든 무조건 재미있을 뿐 아니라 매우 유익했다. 그의 프로그램을 보고 나면 실제로 음식의 뿌리가 되는 역사와 문화에 대해 뭔가를 제대로 배웠다는 느낌을 받는다. 그는 지식의 겸손함을 유지하면서 그의 말대로 '휘리릭' 자르고 볶고 밑간을 하면서 정보를 빠르게 뱉어냈다.

키스 플로이드는 65세에 심장 마비로 세상을 떠났다. 술과 담배는, 요리사들에게 많은 가르침을 주고 전 세계 수많은 음식 애호가들에게 큰 기쁨을 준 독학 요리사의 목숨을 앗아갔다. 그는 스튜디오가 아닌 거리에서, 해변에서, 산꼭대기에서 요리 쇼를 함으로써 음식 프로그램의 면면을 한층 나아지게 했다. 요리 세계에 있는 우리들은 그의 불손하고 즉흥적인 스타일에서 교훈을 얻고, 그의 자유로운 발자취를 따라가야 할 것이다.

내 연기 선생님인 조지 모리슨은 관객들이 보고 싶어 하는 건 무대나 영화 속 배우들이 먹고 마시고 담배 피우는 일상적인 모습이라고 말했었다. 나는 이 말이 항상 내 뇌리에서 떠나지 않았다. 늘 그렇듯 조지 선생님의 말씀이 옳았다. 대학 시절 이후 수많은 영화와 연극을 지켜본 결과, 배우가 일상을 살아가는 모습을 지켜보는 것이 굉장히 매력적이라는 사실을 알게 됐다. 그런 인간적인 모습에서 우리는 그들과 연결됨을 느낀다. 그래서 사람들은 음식 영화를 좋아하고, TV에도 무수한 요리 프로그램이 존재하는 것일지도 모른다. 게다가 우리는 직접 따라 하고 싶을 정도로 관심 있고 좋아하거나 열망하는 일이기 때문에 그 요리 과정도 다 지켜보고 싶어 한다. 하지만 그 음식의 진짜 맛을 볼 수 없기에 결과물에 대한 반응도 보고 싶고 궁금해한다. '과연 저 정도의 많은 노력을 할 가치가 있을까?' '나도 저걸 만들 수 있을까?' '보는 것만큼 맛도 좋을까?' 아니면 가장 중요한 '그 음식이 실제로도 맛있을까?'라는 궁금증으로 가득해진다.

나는 이게 조금 불편하다. 배우든, 셰프든, 요리연구가든, 시청자들이 보는 것만으로도 맛을 다 구별해낼 수 있을거라 생각한다. 굳이 세심하게 관찰하지 않아도 오늘날 TV에 넘쳐나는 수많은 요리 프로그램을 보면 알 수 있다. 음식이 혀에 닿기도 전에 셰프나 프로그램 진행자나 요리연구가는 황홀경에 빠진 듯 눈을 감고 감탄사를 내뱉고, 머리까지 절레절레 흔들어가며 방금 먹은 음식이 세상에서 가장 맛있는 것인 양 행동한다. 더 심각한 문제는 미처 음식을 삼키기도 전에 '완벽하다'는 단어를 경배하듯 내뱉는다는 것이다.

내가 할 수 있는 말은 '당신은 틀렸다, 미안하지만 그렇게 하면 안 된다. 나는 당신을 믿을 수 없다' 정도다. 그렇게 빨리 맛볼 수 있는 가능성도 없고, 만든 음식이 뭐든 무조건 특별할 수도 없다. 아무리 훌륭한 셰프라 해도 매번 무슨 재주로 당장 '완벽한' 음식을 만들어낼 수 있단 말인가! 대개는 뭔가가 조금 부족하다. 너무 달거나, 달지 않거나, 소금이나 후추, 기름이 더 들어가야 한다거나… 뭐든 부족한 게 있기 마련이다. 차라리 간의 부족한 점이나 요리의 부족한 점을 얘기하는 모습이 거짓으로 요리를 자화자찬하는 것보다 천 배는 더 재미있고 유익할 것이다.

정말 제대로 된 음식을 맛볼 때, 입안에서 일어나는 모든 과정은 눈과 몸, 다른 기관에 반응을 일으킨다. 몹시 긴장한 것처럼 몸이 얼어붙고, 종종 고개를 한 쪽으로 기울이고(보통은 왼쪽이다) 씹는 동안 무언가를 매우 조심스럽게 듣는 것처럼 보인다. 그러다 눈은 앞뒤로 바삐 움직이며 고개를 천천히 끄덕인다. 때로는 잠시 눈을 감고 왼쪽, 아래, 오른쪽으로 눈을 굴린다. 이런 현상은 순식간에 일어나거나 꽤 오랜 시간이 걸릴 수 있다. 그 후 마음에 들면 '음' 마음에 들지 않으면 '아…' 같은 탄성이나 실망을 내뱉은 다음 '좋아요, 맛있네요' 또는 '스테이크를 주문했어야 했어요' 따위의 말을 한다. 줄리아 차일드가 음식을 맛보는 장면을 보면 내가 하는 말이 무슨 뜻인지 알게 될 것이다.

나는 이 두 명의 다재다능한 선구자들에게 받은 영감과 가르침을 실제로 적용하기 위해 최근 〈이탈리아를 찾아서$^{Searching for Italy}$〉라는 프로젝트에 착수했다. 만약 아직 보지 않은 사람이 있다면, 나는 당연히 화를 낼 것이다. 하지만 여러분의 모욕과 무지함을 무시하고 간단한 개요를 설명해 주겠다.

이 프로그램은 2019년부터 2020년까지 촬영된 다큐멘터리 시리즈다. 각 에피소드는 이탈리아 한 지역의 음식과 그것을 형성하는 데 도움이 된 힘에 초점을 맞춰 이탈리아 요리의 특별한 다양성을 보여준다. 이탈리아는 지리적인 위치 때문에 지난 2천 년 동안 무수히 많은 문화에 의해 침략을 받고 지배를 당해왔다. 그 역사들은 알프스 남쪽 지중해까지 뻗어 있는 반도의 다양한 지형만큼이나 요리에도 상당한 영향을 미쳤다(예를 들면 람페두사섬의 '푼타 페스케 스파$^{Punta Pesce Spada}$'다. 바닷물고기의 한 종류인 '황새치'의 끝이라는 뜻으로 북아프리카 연안에서 약 155킬로미터 밖에 떨어져 있지 않다. 이탈리아의 스위스 국경 지역 중 하나인 '발레다오스타' 최북단에는 'Westliches Zwillingsköpfl'라는 지점이 있는데, 독일어로 '맙소사, 여기 진짜 춥군' 아니면 '나만 이렇게 춥나?'라는 의미다. 실제로 그런 뜻은 아니지만 내 말의 요점을 받아들여주기 바란다).

촬영하는 동안 맛있는 음식들을 끊임없이 먹은 것은 물론이고 셰프, 가정요리사, 농부, 공급업자까지 특별한 사람들을 많이 만났다. 여기에 모두 언급하고 싶지만 그러려면 이 책이 여섯 권짜리 세트가 돼야 할 것이다. 게다가 나는 생계를 이어야 하기 때문에 그걸 일일이 쓸 시간이 없다. 그러니 모쪼록 프로그램을 꼭 시청해 주길 바란다.

대신 북부, 중부, 남부에서 각각 하나씩 총 세 가지의 음식을 골랐다. 이탈리아 음식의 멋진 다양성을 드러낸다고 믿기 때문이다. 세 음식의 유일한 공통점은 모든 요리가 파스타 종류로 만들어졌다는 점이다.

피초케리 레 알피

내 생각에 이탈리아에서 가장 아름다운 지역 중 하나는 이탈리아 최북단에 위치한 '롬바르디아'라고 생각한다. 밀라노와 코모 호수 그리고 오로빅 알프스가 있다. 이곳은 다른 북부 지역과 마찬가지로 지형과 기후 때문에 애당초 남부와는 음식이 다르고, 비와 눈이 많이 내리는 산악지대여서 토마토와 가지도 뿌리채소와 양배추만큼 흔하지 않다. 그래서 이탈리아 남부와는 다르게 옥수수(노란색과 흰색 모두 폴렌타를 만드는 데 사용), 쌀(리소토 용) 그리고 메밀로 대체하여 파스타를 만든다. 내가 가장 좋아하는 음식 중 하나도 메밀로 만든 피초케리고 이건 롬바르디아의 전통 음식이다.

피초케리는 메밀가루와 밀가루를 각각 약 50퍼센트씩 섞어 만든 면이다. 크고 넓은 파파르델레 면과 비슷한 길이와 폭이지만, 조금 더 두껍고 밀도가 높다. 가을과 겨울에 파파르델레 알라 발텔리나Pappardelle alla Valtellina 라고 불리는 캐서롤에 담겨 제공된다. '발텔리나' 그 이름은 펠리니 감독의 영화에 나오는 상상 속 숲의 요정과 발음이 비슷하게 들린다. 맙소사, 발텔리나 알프스 치즈 조각은 어찌나 환상적인지! 녹았을 때 부드럽고 은은히 감싸는 크림 맛이란…

정신을 차리기 위해 찬물로 샤워를 하고 오겠다.
다시 돌아왔다.

어쨌든 피초케리는 대부분의 이탈리아 음식처럼 시작은 보잘것없었지만 가난한 농민들이 먹는 '쿠치나 포베라Cucina Povera' 요리 중 하나로 당당히 자리를 차지하게 됐다. 매우 적은 재료로 상당히 풍부하고 푸짐한 요리를 만들어낸다. 알프스 야외에서 겨울 하루를 보내고 나면 몸이 라클레트삶은 감자에 녹인 치즈로 맛을 낸 스위스 요리 나 사슴고기 스튜를 찾듯 이 음식도 정확히 몸이 원하고 필요로 한다. 그러나 이 요리를 더욱 특별하게 만드는 또 다른 중요한 재료가 하나 더 있으니, 바로 '비토'라 불리는 치즈다.
이탈리아 산악 마을 중에서도 가장 작은 제롤라 알타라는 곳에서, 파올로 치아파렐리는 이 역사적인 치즈를 만드는 오랜 전통을

잇고 있다. 비토 치즈는 알프스 산악지역에서 고산식물을 뜯어먹는 소의 젖으로 만든다. 목초지는 서로 다른 고도에 있고, 받아들이는 햇빛과 습도의 양도 다르기 때문에 고산식물의 종류가 다양하다. 그 요소들은 각각 소젖에 특별한 맛을 부여한다. 비토는 수세기 동안 이런 방식으로 만들어졌지만 전통적인 방법과 맞지 않는 새로운 EU 규정 때문에 치즈 제조 과정에서 중요한 단계가 빠지고, 새로운 방식이 추가되어 실제 특징과 맛이 바뀌었다. 하지만 다행히 슬로푸드 운동의 지원을 받아 비토를 다시 옛날 방식대로 만들 수 있게 됐고, 파올로는 이를 역사적인 비토 또는 반항적인 비토라 부른다.

역사적인 비토는 약 10퍼센트의 롬바르디아 오르빅의 토착 염소젖을 첨가해 만든다. 염소젖을 더하면 치즈를 엄청나게 오래 숙성시킬 수 있는데, 일반적으로는 5~12년 정도지만 때로는 최대 18년까지도 가능하다. 이는 치즈 제조 업계에 전례가 없는 일이다. 이러한 숙성이 부여한 풍미와 깊이 때문에 역사적인 비토는 전 세계에서 가장 비싼 치즈로, 20킬로그램짜리 원통형 치즈가 무려 6천 달러 이상에 판매되고 있다.

파올로의 치즈 저장고를 방문하는 일은 기본적으로 향기 박물관에 들어가는 것과 같다. 수천 개의 원통형 치즈에서 새어 나오는 풍부하고 깊고 복잡한 냄새 때문에 코와 눈에서도 침이 흐르는 것 같고 거의 압도당하는 기분이다. 그래서 내가 그곳에 들어가자마자 맨손으로 치즈를 찢어 먹어버리려는 순간, 파올로가 숙성 정도가 다른 치즈 세 가지와 지역 와인을 꺼내오는 게 보여서 부끄럽고 야만적인 행동을 공개적으로 하지 않을 수 있었다.

치즈들의 차이는 명확했다. 가장 오래된 치즈는 건조하고 맛이 강렬했고, 가장 덜 오래된 것은 약간 더 부드러웠으며, 둘 사이에 어느 정도 시간이 경과한 치즈는 당연히 두 가지의 특징을 모두 갖고 있었다. 이는 여러 단계의 숙성을 거친 파마산 치즈를 맛볼 때와 같은 경험이었다. 그러나 세 가지 비토에는 이전에 어떤 치즈에서도 맛본 적 없는 깊은 풍미와 특별한 복잡성이 있었다. 그것은 산과 비와 눈 그리고 소와 염소, 풀과의 시간의 합이자 정확히 그 이상이라는 것 외에는 달리 설명할 길이 없다. 파마산이 '치즈의 왕'으로 불린다는 걸 알지만 어느 바람이 거센 날 제롤라 알타 지역의 저장고에서 이 치즈를 맛본 결과, 그 허약한 왕좌의 주인은 원통형 비토에서 잘라낸 고작 작은 한 조각에게 자리를 뺏겨버렸다.

그날 파올로의 치즈 저장고를 방문한 뒤, 나는 산 위에 있는 작은 돌집에 갔다. 그곳에서 파올로에게 선물로 받은 비토로 스태프들에게 피초케리를 만들어주기로 약속했기 때문이다. 다같이 오두막으로 올라가다 문득 나는 패닉 상태에 빠지기 시작했다. '내가 도대체 무슨 생각을 한 거지?' 그전에 몇 번 그 요리를 만든 적은 있지만 내가 바라던 음식이 나온 적은 한 번도 없었다(안드레아 리바라는 롬바르디아 출신이 경영하는 런던의 레스토랑 '리바'에서 처음으로 피초케리를 먹어보고, 완벽한 맛에 반해 집착이 생겼을 뿐이다). 공황 상태가 극에 달했을 때 우리는 몇 세대에 걸쳐 이어져 온 멋지지만 작은 돌 오두막에 도착했다. 한때 동물들의 헛간이었던 그곳은 매력적인 주말 휴양지로 개조되어 있었다. 80대의 할아버지와 그의 딸 그리고 딸의 10대 자녀들로 구성된 3세대 주인들이 우리를 맞이했다. 문득 나는 스태프들뿐 아니라(그들은 맛도 전혀 모르고 항상 굶주려 있기 때문에, 보통 정도의 맛만 내도 쉽게 위기를 모면할 수 있었다) 그 가족들에게도 음식을 대접해야 한다는 사실을 깨달았다. 그들은 모두 롬바르디아 출신이고 이 음식을 지구상 누구보다 잘 아는 사람들이었다. 특히 80대의 노인까지 있었다!

나는 심호흡을 하고 거대한 잔에 차가운 화이트와인을 따른 뒤, 기본적으로 '연기'를 하기 시작했다. 그렇다. 여러분들이 40년 동안 나를 크고 작은 화면이나 무대에서 본 것처럼, 그날 나는 태어날 때부터 피초케리를 만들어온 척 연기를 했다. 나는 카메라가 돌아가는 동안 걸어가며 말을 했고, 빠른 확신을 가지고 움직였다. 그 결과 파스타를 만드는 초기 과정부터 마지막 비토를 가는 과정까지 약 40분 만에 해치우고는 이전에도 없었고 앞으로도 없을 최고의 피초케리를 내놓았다. 80대 할아버지마저 눈 깜짝할 사이에 먹어치우더니 완벽하다고 말해줬다.

할아버지는 그날 밤 죽을 운명이었다.

농담이다.

내가 어떻게 그렇게 할 수 있었을까?

왜 잘 됐을까?

두려움이 영혼을 휘감을 때, 사람이 해낼 수 있는 일은 놀랍다.

특히 카메라가 돌아가는 상황에서는.

나는 지역 특산물, 현지 메밀가루, 달콤한 화이트 알프스 버터,
진한 발텔리나 치즈 그리고 당연히 비토가 성공적인 결과물을 내
는 데 큰 영향을 미쳤다고 확신한다. 또한 이탈리아의 알프스 산
기슭에 내리는 눈과 비, 오래된 화목난로로 돌 오두막을 훈훈하게
만든 안락한 분위기 역시 중요한 역할을 했으리라 주저 없이 말하
고 싶다. 말하자면 위치, 장소, 비토, 연기력이 모두 작용했다는
말이다.

피초케리를 어떻게 만드는지, 오래전에 그 음식이 왜 탄생됐는
지 진정으로 이해하기 위해 할 일은 다음과 같다.

먼저 바깥 날씨는 추워야 한다. 그리고 산을 오르거나 스키, 스
케이팅, 나무 자르기, 알프스 소젖 짜기, 사냥, 얼음낚시, 도끼 던지
기 그리고 아마도… 치즈 만들기 같은 겨울 활동에 참여해야 한다.

다했다면 이제 그 레시피를 소개해 주겠다.

recipe

피초케리
- 4~6인분 -

재료
사보이 양배추 중간 크기 1개
발텔리나 치즈 또는 폰티나 같은 유사한 치즈 한 덩어리
파마산 치즈 또는 비토 치즈 간 것 두 줌 (구입 가능하고 여유가 된다면)
큰 노란 감자 3개
버터, 꽤 많은 양
큰 마늘 4쪽
피초케리 500g
엑스트라버진 올리브오일
소금

만드는 법
1__ 양배추의 단단한 외부 잎을 제거해서 버리고 길게 대충 자른다.
2__ 발텔리나 치즈를 약 15조각으로 얇게 잘라 200g 정도를 간다.
3__ 파마산 치즈도 간다.
4__ 옆에 둔다.
5__ 오븐을 160°C로 예열한다.
6__ 감자는 껍질을 벗겨 깍둑썰기한 다음 모양이 흐트러지지 않을 정도로
약 15분간 삶는다.
7__ 삶는 중에 양배추를 넣는다.
8__ 감자와 양배추가 익으면 물기를 빼고 옆에 둔다.
9__ 크고 깊은 프라이팬에 약불로 어마어마한 양의 버터를 녹인다.
10__ 마늘을 살짝 으깨서(그게 가능하다면) 팬에 넣고, 마늘이 부드러워지고
버터가 타지 않고 녹을 때까지 볶는다.

11__ 피초케리를 알 덴테가 될 때까지 삶은 다음, 면수를 약 두 컵 정도 남기고 물을 버린다.

12__ 피초케리를 냄비에 다시 넣고 올리브오일과 버터를 조금 넣어 한데 달라붙지 않게 한다.

13__ 볶아둔 마늘버터를 베이킹 그릇에 조금 붓고, 피초케리를 시작으로 양배추, 감자, 두 가지 치즈를 층층이 쌓는다.

14__ 각 층마다 마늘버터를 조금씩 뿌려주고, 너무 걸죽하지 않고 그렇다고 너무 묽지도 않을 정도를 확인해 가며 파스타 면수를 조금씩 더해준다 (면수는 한 컵 정도 필요할 것이다).

16__ 마지막 층 위에 올리브오일과 간 치즈를 좀 더 뿌려준다.

17__ 포일로 덮고 15분간 굽는다.

18__ 포일을 제거하고 오븐에 다시 넣어 표면이 약간 바삭해질 때까지 놔둔다.

19__ 소금은 취향에 맞게 넣어준다.

20__ 음식을 내서 많은 와인과 함께 먹는다.

21__ 추운 바깥에서 활발하게 움직이느라 너무 많은 칼로리를 썼으니 이 음식을 먹을 가치는 충분하다고 생각한다.

카르보나라 로마

스파게티 알라 카르보나라
제기랄.

믿을 수 없다.

특히 로마의 이곳에서.

빌어먹을!

더 명확하게 표현해 보겠다.

피초케리와 달리 카르보나라는 파스타 애호가들에게 보편적으로 알려져 있고 사랑도 듬뿍 받고 있다. 하지만 너무나 많은 버전이 존재해서 '진정한' 카르보나라는 어떤 것인지, 복잡하고 개인적인 이탈리아 요리 세계에서 최대한 명확하게 기록을 정리해야 할 필요를 느낀다.

이 기름지고 느끼한 전형적인 로마 음식의 기원은 정확하게 알려져 있지 않지만, 라치오 언덕의 양치기들이 양떼를 돌보러 갈 때 파스타와 관찰레 돼지 목과 볼 사이의 살로 만드는 이탈리아 중부의 특산 베이컨 그리고 파마산 아니면 페코리노 로마노 치즈를 갖고 가서 발명됐다고 전해진다. 이러한 재료의 조합이 '알라 그리치아'라는 파스타로 알려지게 됐고, 거기에 달걀을 첨가해서 '알라 카르보나라'가 됐다고 한다. 또 제2차 세계대전 이후에 로마인들이, 햄과 달걀로 된 아침식사를 갈구하는 미국과 영국 군사들의 입맛을 만족시키기 위해 만들었다는 주장도 있다. 이 얘기는 로마 레스토랑 포미도로의 주인이자, 카르보나라의 도시에서 나를 포함한 수많은 사람들에게 최고의 카르보나라를 제공하는 알도의 귀에도 의심스럽게 들리긴 한다.

알도가 8살이었을 때 연합군인 미군이 로마로 북상하여 독일 군대를 쫓아내기 위해 폭격을 가했는데, 그때 알도가 살던 집과 레스토랑도 공격을 당했었다. 알도와 그의 아버지를 제외한 전 가족이 그 폭격으로 목숨을 잃었지만, 불행 중 다행으로 전쟁이 끝난 뒤 이웃의 도움으로 집과 레스토랑은 재건됐다.

알도는 이제 80대지만, 그도 그의 식당도 여전히 활발하다. 내가 먹어본 것 중 가장 맛있는 '스파게티 알라 카르보나라'를 꾸준히 만들고 있다. 그래서 내가 모욕적인 말들을 위에서 함부로 뱉었다.

대부분의 레시피와 마찬가지로 이 요리를 다른 어떤 것보다 더 위대하게 만드는 것은 훌륭한 재료다. 현지 축사에서 나온 관찰레, 자연에서 기른 닭이 낳은 달걀, 전통적인 방식으로 만들고 숙성시킨 페코리노 또는 파마산 치즈 그리고 고품질의 건파스타 (알도는 캐브 주세페 코코 스파게티를 추천한다)만 있으면 소박함과 우아함이 공존하는 음식을 만들 수 있다. 나와 펠리시티가 몇 년 전에 함께 쓴 요리책 『더 투치 테이블The Tucci Table』에 카르보나라 레시피가 있다. 맛있긴 하지만 많은 레시피처럼 그것도 원래의 카르보나라를 변형한 것이다. 진정한 카르보나라는 관찰레만 사용하고 절대 판체타는 쓰지 않는다. 양파나 마늘도 넣지 않고, 크림이나 버터도 절대 사용하지 않는다. 사람들은 종종 요리에 크리미함을 주기 위해선 크림이나 버터가 꼭 필요하다고 생각한다. 하지만 사실이런 효과는 달걀노른자, 치즈, 파스타 면수의 조합뿐만 아니라 그것들을 섞는 타이밍에 의해 결정되는 것이다.

우리가 촬영하는 날 알도의 딸이 나를 위해 이 전통적인 요리를 너무 쉽게 만들어줬다. 그녀가 요리하는 걸 지켜보다 놀라운 점을 배우게 됐다.

깊은 소스팬에 지방기가 많고 후추 맛이 나는 관찰레를 넣고 볶는다.
다 볶이면 적당히 씹히는 맛이 있는 스파게티를 관찰레와 함께 팬에 넣는다.
불을 끄고 달걀 전체와 달걀노른자 섞은 것을 부어준다.
그런 다음 파마산 치즈 한 움큼과 전분기가 남은 파스타 면수를 조금 넣어 한데 부드럽게 섞는다.

맛을 보고는 알도를 껴안지 않을 수 없었다. 그윽한 풍미가 내 영혼에 스며드는 듯했다. 마치 존재하는 줄도 몰라서 만나지 못했던 형제자매를 만나, 이제 남은 인생은 평생 함께 하자고 약속하는 듯한 기분이었다.

내 반응이 좀 과했을지도 모른다. 그건 인정한다.
하지만 '포미도로'에 가서 카르보나라를 먹고 다음과 같은 소리
는 지르지 말기를.

'제기랄!'

속이 파인 원통형 파마산 치즈 안에서 카르보나라를 만들 수도
있다.
관찰레와 달걀, 파스타를 섞은 뒤, 빈 원통 안에 혼합물을 넣
고 큰 포크와 숟가락으로 부드럽게 저으며 원통 바닥과 옆면에서
치즈를 긁어낸다. 뜨거운 파스타가 치즈를 녹여 혼합물을 휘저을
때, 치즈가 부드럽게 녹아들고 유연한 점성이 만들어진다. 이러한
과정은 요리의 극적인 효과를 만들어 치즈 애호가들의 꿈에서나
가능했을 맛을 경험하게 된다.

스파게티 알라 보타르가 시칠리아

일 때문에 여행을 갈 때, 특히 친근하지 않은 장소에 갈 때는
어떤 것과 연관성을 찾아내는 것이 중요하다. 모두 알다시피 나는

항상 음식으로 친밀감을 찾으려 한다.

나는 주로 고전적인 음식을 잘 만드는 작은 레스토랑에 가는 편이다. 물론 이탈리아 메뉴가 가장 끌리지만, 잘 준비된 고전적인 요리를 제공하는 프랑스, 일본 또는 중국 식당을 찾기도 한다. 낯선 곳에서 하루 종일 촬영하고 여러 호텔에서 혼자 몇 주를 보낸 후, 고전적인 음식을 일관되게 잘 요리하는 좋은 레스토랑을 발견하면 집에 온 것 같은 느낌을 받는다. 내가 자주 찾고 위안 받는 음식 중 하나는 다소 이례적이고 쉽게 찾을 수도 없는 '스파게티 알라 보타르가'다.

보타르가는 보통 숭어나 참다랑어의 생선알을 건조해 만든다. 이 어종이 풍부한 남부 이탈리아와 사르데냐에서 많이 쓰이며, 파스타에 갈아 넣거나 때로는 얇게 썬 후 빵 위에 올려 먹기도 한다. 마치 트러플이 다른 음식을 만나 제 역할을 하듯 보타르가도 특유의 톡 쏘는 짭조름한 맛이 있어서 적당량을 넣으면 스파게티를 새로운 단계로 올려준다. 짠맛 나는 모든 음식이 그렇듯 보타르가도 꽤 중독성 있다. 사치를 부려(값이 싸지 않다) 엄청난 양을 구매할 때마다 나는 파스타뿐 아니라 어떤 음식이든 보타르가를 갈아 넣는다. 달걀, 새우 리소토, 스파게티 알레 봉골레에 뿌리는데 하나같이 맛있다(사르데냐의 레스토랑에서는 사실상 피할 수 없는 존재다). 만약 내 앞에 귀한 보타르가 한 덩이가 있다면 종이처럼 얇게 썰어 입에 넣고는 농축된 알을 터트려먹거나 녹여먹느라 정신이 없을 것이다. 물론 이런 짠 것을 먹다가 탈수 증상이 생길 수도 있다. 로스앤젤레스에 갈 때마다(내 의지와 상관없이) 나는 종종 공항에서 바로 베벌리에 있는 멋진 이탈리안 레스토랑 '마데오'에 가서, 그들의 시그니처 요리인 스파게티 알라 보타르가를 주문하곤한다. 그 음식이 왜 그렇게 위안이 되는지 모르겠다. 물론 짠 맛이 매력적이지만 아마 그 요리의 지극한 단순함이 나를 끌어당기는 것 같다(이 글을 수정하는 동안 마데오가 문을 닫았다는 사실을 알게 됐다. 이유는 모르겠지만 많은 단골손님들처럼 나 역시 마음이 몹시 아프다).

시칠리아 에피소드를 촬영할 때, 운 좋게도 토니 로 코코라는 자수성가형 셰프를 인터뷰할 기회가 생겼다. 체격이 럭비 선수처럼 단단하고, 조각 같은 멋진 대머리를 가진 토니는 팔레르모 외곽에 있는 바게리아 마을에서 가족들과 함께 산다. 토니는 미슐랭 별점을 받은 그의 작고 우아한 레스토랑 '이 푸피'에서 꽤 오랫동안 전통적인 시칠리아 음식들을 현대적이고 경이로운 요리로 변모시켜왔으며, 그의 특기 중 하나는 스파게티 알라 보타르가다.
토니와 그의 아내는 마음이 따뜻하고 열린 사람들이어서 그들과 함께 있으면 순식간에 편안함을 느끼고 집에 있는 것 같은 기분이 들었다. 토니가 영어를 못해서 내 이탈리아어를 알아듣는 데 애를 먹었지만 우리는 금세 친해졌다.
촬영 당일 우리는 주방에서 찍기 시작했고, 토니는 내가 가장 좋아하는 소금기 가득한 탄수화물 요리를 자기만의 레시피로 만

드는 모습을 보여줬다(나중에 시칠리아식 회를 포함한 그의 다른 요리
도 여러 개 먹었다. 일곱가지 다양한 종류의 생선에 각기 다른 맛의 오일
과 소금으로 곁들인 음식들은, 내 머리로는 설명할 재간이 없다).

우선 이 창의적이고 신체가 건장한 남자는 자신만의 스파게티
반죽을 만든다. 그런 다음 반죽을 구멍 뚫린 청동판이 달린 기계
에 통과시켜 두꺼운 스파게티 가닥을 뽑는다. 청동은 스파게티의
표면을 거칠게 만들어 소스가 더 쉽게 달라붙도록 해준다(내일 하
나 살 것이다). 약간의 올리브오일과 가룸을 뜨거운 팬에 뿌린다.
가룸은 발효시킨 피시 소스인데 여러 문화권에서 요리에 감칠맛
을 더하기 위해 다양한 형태로 사용되고 있다. 토니는 '콜라투라
디 알리치'라는 멸치로 만든 가룸을 사용한다.

이제 삶은 스파게티를 냄비에 넣고 오일과 가룸, 약간의 파스
타 면수를 넣어 접시에 담는다. 그리고 레몬 껍질을 갈아 위에 얹
고, 간 보타르가를 뿌려준다. 마지막으로 미리 튀겨서 기름기를
뺀 케이퍼케이퍼의 꽃봉오리를 이용하여 만든 향신료를 넣고(놀라운 맛이다), 빵가
루와 말린 멸치 가루 섞은 것도 넣어준다.

완성되면 토니와 내가 스토브 앞에서 바로 나눠먹는다.
세상에나!
간단하다, 정말 간단하다.
그러나 감각적으로는 아주 놀랍다.
그리고 내게는 큰 위안이 된다.

만약 내가 시칠리아에서 오랜 기간 동안 영화를 찍게 된다면 (부디 그런 날이 오기를), 나는 토니 로 코코에 매일 밤 뻔질나게 드나들면서 그가 만들어주는 음식으로 위안을 받을 것이다.

9

TV로 방영하는 요리 프로그램을 진행하거나 음식 관련 다큐멘터리를 만드는 데 필요한 아주 특별한 재능과 에너지 그리고 다양한 기술들을 나는 여러 해에 걸쳐 천천히 배워 오고 있다. 음식이 중심인 허구적 서사 영화를 만드는 것은 완전히 별개의 문제고, 영화를 만듦으로써(가끔은 어설프게) 내 삶이 크게 바뀌었다.

30년 전에 나는 훗날 〈빅 나이트〉가 될 작품을 쓰기 시작했다. 나는 항상 '외국 영화'의 톤과 구조에 더 부합하는 대본을 쓰고 싶었다. 이 말은 캐릭터 중심이고, 고정관념을 피한, 다소 모호하게 끝나는 영화를 의미한다. 1980년대 맨해튼 어퍼웨스트사이드에 살았을 당시 나는 오랫동안 일이 없었을 때가 있었다. 집에 앉아 전화만 기다리기 보다, 정신을 차리기 위해 운동을 하고 박물관을 찾았으며, 연극을 보러 가거나(저렴한 입석표만 노렸다) 영화관에 갔다. 요즘과 달리 그때는 외국 영화와 독립 영화를 상영하는 독자적인 영화관이 많았다.

어느 오후 운동을 마친 후 68번가와 브로드웨이에 위치한 작은 영화관에 갔다(안타깝게도 지금은 사라졌다). 그곳에서 건강에 좋지 않은 싸구려 음식을 먹고 근처 커피숍에서(이곳 역시 지금은 존재하지 않는다) 커피 한 잔을 사고는 반밖에 차지 않은 영화관에 앉아 눈부시게 아름다운 〈바베트의 만찬〉을 관람했다.

만약 그 영화를 아직 보지 않았다면, 특히 '음식 애호가'라면 꼭 보길 바란다. 스포일러가 될 것 같아 내용은 말할 수 없지만, 결정적인 저녁식사 장면에서 각 요리가 나올 때마다 관객들이 실현될 수 없는 기쁨으로 탄성을 내뱉었던 게 아직도 생생히 기억난다. 〈바베트의 만찬〉이 상영되는 동안 흘러나온 소리는 매우 다른 장르의 영화를 상영하는 타임스스퀘어 지역 영화관에서만 들을 수 있었다(내가 들은 바에 따르면). 아무튼, 그 영화를 보며 느꼈던 미묘한 분위기와 영화를 함께 즐겼던 공동체적 경험이 오랫동안 내 안에 남아 있었고, 마침내 〈빅 나이트〉로 되살아나게 됐다.

수많은 경험이 누군가의 창작물에 영감을 주거나 영향을 미칠 수 있지만, 아마도 〈빅 나이트〉의 주요 영감은 배우 경력 초반 촬영을 하며 자주 갔던 마이애미에 있는 이탈리안 레스토랑이었을 것이다. 그곳은 두 명의 이민자 형제가 운영했는데 한 명은 음식을 서빙하며 종종 노래를 불렀다. 형제의 이름이나 레스토랑 이름은 기억나지 않지만, 그들이 매우 매력적인 이야기꾼이었고 음식도 맛있었다는 것은 기억한다. 같은 여행 중에 나는 우연히 파스칼이라는 코르시카인을 만났다. 그는 마피아가 되고 싶어 하는 사람처럼 보였지만 이탈리안 레스토랑을 아주 잘 운영하고 있었다.

이 잘생겼지만 입이 거친 푸른 눈의 레스토랑 주인은 〈빅 나이트〉에서 이안 홈 배우가 완벽하게 연기한 캐릭터의 영감이 됐고,

앞서 언급한 형제도 토니 샬호브 배우와 내가 연기한 프리모, 세콘도 캐릭터에 영감을 줬다.

하지만 영화 배경을 레스토랑으로 삼은 것은 내가 아주 젊었을 때 겪은 한 가지 경험 때문이었다. 대학교 2학년과 3학년 사이쯤의 나는 맨해튼에서 일하고 살아보는 게 꿈이었다. 운 좋게도 가족의 관대함과 친척 덕분에 '알프레도의 오리지널 오브 로마'라는 미드타운 레스토랑에서 일해볼 수 있었다. 아버지의 형제인 프랭크 삼촌이 알프레도 레스토랑의 인테리어를 디자인하여 내게 일을 주도록 매니저를 설득했고, 아버지의 누이인 도라 고모와 밥 고모부가 그들의 아름다운 이스트사이드 아파트의 빈 방에 고맙게도 나를 묵게 해줬다. 이보다 더 운이 좋고 행복할 수는 없었다. 그래서 19살에 '알프레도'에서 그릇 치우는 종업원으로 일을 시작할 수 있었는데, 영어를 해서인지 아니면 그릇을 제대로 치우지 못해서인지 혹은 둘 다였는지 알 수는 없지만 여하튼 거의 바로 바에서 일할 수 있게 됐다.

알프레도는 주로 '정통적인' 이탈리아 음식의 맛을 원하는 그 지역 직장인들이나 관광객을 대상으로 하는 거대한 점심 장사를 했다. '정통'이라고 말한 이유는 알프레도가 로마에 위치한 알프레도의 분점이기 때문이다. 대표 메뉴는 당연히 페투치네 알프레도였다. 지금은 아주 흔해진 이 음식은 1907년도에 알프레도 디 렐리오가 만들었다. 기본적으로 버터와 파마산 치즈가 들어간 페투치네다. 사실 그것이 전부다. 하지만 버터와 파마산을 테이블에서 조금 더 뿌려주는 알프레도 버전은, 긴 페투치네 면이 버터와 치즈의 지방과 만나 반짝거리는 장면 덕분에 전 세계적으로 선풍적인 인기를 끌게 됐다.

운 좋게도 1970년대 후반에 이 이름을 소유한 사람은 뉴욕에 분점을 오픈했고, 지금도 여전히 원래 레시피대로 동명의 요리를 만들고 있다. 그러나 수년에 걸쳐 버터와 치즈의 숭고하고도 단순한 조합이 미국인의 입맛에 맞게 바뀌었다. 크림이 끼어들었고(필요 없는데), 치킨(역겹다), 브로콜리(왜?), 칠면조(흥, 싫다)가 추가됐다. 어쨌든, 그해 여름 내내 기본적으로 나는 페투치네 알프레도 음식만 먹었고 대학생으로서 나는 그게 멋지다고 생각했다.

레스토랑에 있는 대부분의 바텐더와 마찬가지로 알프레도에서도 바텐더는 술을 만들지만, 와인을 따르기도 하고 에스프레소와 카푸치노를 만들기도 했다. 약 3시간 동안 유리잔과 얼음, 과일, 곁들일 장식, 커피 원두, 우유 등을 보충하는 일을 했고 그 외에도 음료를 이 용기에서 저 용기로 나누는 등 끊임없이 분주하게 움직여야 했다. 나는 그 일이 무척 좋았다. 청소와 정리 정돈이 만족스럽고 편안할 뿐 아니라, 역할에 어떻게 접근해야 할지 또는 누가 나를 다시 고용해 줄지 같은 고민들을 찬찬히 생각하는 시간을 가질 수 있었다. 그래서 그곳이 내게는 강박증의 천국이었다. 바를 샅샅이 뒤지고 창고를 정리해가며 돈까지 벌 수 있었다.

나를 훈련시킨 사람은 두 명의 골초 바텐더였다. 한 사람은 말을 매우 빨리 하는 알바니아인이었는데 많은 그곳 출신들처럼 이탈리아어를 구사했다. 다른 사람은 전 미 해병대원이자 전 용병 군인이었으며 살인 혐의로 감옥에 있었던 전과자였다(그는 자기방어 비슷한 것으로 밝혀져 풀려났던 것 같다. 그러나 어쨌든 사람을 죽였고, 나는 당시에 그게 굉장히 멋지다고 생각했다. 당연히 그를 화나게 하지 않으려고 매우 조심했다). 사람을 죽일 것 같은 용병과 유창한 알바니아인은 나를 그들의 니코틴으로 얼룩진 날개 아래 두고 숙련된 바텐더가 되도록 인내심을 갖고 가르쳐 줬다. 지금까지도 나는 그들에게 영원한 빚을 지고 있고, 하루빨리 그때의 바텐더 기술을 다시 되찾고 싶다.

많은 레스토랑처럼 알프레도 레스토랑도 문화적으로 다양한 종사자들이 발산하는 에너지의 소용돌이였다. 나는 웨스트체스터의 백인이 많은 지역 출신으로서, 직원의 인종적 다양성이 UN과 맞먹는 곳에 있다는 것이 신선한 바람 같았다. 조상이 어느 쪽인지 알 길 없는 토착 뉴요커 몇 명을 제외하면 웨이터들은 그리스인, 이집트인, 이탈리아인, 알바니아인, 스페인인 그리고 동유럽인들이었고, 주방과 서빙 일을 하는 사람들은 대개 푸에르토리코인이거나 도미니카인이었다(그중에서 그릇 치우는 일을 한 크리스티아노의 이름과 성격은 〈빅 나이트〉에서 마크 앤소니가 연기했다).

젊은 배우로서, 나는 그들이 생각하는 것을 표현하기 위해 한 언어를 다른 언어로 번역할 때마다 발생하는 다양한 억양과 우연한 시적 표현에 매료됐다. 또한 레스토랑의 구조가 극장과 닮았다는 점에서도 특히 매력을 느꼈다. 주방은 '백스테이지'였고, 점심이나 저녁의 혼잡한 시간 동안에는 불과 칼날을 간신히 제어하는 미친 인간들로 가득 찬 미친 공간이었다. 주방에서 '문'을 열고 나가면 식당인 '무대'가 있었고, 백스테이지의 인간 중 일부는 그 문을 통과한 즉시 차갑고 차분한, 거의 온화한 모습으로 바뀌었다. 나는 이 정신분열적 행동을 목격한 적이 있고, 물론 나 역시도 연극 공연을 하면서 이런 모습을 보였다. 이것은 매혹적이면서도 불안한 일이지만, 이런 장소에서는 지극히 평범할 뿐 아니라 반드시 필요한 일이기도 하다.

몇 년이 흘러 더 이상 생계를 위해 레스토랑에서 일하거나 페인트칠을 하지 않고 연기만으로 먹고살 수 있게 됐다. 나는 이 경험들을 곰곰이 생각하기 시작했고, 막연히 시나리오와 비슷한 형태로 기록해야겠다고 결심했다. 몇 년 동안 아무런 성과도 내지 못한 채 시간을 보내다가 사촌이자 가장 친한 친구인, 나만큼이나 영화를 좋아하는 조셉 트로피아노에게 협력을 요청했다. 그 후 약 5년에 걸쳐 마침내 우리는 만족할 만한 결과물을 얻게 됐다. 상업과 예술 사이의 갈등을 각색한 시나리오였고, 이탈리아 이민자를 마피아와 연결되지 않은 존재로 그렸다(미국 영화에서는 아주 흔치 않은 묘사다). 그리고 이탈리아 문화에서 음식의 중요성과 그것이 감정을 표현하는 데 어떻게 쓰이는지를 보여주는 행복한 결말은 없는 시나리오였다. 우리는 좋은 반응을 얻거나 '음식 영화'의 컬트 클래식이 되리라고는 상상도 하지 못했다. 그럴 줄 알았다면 분명 더 나은 결말을 만들고자 노력했을 것이다.

내가 처음 이사벨라 로셀리니 배우를 만난 건 〈빅 나이트〉의 공동 감독인 캠벨 스콧을 통해서였다. 이사벨라는 영화에 출연하기로 약속했고, 우리는 전 세계 가톨릭 국가의 모든 프로듀서에게 시나리오를 돌렸다. 이사벨라에게 당분간 셰프가 일하는 장면을 관찰하고 싶다고 말하자, 그녀는 뉴욕시에 있는 레스토랑 주인인 피노 롱고를 소개시켜 줬다. 내가 원하는 것을 설명하자 피노는 17번가와 7번가에 지아니 스캐핀이 수석주방장으로 있는 그의 또 다른 레스토랑 '르 마드리'(불행히도 지금은 폐업됐다)에 가보라고 제안했다.

지아니 스캐핀은 이탈리아 북부 베네토 지역의 작은 마을 메이슨 비센티노 출신으로, 그의 가족은 그곳에서 작은 레스토랑을 운영했다. 어린 시절 신학교에서 잠시 지내던 지아니는 자신이 사제가 될 운명이 아니라는 것을 깨닫고, 14살 때 레코아로 테르메 요리학교에서 4년 과정을 시작했다. 그곳에서 이탈리아 지역 요리에 대한 지식을 넓혔고 18살에 잉글랜드 남부 본머스로 이주하여 프랑스식 도셋 호텔 주방에서 전통적인 요리 기술을 연마했다. 그리고 의무 군 복무로 2년 동안 이탈리아 알프스 스키 부대에서 지휘관들을 위해 요리한 후, 베니스 리도에 있는 유명한 엑셀시어 호텔에서 일했다. 그러다 1980년대 초에 그는 몇 년 간 뉴욕의 매우 유명한 '까스텔라노'에서 수석 셰프로 일하다 '바이스'로 옮기고(그곳에서 위대한 요리사 고 앤서니 부르댕을 훈련시켰다) 마침내 '르 마드리'로 갔다. 그는 주방에서 물러나 뉴욕에 있는 다섯 개의 '피노 롱고' 레스토랑을 감독했다. 2000년도에는 도시를 떠나 뉴욕 북부에 자신의 레스토랑을 열었고, CIA(미국 요리 대학 Culinary Institute of America, 정부 스파이 조직이 아니다)에서 이탈리아 음식과 와인을 공부할 수 있는 콜라비타 센터에서 학생들을 가르쳤다.

지아니는 더할 나위 없이 따뜻하게 맞아줬고 나는 피노의 다른 지점에 갈 수도 있었지만 지아니를 만난 뒤로는 '르 마드리'만 찾아갔다. 그 후 영화 제작비를 마련하는 몇 년 동안 나는 일이 없을 때마다 지아니의 주방에 가서 직원들로부터 가능한 모든 것을 배웠고, 지아니의 머리에 든 것을 뽑아내가며 시간을 보냈다. 내가 지아니에게 가르쳐 달라고 부탁한 것 중 하나가 바로 프리타타를 만드는 방법이었다. 영화의 끝부분에 내가 맡은 캐릭터인 세콘도가 프리타타를 만들어서, 형 프리모와 웨이터 크리스티아노와 나눠먹는 장면이 나오기 때문이었다. 우리는 개별 샷 없이 하나의 연속된 테이크로 장면을 촬영하자는 꽤 대담한 계획을 세웠다. 이는 편집의 여지가 없어야 함을 의미했으므로 모든 요소가 완벽해야 했다. 그래서 나도 촬영에 아주 능숙할 필요가 있었다. 또한, 시작 부분 몇 줄을 제외하면 대사도 없어서 거의 무성영화 장면처럼 느껴질 정도였다. 그 장면을 하나의 와이드 마스터 샷으로 촬영한다는 것은 내가 실시간으로 프리타타를 요리해야 한다는 뜻이었다. 뭔가 잘못되면 내가 컷하고 재설정한 다음 다른 테이크를 시작해야 했다.

배우들의 동선과 모든 것의 기본적인 타이밍을 확실히 하기 위해 리허설을 수도 없이 했다. 리허설 중에는 소품 담당이 골라온 냄비를 사용했다. 모든 소품이 그렇듯 그 냄비도 1950년대 후반의 것이거나 그것과 닮은 것이었다. 즉, 내 연기를 좀 더 수월하게 할 수 있도록 코팅 팬을 슬쩍 끼워 넣을 희망이 없다는 의미였다. 당연히 프리타타는 팬에 계속 들러붙었고 나는 당황하기 시작했다. 완벽하지 않으면 커버리지를 촬영해서 장면을 편집해야 했다. 하지만 본능적으로 그렇게 되면 장면의 감정선이 깨지고, 긴장감도 없어지리란 걸 모두 느끼고 있었다. 그래서 나는 큰 알루미늄 팬을 집어 들어 시도해 봤고, 다행히 매번 완벽하게 만들어냈다. 우리는 7번의 테이크를 찍었는데 그중 2번은 내가 기억하지 못하는 이유로 중단했고, 나머지 5번은 '키퍼성공적인 장면 또는 테이크를 나타내는 영화계 용어'로 저장해뒀다. 어떤 테이크를 최종적으로 선택했는지 모르지만 전체 장면은 약 5분 30초가량의 싱글 샷이다. 그렇게 해야 장면에 설득력이 생긴다고 믿었고, 다행히도 처음부터 끝까지 하나의 연속 와이드 샷으로 잘 촬영돼서 정말 기뻤다. 나는 지금도 늘 프리타타를 만들지만 어떤 팬을 사용하든 들러붙을 때가 많다. 촬영 마지막 날, 내 가방에 그 완벽한 팬을 넣지 않은 걸 후회한다.

다음은 지아니 스캐핀이 내게 가르쳐 준 프리타타의 레시피다.

프리타타
-2인분-

재료

큰 달걀 5~6개

올리브오일 3~4테이블스푼

굵은소금

싱싱하고 납작한 다진 파슬리 잎 한 꼬집(선택사항)

방금 간 파마산 치즈 한 꼬집

방금 갈아낸 흑후추

만드는 법

1__ 달걀을 그릇에 깨 넣고 잘 섞이도록 그릇을 기울여 포크로 1분 동안 가볍게 섞는다(포크 대신 거품기를 사용해도 된다. 더 잘 부푼 프리타타가 될 것이다).

2__ 경사면이 있는 25cm정도 평평하고 넓은 팬을 중강불에 올려 올리브오일을 넣고 가열한다.

3__ 충분히 뜨거워지면 팬을 기울여 옆면이 잘 코팅되게 한다.

4__ 오일이 뜨거워지면 달걀에 소금을 뿌리고, 파슬리도 넣는다면 함께 뿌려 팬에 붓는다.

5__ 실리콘 주걱으로 달걀을 마구 섞는다.

6__ 팬을 계속 기울이고 움직여가며 달걀을 팬 가장자리에서 가운데로 모아준다.

7__ 달걀이 들러붙지 않게 팬을 계속 흔든다.

8__ 갓 간 파마산 치즈와 흑후추를 넣고, 프리타타를 뒤집거나 돌려서 노릇하게 잘 익을 때까지 1분 정도 더 놔둔다.

9__ 바로 테이블에 낸다.

몇 년 뒤 〈빅 나이트〉를 제작한 회사에서 약 5주 동안 영화에 출연해 달라며 나를 로마로 데려갔다. 당시 로마에 살았던 유일한 친구는 클라우디아 델라 프라티나로 내가 머물고 있는 곳 근처의 작은 사무실에서 프로듀서와 함께 일하고 있었다.

나는 할리우드 코미디 영화의 첫 언론시사회에서 처음 클라우디아를 만났다. 그 영화는 재밌었지만, 내가 만든 많은 영화들과 마찬가지로 흥행에는 대참패했다. 나는 그 영화의 해외 개봉에 앞서 이탈리아와 스페인에서 언론 시사회를 해야 했고, 당시 프리랜서였던 클라우디아가 나와 케이트가 로마에 머무는 동안 우리를 담당하는 업무를 맡았었다. 그때 이후로 우리는 친구 사이를 유지하며 잘 지내고 있다.

내가 도착한 다음 날 클라우디아와 점심을 함께 먹기로 해서, 그냥 좀 걷다가 가볍게 뭔가를 먹겠구나 싶어 사무실까지 걸어갔다. 그곳은 사람이 조금 더 많은 주택가였고, 내가 도착하자 클라우디아는 주로 사무실에서 밥을 먹는다고 말했다. 전 세계 많은 사람들처럼 클라우디아도 샌드위치를 가져왔겠거니 생각했는데 책상 위에는 도시락이나 배달음식 상자가 없었다. 대신 사무실 한쪽 구석에 작은 주방이 있었고, 잠시 후 클라우디아가 그곳으로 갔다.

"우리 먹을 음식을 요리해볼까 해서요." 그녀가 매력적인 영어 발음으로 말했다.

클라우디아는 매우 똑똑하고 친절하며 아름답기로도 유명하다. 그녀는 독일인과 이탈리아인의 혼혈로, 고운 피부와 크고 연한 파란 눈을 가졌고 섬세한 이탈리아 발음으로 완벽한 영어를 구사한다. 매일 파스타를 먹는데도 날씬하고, 옷에 터무니없이 많은 돈을 쓰지 않는데도 세련됐다. 손으로 말아 피우는 담배를 태우지만 과할 정도는 아니고 와인을 즐겨 마신다. 현명하게도 그녀는 더 이상 영화 업계에서 일하지 않고 모자를 디자인하며 남편과 함께 로마에서 살고 있다. 남편은 그녀보다 더 친절한 사진작가다. 간단히 말해, 나는 클라우디아가 되고 싶다. 아니면 그녀의 남편이나. 또는 둘 다가 되고 싶다.

어쨌든, 요리를 해주겠다는 제안에 내가 "아, 번거롭게 그러지 마세요."라고 말하자, 클라우디아는 "괜찮아요, 어차피 저는 점심을 거의 만들어서 먹거든요."라고 답했다.

우리가 이런저런 얘기를 나누는 동안 클라우디아는 큰 냄비에 물을 채워 스토브에 끓였다. 그런 다음 '작은 주키니호박' 2개를 가져와 얇고 둥글게 썰었고, 마늘 한 쪽도 세로로 반을 잘랐다. 그리고 냄비에 진초록색의 엑스트라버진 올리브오일을 붓고는 마늘과 페페론치노 몇 개를 던져 넣었다. 몇 분 동안 뭉근히 끓인 다음 전부 다 건져내고, 이제 새로 끓기 시작한 물에 스파게티를 두 줌 집어넣었다. 그러고는 호박을 볶기 시작했다. 파스타가 익자 헹궈서 물기를 뺀 다음 전분기 있는 파스타 면수와 함께 냄비에 넣어 섞었다.

아버지의 금요일 밤 특식인 알리오 올리오 파스타를 제외하면, 이건 내가 먹어본 파스타 요리 중 가장 간단한 것이었을지 모른다. 진한 풍미의 올리브오일이 달콤한 호박을 감싸 파스타에 달라붙게 했고, 페페론치노의 묘한 매운맛과 마늘 향이 약간 더해진 맛이었다. 우리 가족의 전통에 따라 나는 엑스트라버진 올리브오일로 요리한 적이 거의 없었다. 우리는 '보통의 올리브오일'을 사용하고(올리브를 여러 번 압착해서 만든 오일로 더 가볍지만 맛은 훨씬 약하다) 부모님이 매운 음식을 좋아하지 않아서 한 번도 페페론치노를 써본 적이 없다. 그래서 이 소박한 음식이 내게는 약간 의외의 반전이었다.

바보같이 들리겠지만 내가 먹은 모든 음식 중에서 클라우디아의 파스타는 여전히 내가 가장 좋아하는 음식 중 하나로 남아 있다. 물론 친애하는 친구가 날 위해 요리하고 함께 먹은 것도 이유겠지만, 5가지 단순한 재료로 완벽한 균형을 이룬 점이 매우 놀라웠다.

나는 몇 년 동안 여행하고 연구하고 요리하면서, 이 균형 잡힌 요리가 이탈리아의 주방에선 계속되고 있다는 것을 깨달았다. 수년 전 로마 사무실 뒤쪽의 아주 작은 주방에서 그랬던 것처럼.

신주를 위해 잠시 쉬어가다: 올드 패션드
-한 잔-

이 전설적인 음료는 고약한 뉴욕 북부에서 1806년도에 만들어졌고 '칵테일'이라 불린 최초의 음료로 알려져 있다. 위스키, 비터스칵테일에 쓴맛을 내는 술, 설탕, 물. 기본적인 재료는 그게 다였다. 하지만 19세기 중반에 이르러 오렌지 큐라소오렌지 껍질로 만드는 독한 술, 압생트쑥으로 맛 들인 녹색의 독한 술, 뭐가 뭔지 알 수 없는 것 등 다양한 술이 첨가되면서 칵테일이 점점 더 복잡하게 변했고, 더 간단한 버전을 찾는 술 애호가들이 '옛날 방식'으로 만들어달라고 요청하면서 지금의 유명한 별명이 붙게 됐다.
나는 버번을 그리 좋아하지는 않지만, 이 칵테일을 원치 않기는 매우 힘들다.

재료
시럽 1티스푼
앙고스투라 비터스 몇 방울
라이 혹은 버번 위스키 2샷
얼음
오렌지 조각과 체리, 장식용

만드는 법
1__ 시럽을 '올드 패션드 글라스' 즉, 록스 글라스에 붓는다.
2__ 앙고스투라 비터스를 넣는다.
3__ 술을 넣는다.
4__ 얼음을 넣는다.
5__ 저어준다.
6__ 장식을 더한다.

❋ **참고** 취향에 따라 스카치 또는 아이리시 위스키로 만들어도 된다.

어떤 계절이나 어떤 이유로든 멋진 음료다.

10

영화 세트장에서 케이터링 서비스 음식을 먹다 보면 종종 두려운 상황을 마주하게 된다.

기본적으로 케이터링은 예산이 클수록 음식이 좋고, 촬영 중 얼마 동안의 점심시간이 주어질지는 조합의 규칙에 따라 정해지는데, 나라마다 다양하다. 그러나 나는 감독이자 배우로서 점심 휴식을 취하는 대신 '프렌치 아워'라 불리는 종일 촬영을 매우 선호한다. 이는 '러닝 런치'라고도 알려져 있는데 음식이나 샌드위치가 담긴 작은 접시가 하루 종일 제공되며, 하루의 중간쯤 짧은 휴식이 주어질 때 배우와 스태프가 급하게 뭔가를 먹거나 잠깐 쉬는 것을 의미한다. 나는 늘 이렇게 해야 촬영일이 단축되고 더 효율적이라고 느꼈다.

프렌치 아워는 영국과 유럽에서는 환영받지만 미국에서는 그렇지 않은 편이다. 이유는 잘 모르겠다. 내가 영화 산업에 관한 책을 쓰고 있지는 않지만(그건 아마 이 회고록보다 훨씬 더 지루할 것이다), 촬영장의 '음식'은 사람들을 먹여 살릴 뿐 아니라, 예산과 촬영 일정의 구조 그리고 배우와 스태프들의 성공적인 협업 방식에도 영향을 미친다는 사실을 아는 것이 중요하다.

슬슬 지루할 것 같으니, 대부분의 영화 촬영 현장에서 케이터링 서비스가 어떻게 작동하는지 살펴보겠다.

배우가 아침에 촬영장에 도착하면(메이크업, 의상 또는 그날 촬영할 장면의 복잡성에 따라 조금씩 다르지만 대충 네시 반에서 일곱시 사이가 된다) 따뜻한 아침식사가 준비되어 있다. 촬영장에 가장 먼저 오는 사람은 조감독, 지원 스태프, 의상과 헤어 그리고 메이크업 담당자들이다. 그들은 배우가 도착할 때 이미 아침식사를 마쳤거나 아침을 먹고 있는 중일 것이다.

예산이 많은 영화에서는 대형 천막 아래 놓인 테이블에 아침식사가 차려진다. 거기에는 미리 프라이한 달걀, 스크램블 에그, 돼지고기와 칠면조 또는 채식주의자용 소시지, 베이컨, 해시브라운이 담긴 플래터와 훈제연어, 과일을 담은 접시, 베이글을 굽기 위한 토스터, 흰 식빵, 버터, 잼, 꿀, 요거트, 과일주스 그리고 커피와 차를 담은 항아리가 있을 것이다. 예산이 많고 감독이 스태프들의 노고를 감사히 여긴다면, 오믈렛 요리 같은 특별 서비스도 제공될 것이다. 이런 감독들은 항상 맛있고 달콤한 간식들과 샌드위치, 스무디, 에스프레소 등 15시간가량 이어질지도 모를 긴 촬영 중에 사람들이 배불리 먹을 수 있게 음료와 음식을 만들어 제공하는 케이터링 업체를 고용한다. 다시 말하지만, 이는 예산이 아주 많은 영화에서만 가능하다.

대부분의 영화 촬영장에서는 몇 명의 곤경에 처한 케이터링 업체가 최소한의 자금으로 최선을 다해 배우와 스태프들을 충분히 먹이고 만족할 수 있게 만드는 트럭 한 대만 있을 뿐이다. 실제로 이른 시각에 가장 먼저 촬영장에 도착하는 케이터링 업체들은 매일 최소 50명 정도의 스태프들을 위해 두 끼의 식사를 요리한다. 식재료의 품질은 보통 최고 수준이 아니며, 그들의 자원(그리고 불행하게도 그들의 재능까지)은 8주 동안 진행되는 촬영을 위해 매일 다양한 음식을 제공하다 한계에 부딪힌다.

많은 사람들을 만족시키기 위해 매 점심은 육류나 닭고기 요리, 생선 요리, 탄수화물 두 가지, 야채 두 가지, 채식주의자 요리 하나, 샐러드 한두 가지 그리고 디저트로 구성된다. 이건 넉넉한 예산으로도 쉽지 않은 일이어서 나는 그들의 일이 부럽지 않다. 불행하게도 대부분의 케이터링 업체들은 이 임무를 감당하지 못한다. 즉, 영화 촬영 막바지에는 많은 사람이 그 음식을 더 이상 먹지 않는다. 배우나 스태프 중에 장을 보고 미리 준비할 시간이 있다면 자기 음식을 가져오기도 하는데, 이는 길고 불규칙한 작업 시간 때문에 쉽지 않다.

보통 배우가 촬영장에 도착하면 두 번째 조감독(모든 트레일러가 설치된 베이스캠프를 운영하는 감독)에게 아침 주문을 한 뒤, 헤어와 메이크업 준비에 들어간다. 많은 배우들이 메이크업 의자에 앉아 급히 아침을 먹어치우는데, 불쌍한 메이크업 아티스트는 배우들이 음식을 씹느라 오르내리는 턱과 목젖에 파운데이션을 바르려 노력하며 배우가 먹고 있는 완숙 달걀에서 풍기는 유황냄새를 애써 모른 척해준다. 메이크업 트레일러는 배우들에게 일종의 오아시스 같다. 그곳에 가면 대부분의 메이크업 아티스트들이 최고의 커피메이커를 갖추고 있기 때문에 촬영장에서 최고의 커피를 마실 수 있다. 하지만 나는 항상 만약의 경우를 대비해서 새로운 일을 시작하는 첫날엔, 최소 두 대의 에스프레소 머신을 가져간다. 하나는 메이크업 트레일러에서 모두가 카페인을 충족할 수 있게 두고, 또 하나는 내가 몇 시간 동안 트레일러에 갇힐 때가 있으므로 언제든 맛있는 커피를 마실 수 있게 내 트레일러에 둔다.

또, 나라마다 고유한 음식들이 존재한다. 케이터링 업체도 각 나라의 전통 음식을 여러 가지 버전으로 제공하기 위해 노력한다. 몇 가지 예를 들어보겠다.

매우 영국적인 아침식사 영국

영국에서는 프라이드 에그(종종 돼지기름으로 요리됨), 소시지, 베이컨, 굽거나 끓이거나 튀기거나 찌거나 뭐 어떻게든 만든 토마토(우웩), 베이크드 빈스콩을 토마토 소스에 넣어 삶은 통조림와 포리지곡물을 물이나 우유에 넣고 끓여 만든 음식가 모든 영화 촬영장의 주요 메뉴다. 소시지 '밥Bap'도 항상 제공되는데 이것은 갈색 혹은 흰색 번빵에 소시지(보통 컴벌랜드 소시지)와 때로는 달걀을 겹겹이 올린 것이다. '밥'

은 빵을 뜻하는데 주로 약간 건조하고 별 맛이 없다. 그러나 소시지의 질이 좋으면 이 매력적인 아침식사를 참기는 매우 어렵다. 실제로도 몇 년 전 영국에서 작업할 때는 매일 아침에 이걸 먹지 않기 위해 엄청난 노력을 기울여야 했다. 프로젝트가 거의 다섯 달 동안 진행될 예정이었는데, 그걸 계속 늑대처럼 먹었다간 영화가 완성될 때까지 살아남을 수 없을 것 같았다.

영국에서는 예산이 많거나 미국 스튜디오가 영화를 제작하지 않는 한, 케이터링 서비스를 그다지 중요하게 여기지 않는다. 제공되는 것은 온수 항아리, 티백 한두 상자, 우유, 설탕, 종이컵, 비스킷이 든 패키지 몇 개가 영화 촬영장 구석 '티 테이블'에 있을 뿐이다. 아주 절제되어 있고, 거의 진기할 지경이며, 매우 영국적이다.

이례적인 점심 이탈리아

처음 이탈리아에서 촬영했을 때 나는 매우 흥분했다. 명확히 밝혔듯이, 나는 이탈리아를 사랑하기 때문이다. 그 영화는 로마가 배경이었고 거기에서 나는 매일 밤 그리고 쉬는 날마다 훌륭한 음식을 먹을 수 있었다. 그러나 촬영장의 케이터링 서비스는 실망 그 이상이었다. 다른 것보다 음식을 우선시하고 자신들의 요리로 세계인의 입맛에 영향을 주는 나라가, 영화 관련 케이터링 서비스는 전혀 중요하게 생각하지 않았다. 아마 그 이유는 배우와 스태프들이 가능할 때마다 점심을 먹으러 밖에 나가기 때문인 것 같다. 케이터링 서비스는 분장이나 메이크업 때문에 공공장소에서 식사를 하지 못하는 배우와 시간이 부족한 스태프들에게는 항상 제공됐다. 하지만 그 외에 다른 곳에서 먹을 수 있는 조건이 되면 누구나 밖에 나가서 먹었다.

이탈리아 촬영장의 케이터링 서비스를 견디게 해주는 유일한 점은 와인이 항상 제공된다는 것이다. 조감독 중 한 사람이 배우에게 점심으로 무엇을 먹고 싶은지 물어볼 때, 그들은 단순히 '화이트 아니면 레드?'라고만 묻는다. '화이트'라고 답하면 배우는 닭 또는 생선 요리를 먹게 된다. '레드'면 소, 돼지, 양 등 붉은 고기가 제공된다. 이 음식들은 칸이 네 개인 스티로폼 통에 담겨 온다. 칸 하나에는 메인 요리, 또 한 칸에는 주로 파스타인 탄수화물, 칸 두 개에는 야채나 샐러드가 들어있다. 그리고 기내식에서 받는 크기의 작은 와인 한 병도 제공된다. 따지고 보면 이 음식 중 많은 것들이 먹을 만하지만, 세계 최고의 음식을 제공하는 수많은 훌륭한 레스토랑이 근처에 있다는 걸 알면 그 음식들을 먹고 싶지 않아진다. 거기다 점심식사만 실망스러운 게 아니라 촬영장의 아침 식사는 훨씬 더 최악이다.

이탈리아인들은 아침식사 문화가 딱히 없다. 그들은 대부분의 유럽, 영국, 미국처럼 아침 첫 끼로 달걀과 육류를 먹지 않는다. 그들은 에스프레소나 카푸치노를 마시고 짭짤한것보다는 단것으로 하루를 시작하고 싶어 한다. '모닝커피'는 주로 '코네토(단 크루아상)' 또는 '팔미에'와 함께 먹는다. 로마에서는 휘핑크림이 터무니없이 많이 들어간 페이스트리나 바싹 튀긴 도넛에 크림을 채워 설탕을 묻힌 빵 혹은 과자를 주로 먹는다. 시칠리아에서는 브리오슈 빵을 반으로 잘라 젤라또로 채운 브리오슈 번이 아침식사로 통한다. 이 모든 것을 다 먹어봤는데 나는 단 음식을 좋아하지도 않고 죽고 싶어 환장하지도 않았으므로 다 별로였다. 특히 아침 일찍 먹기에는.

그러나 이탈리아 영화 촬영장에서 제공하는 아침식사에는 그런 것들마저 없어서 케이터링에 대한 관심을 훨씬 더 어두운 곳으로 끌어내렸다. 케이터링 트럭도 없고, 토스터도 없으며, '밥'도 없다. 테이블에 질 낮은 슈퍼마켓 크루아상, 햄 한 조각과 프로슈토 또는 살라미가 든 작은 포카치아 샌드위치가 흩뿌려져 있었다. 음료는 미지근한 오렌지 주스 몇 상자와 '에스프레소'(또는 그것의 옅고 산성이 강한 버전) 항아리 정도가 놓여있고 호물호물한 플라스틱 컵에 따라 마셔야 한다. 출근 시간이 오전 10시 이후면 병맥주도 제공된다. 그게 전부다. 요리의 천국이라고 불리는 나라에서 지극히 비극적인 일이다.

아침 축제 독일

독일에서는 딱 한 번 일주일 정도 촬영했었다. 촬영은 대개 외부 배경을 설정하는 거라 매우 짧은 일정이었다. 그래서 독일 촬영장의 케이터링 서비스는 아침식사만 경험해 봤는데 아주 훌륭했다. 나는 크리스마스 농산물 시장을 제외하고는 어디에서도 육류, 스프레드버터, 잼, 크림치즈 등 빵에 발라먹는 재료, 치즈, 빵을 이렇게 다양하게 갖춰놓은 곳을 본 적이 없었고, 하나같이 다 맛있었다. 누구든 나를 그곳에서 다시 일하게 해주면 좋겠다.

트럭에서 먹는 작은 아침 프랑스

이탈리아인들처럼 프랑스인들도 요리에 매우 까다롭다고 알려져 있다. 하지만 방금 알게 된 이탈리아인들의 촬영장 문화와는 달리 프랑스의 영화 촬영장에서는 음식이 나온다는 것 자체에 감사함을 가진다.

나는 앞에서 점심시간이 있으면 촬영장에 머무르는 시간이 길어질 뿐 아니라 촬영일이 늘어날 수도 있다는 얘기를 했다. 하지만 프랑스에서는 그렇지 않다. 점심시간은 제대로 준수되고 일은 예정된 시간을 거의 초과하지 않는다. 만약 시간이 넘어가면 스태프들은 그냥 집에 가버린다. 그 정도로 단순하다. 그리고 솔직히 나는 그들에게 경의를 표한다. 왜냐하면 대부분의 촬영장은 무질서, 의사소통 부족 그리고 비효율성의 공간이어서 모두가 불필요한 긴 시간을 보내게 되기 때문이다.

여러 해 전에 나는 로버트 알트만이 〈프레타포르테〉를 총괄 감독하는 모습을 일주일 동안 관찰했다. 그 촬영지는 파리 중심부의 실제 호화로운 호텔을 대신한, 호화로운 호텔 세트장이었다. 점심 시간이 되면 모두 흰색 대형 트레일러 트럭이 주차된 곳으로 안내됐고, 트럭 뒷부분에 철 계단이 이어져 있었다. 테이블은 양쪽으로 길게 나열되어 있어서 중간에 통로가 만들어졌고, 각 테이블에는 네 명에서 여섯 명까지 앉을 수 있었다. 테이블은 흰색 테이블보를 덮어 그 위에 생수병, 탄산수, 물잔, 와인잔, 소금과 후추 통, 칼, 냅킨, 레드와인 한 병을 뒀다.

잠시 후 흰색 셔츠와 조끼를 입은 소수의 웨이터 팀이 우리를 맞이하며 자리를 안내해 줬고, 그날의 점심식사 메뉴를 읊었다. 각자 메뉴를 결정하면 웨이터가 레드와인을 원하는 사람에게 따라준 다음, 화이트와인을 가져다주기 위해 자리를 떴다.

내가 여느 영화 촬영장에서 경험했던 어떤 케이터링과도 너무 달라서 놀라움을 금치 못했다. 배우와 스태프가 우아하게 꾸며진 트럭 안에서 함께 식사하는 것이 믿을 수 없었고, 게이같은 파리도 놀랐는지 우리 주변만 윙윙거리며 돌아다녔다. 모든 것이 너무 훌륭하고 세련되고 기이해서, 이 모든 게 꿈일지도 모른다는 생각을 할 정도였다. 앞으로 내가 만드는 모든 영화에서 다시 그런 꿈을 꾸고 싶다.

큰 도움이 되지 않는 위로 아이슬란드
_____

약 6년 전, 나는 운 좋게도 〈포르티튜드〉라는 영국 TV프로그램에 참여할 기회를 얻었다. 흥미로운 프로젝트 같아서 제안을 받고 무척 기뻤다. 두 명의 탁월한 배우 마이클 갬본과 소피 그로뵐과 작업할 것이라 들었고, 대부분 런던에서 편하게 촬영할 수 있을 뿐 아니라 늘 가보고 싶었던 아이슬란드에서도 촬영하여 좋은 기회라 생각했다. 이유는 모르겠지만 나는 따뜻한 지역보다는 늘 차가운 북쪽의 기후에 더 끌렸다. 남부 캘리포니아의 끝없는 햇볕은 너무나 지루하고, 미국 남부의 습기는 역겨우며, 열대지방은 내 땀에 빠져 익사하기 전에 몸을 웅크려 죽고 싶게 만든다.

아니, 알 수 없는 이유로 나는 이탈리아 동남부 풀리아의 잔인한 열기보다 이탈리아 알프스에서 더 편안함을 느낀다. 서늘한 가을, 눈 내리는 겨울, 비 내리는 봄 그리고 온화한 여름을 좋아한다. 계절이 바뀌면 옷도 바꿔야 하고(나는 옷차림에 집착한다), 가장 중요한 음식도 바꿔야 한다. 소고기 카르보나드플랑드르 지방의 특선 요리로 슬라이스 한 소고기를 팬에 지져 익힌 뒤, 양파와 맥주를 넣고 끓인 스튜는 기온이 27도에 햇빛이 쏟아지는 날보다 늦가을에 천 배는 더 맛있고, 아르마냑프랑스

194

남서부 아르마냑 지역에서 만들어지는 브랜디은 눈 내리는 밤 벽난로 옆에 있을 때
는 완벽한 동반자지만 8월의 해변 나들이에는 전혀 어울리지 않
다. 봉골레 스파게티와 함께 마시는 맑은 오르비에토 와인도 화
창한 여름 오후 '야외에서'는 이상적이지만 추운 겨울밤 실내에서
먹으면 조금도 만족스럽지 못하다. 하나가 다른 하나를 부추긴다.
그래서 런던의 암울한 '겨울'을 벗어나기 위해 아이슬란드를 방문
하는 것은 흥미로운 일이 되리라 생각했다.

　그러나 아직도 이 책장을 덮지 않고 있는 독자라면 짐작할 수
있겠지만, 내게 가장 큰 걱정거리는 음식이었다.

　우리는 아이슬란드의 수도 레이캬비크에서 비행기로 약 한 시
간 떨어진 작은 마을 에길스타디르에 머물 예정이었다. 나는 유제
품을 먹지 않고 설탕도 거의 먹지 않는 편이지만, 이 시점에는 글
루텐도 식단에서 제외했기 때문에 그곳에 머무는 동안 내가 정확
히 무엇을 먹을 수 있을지 걱정됐다. 또 호텔에는 주방도 없어서
마을에 있는 몇 안 되는 레스토랑에 의지해야 할 것 같았다. 거의
2주 동안 머물 예정이었기 때문에 나는 캔으로 된 수프 한 상자,
글루텐 프리 크래커 그리고 안타깝게도 그곳에는 없는 음식 나부
랭이를 이것저것 많이 가져갔다.

　나는 아이슬란드에어 호텔에 체크인했다. 이 호텔은 주변에서
가장 높은 5층짜리 건물이었고, 박스 모양에 별 특징 없는 미니멀

리즘한 외관이었다. 1층 왼쪽에는 조그마한 체크인 데스크가 있고, 그 옆에는 작은 좌석 공간과 바가 있었다. 바를 지나면 아주 간소한 다이닝 룸이 나왔다. 그곳은 깨끗하고 밝고 직원들도 상당히 쾌활했지만, 여기서 2주를 보내기엔 힘들 것 같았다. 내 방도 거의 마찬가지로 사실상 스파르타식보다 조금 덜했다. 딱딱한 침대(정말 딱딱했다), 작은 옷장, 서랍장, 책상, 작은 냉장고, 주전자, 욕실 그리고 4개의 채널밖에 없는 TV가 있었는데, 감사하게도 그중 하나는 BBC1이 있었다. 간단히 말하자면, 증인 보호 프로그램을 수행하기에 완벽한 호텔이었다. 나는 한숨을 푹 크게 내쉬었지만 이곳에서 내 한숨 소리를 들어줄 사람은 아무도 없었다.

짐을 풀고 샤워실에 들어갔는데, 몇 초 후에야 유황수밖에 나오지 않는다는 사실을 알게 됐다. 옷을 갈아입고 썩은 달걀 냄새가 나지 않기를 바라며 음료와 간식을 먹기 위해 아래층으로 내려갔다. 바에서 동료들을 만나 '달걀 냄새나는 물'과 아이슬란드의 아름다움 그리고 일과 관련된 주제로 수다를 떨었다. 칵테일을 몇 잔 마신 뒤 우리는 그 다이닝룸으로 향했다.

와인 종류도 인테리어만큼이나 간소했지만 다행히 마실 만한 게 몇 가지는 있었고, 어차피 나는 비싼 와인을 잘 알지 못하는 사람이어서 상관없었다. 메뉴에는 애피타이저 몇 가지, 메인 요리약 다섯 가지, 사이드 메뉴 몇 가지와 샐러드가 있었는데 다 괜찮아 보였다. 애피타이저 중에서 가장 눈에 띄는 것은 근처 바다에서 잡아 올렸다는 신선한 랑구스틴작은 바닷가재이었다. 양고기도 지역에서 키운 것이라고 하니 마음을 정하고 그 두 가지 요리와 신선한 토마토가 든 그린 샐러드를 주문했다.

곧 애피타이저가 나왔고 내 접시에는 아름다운 랑구스틴 두 마리가 올라앉아 있었다. 랑구스틴을 반으로 잘라 가볍게 구운 다음 파슬리 버터를 발라놓은 요리였다. 너무나도 완벽했다. 랑구스틴은 꽤 연하기 때문에 빨리 그리고 부드럽게 구워야 한다. 또 수분이 없어서 너무 오래 구우면 퍽퍽해진다. 동시에 그릴 자체의 맛이 고기의 단맛을 압도해서 음식 전체의 질이 떨어지기 쉽다. 그러나 이것들은 완벽했다. 뒤따라 나온 샐러드는 연한 초록색 상추잎과 신선한 체리토마토에 쪽파 비네그레트를 버무린 것이었다. 나는 깜짝 놀랐다. 어떻게 그들은 난데없이 이런 신선한 맛을 낼 수 있었을까? 다음으로 양고기가 나왔는데, 내가 지금까지 먹어본 양고기 중에 최고로 맛있는 양고기였다. 숯불에 살짝 구워서 속은 부드럽고 분홍빛을 띠며, 짭짤한 단맛이 적당히 어우러져 입에서 살살 녹았다.

웨이트리스에게 그 신선한 야채가 어디서 왔는지 물었다. 그녀는 현지 지열 발전 온실에서 농약 없이 재배한 것이라고 알려줬다 (아이슬란드의 에너지 99퍼센트는 재생 가능한 에너지원에서 나온다. 약 20년 전까지는 야채를 대개 수입했지만, 이제 적어도 반은 아이슬란드에서 재배되고 대부분 지열 온실에서 생산된다). 그것들이 남부 이탈리아에서 난 것만큼 달콤하고 풍부한 맛이었냐고? 아니, 그것과는 매우 달랐지만 입에 한 입 베어 물면 풍성한 느낌이 물씬 느껴졌고 그 자체로 당연히 맛있었다. 양고기의 맛은 잊을 수 없었는데, 며칠 뒤 아이슬란드의 양은 해조류뿐 아니라 섬의 대부분을 차지하는 풀과 허브도 먹기 때문에 특유의 맛이 난다는 사실을 알게 됐다.

그때부터 나는 우리의 작고 소박한 호텔에서의 저녁식사를 목빠지게 기다렸다. 다행히 대부분의 배우들이 먹고 마시는 걸 좋아해서 이날 이후 여러 번이나 밤에 만나 함께 시간을 보냈다. 이때는 주로 마이클 갬본이 웅장한 바리톤으로, 그가 영화계와 연극계에서 경험한 파란만장하고 우스꽝스러운 얘기로 우리를 즐겁게 해줬다.

어느 아름답고 화창한 아침, 우리는 촬영을 위해 섬의 산악지대까지 45분 정도 차를 몰아들어갔다. 도로를 따라 운전하다 보니 눈이 점점 깊어져 나중에는 4.5미터의 눈벽 사이를 운전하고 있었다. 그날 촬영할 배우는 마이클 갬본과 나뿐이어서 메이크업이나 의상 트레일러가 필요 없었다. 혹시 필요했더라도 주차할 공간이 없을 것 같았다. 우리는 옷을 입고 각자의 작은 트레일러에서 메이크업을 했고, 그곳까지 몰고 간 차는 베이스캠프 아래, 폭포와 강의 급류에 위험할 정도로 가까이 주차되어 있었다. 모든 준비가 끝나고 우리는 눈 언덕을 오르내릴 수 있는 특수 차량을 이용해 촬영 장소로 이동했다. 베이스캠프에 도착한 다음 스노모빌로 얼음산을 올라 세트장으로 이동했다. 나는 겨울과 그에 따르는 모든 것을 좋아하기 때문에 천국에 와 있는 것 같았다. 우리는 장면을 몇 개 촬영했고 점심시간이 되어 설상 스쿠터를 타고 베이스캠프로 돌아왔다.

어디에도 케이터링 트럭을 주차할 공간이 없어서 그날은 음식을 제공할 수 있는 작은 팝업 텐트가 설치됐다. 안에는 우리 모두가 인정한 맛있는 음식을 제공해 주는 훌륭한 케이터링 업체가 평소처럼 있었다. 그날 그들은 가스버너 위에 큰 냄비를 얹고 그 앞에 자리를 잡았다. 안을 들여다봤더니 향긋한 스튜 같은 음식이 끓고 있었다. 보통 때는 케이터링 업체가 우리에게 많은 음식을 제공해 줬지만, 그날은 여러 가지 조건의 한계 때문에 촬영 대부분이 진행되는 작은 마을의 수산물 공장에서 얻어온 이 한 가지 음식만을 먹어야 했다.

우리는 플라스틱 그릇을 움켜쥐고 '괴츠파'라는 아이슬란드 전통 스튜를 먹기 위해 줄을 섰다. 음식을 채운 그릇과 빵 한 조각을 들고 눈부신 햇살 밖으로 나와서 동료들과 함께 눈 더미에 앉아 식사를 즐겼다.

주변 환경 때문인지, 극단적이고 동떨어진 장소에서 나오는 동료애 때문인지 아니면 케이터링 업체가 자부심을 가갖고 역사적인 스튜를 만들어서인지 이유는 잘 모르겠지만, 참으로 훌륭한 식사였다.

'괴츠파'는 수프와 스튜 사이 어딘가에 위치한 전통적인 아이슬란드 음식이다.

저렴한 부위의 양고기나 양고기 덩어리를 작게 잘라 뼈와 함께 약 45분간 끓인 후, 고기가 익어서 부서질 정도가 되면 당근, 감자, 스웨덴 무, 순무, 양파 등의 뿌리채소와 육수, 말린 허브, 양배추까지 넣고 약 20분간 더 끓인다. 귀리나 쌀을 넣어 국물을 걸쭉하게 만들기도 한다.

솔직히 말해서 대부분의 스튜는 기본적으로 모두 동일한 방식으로 만들어진다. 가끔은 고기 먼저 갈색이 되도록 볶거나 미르푸
아_프랑스 요리에서 자주 사용되는 당근, 양파, 셀러리 등을 잘게 다져 만든 양념재료_를 볶은 다음, 모든 재료를 냄비에 한데 넣는다. 농도를 어느 정도로 할지, 어떤 다른 재료를 좋아하는지 알게 되면 원하는 대로 스튜를 만들 수 있다. 비싸지 않은 고기 한 조각과 냉장고에 있는 신선하거나 시들어가는 채소, 와인, 육수, 허브 등을 가져다가 마음대로 만들면 된다(최근에 압력솥에다가 스튜와 육수를 요리하기 시작했는데, 이게 내 삶을 바꿔 놓았다. 왜 이렇게 오래 걸렸는지 모르겠다). 좋은 빵과 함께, 폴렌타나 국수 또는 쌀과 함께 제공되는 스튜는 빠르고 든

든하며 비용도 저렴해서 큰 위안이 된다. 나는 여름에 종종 카추코^{다섯 가지 이상의 어패류와 생선을 토마토 소스에 넣어 끓이는 음식}나 그 비슷한 생선 스튜를 만들곤 한다. 간단한 재료들을 큰 냄비 하나에 모아, 그날 내 테이블에 앉아 있는 신들에게 종교적 제물처럼 바치는 것을 좋아하기 때문이다.

어쨌든, 이 '괴츠파'는 너무 맛있어서 부끄럽지만 세 번이나 더 가져와 먹었다. 오늘까지도 이 음식은 남극에서 북극까지 그리고 그 사이에 있는 모든 촬영장에서 먹은 최고의 케이터링 식사로 남아 있다.

레이캬비크에서 런던으로 가는 비행편이 제한적이어서 집으로 돌아가려면 종종 하룻밤을 머물러야 하는 경우가 있다. 오래된 건물 몇 개를 제외하면 레이캬비크의 건축 양식은 미니멀리즘 하다. 집은 간단한 박스 모양의 구조물로 되어 있고, 철판으로 된 지붕이나 벽들은 대개 밝고 화사한 색으로 칠해져 있다. 아주 작은 도시지만 인구가 약 12만 5천 명으로 그 나라에서 가장 많다(전체 인구가 35만 명을 조금 넘는 정도다). 한번은 집으로 돌아오는 길에 런던행 마지막 비행기를 탈 수 없어서 레이캬비크에서 그날 밤을 보내야 했다. 마이클 갬본과 훌륭한 배우 대런 보이드도 마찬가지였다. 나는 여러 사람들에게 그 도시에서 유명한 레스토랑을 추천해 달라고 부탁했더니 하나같이 '그릴마카두린'을 꼽았다. 그곳은 사람이 매우 많았지만, 다행히 그날 밤 우리 셋을 위한 테이블을 예약할 수 있었다.

그릴마카두린은 거의 고기만을 제공하는 상당히 멋진 고급 레스토랑이다('피쉬마카두린'이라는 생선만 제공하는 분점도 운영하고 있다). 메뉴에는 마블링이 듬뿍 들어간 등심, 토마호크 스테이크, 그리고 말 안심 같은 요리가 나열되어 있었다. 메뉴에 말고기가 있었는지는 기억나지 않는다. 언제고 꼭 먹어보고 싶었으니 메뉴에 있었다면 주문했을 것이다. 프랑스와 이탈리아에서는 말고기를 자주 먹었지만, 거기에 있을 때 나는 주문하거나 사 본 기억이 없다. 내가 한때 말 두 마리를 소유한 적이 있었다는 사실에서 나온 두려움 때문이었으리라 추측할 뿐이다. 지금은 고인이 된 아내 케이트는 말 타는 데 진심이었고, 우리 아이들도 어릴 때 몇 년 동안 말타기를 즐겼다. 그래서 누군가의 반려동물을 먹는 것 같은 기분이 든다.

어쨌든 그릴마카두린의 메뉴에는 어떤 레스토랑에서도 본 적이 없는 두 가지 메뉴가 더 있었다. 바로 밍크고래와 바다오리였다. 나는 흥미가 생겨서 물어봤다. 웨이터는 아이슬란드 해역에 서식하는 밍크고래는 멸종 위기종이 아니며, 지속 가능한 방식으로 조달됐다는 것을 확인시켜 줬다. 바다오리의 경우도 마찬가지였다. 나는 죄책감을 약간 덜어내고 둘 다 주문했다.

주문한 고래 요리가 도착했을 때 나는 웨이터가 내 주문을 잘못 이해한 것 같다고 생각했다. 내 앞에 놓인 음식이 진홍색의 소고기처럼 보였기 때문이다. 웨이터가 그게 고래가 맞다고 확인해주자, 나는 그제야 먹기 시작했다. 살은 신선한 참치처럼 빨리 구워졌을 것 같고, 올리브오일과 소금으로 살짝 맛을 낸 것 같지만 확실하지는 않다. 맛이 고베 스테이크처럼 깊고 풍부하고 스시 등급의 참치처럼 섬세한 생선 맛도 있어서 더 복잡하게 느껴졌다. 죄책감이 조금 누그러지자 그렇게 맛있을 수 없었다. 다음으로 바다오리가 나왔는데 가슴살을 훈제해서 자른 것이었다. 훈연 처리를 했더니 너무 말라서 우리가 죽이면 안 되는 작고 귀여운 새의 가슴살을 먹는 것 같았지만, 그렇다고 맛이 없는 건 아니었다. 그러나 밍크고래와는 달리 바다오리를 또 주문하고 싶지는 않다.

최근에 고래의 수요가 줄어 아이슬란드에서 고래사냥을 중단했다는 기사를 읽었으니 요즘에는 밍크고래를 주문해봤자 소용없을지도 모른다. 그들은 고래로 요리하는 것보다, 고래를 보기 위해 돈을 지불하는 관광객들로부터 더 많은 이득을 취할 수 있다고 생각하는 것 같다. 결국에는 그렇게 나쁜 일은 아닐 것이다. 하지만 화려한 부리를 가진 바다오리의 운명에 대해서는 모르겠다. 내가 알기로는 아직도 훈연을 위해 처분되고 있지만, 50만 명 미만이 사는 섬에 바다오리는 800백만 마리도 넘고 사람들은 대부분 바다오리를 먹는 데 큰 관심이 없으니 바다오리가 걱정돼서 밤을 지새울 필요는 없을 것 같다.

사실, 그날 밤에 마티니와 와인을 너무 많이 마셔서 뭘 더 먹었는지 기억이 잘 나지는 않는다. 하지만 그릴마카두린을 떠날 때 두 가지 새로운 요리를 맛본 게 너무 만족스러워서, 그곳에서 며칠 밤을 더 보내고 싶다고 생각했던 건 기억난다.

아이슬란드에서 음식을 맛있게 먹을 수 있어서 무척 기뻤다. 내가 처음 걱정했던 것은 근거가 전혀 없었고 내 무지로 인해 불필요하게 편견을 가졌다는 게 창피했다. 끼니마다 스키르아이슬란드의 유제품와 발효 상어만 먹을 줄 알았는데, 실제 아이슬란드에서의 식사는 전혀 달랐고 정말 놀라웠다.

11

로버트 알트만은 50년에 걸쳐 〈MASH〉 〈내쉬빌〉 〈고스포드 파크〉 같은 훌륭하고 영향력 있는 영화를 만든 뛰어난 영화감독이자 프로듀서다. 로버트는 캠벨 스콧이 몬트리올에서 내 친구 몇 명과 함께 작업하던 앨런 루돌프의 영화를 제작했다. 그때 즈음 캠벨과 나는 〈빅 나이트〉를 함께 감독하기로 했고, 실제로 제작비가 모이면 영화를 어떤 스타일로 찍을지 주기적으로 논의했었다.

캠벨은 앨런의 영화를 촬영하는 동안, 그가 지금 찍고 있는 촬영 방식을 내가 좋아할 것 같다며 촬영 현장에 와 보라고 제안했다. 케이트와 나는 주말에 그곳으로 가서 친구들을 만났고 과정을 지켜봤다. 앨런이 몇 주 후에 내게 다시 와서 작은 역할을 하나 맡아달라고 했고, 나는 기꺼이 제안을 받아들였다. 이후에 캠벨과 나는 우리의 영화를 제작하고 자금 조달의 복잡한 과정에 도움을 줄 수 있을지 물어보기 위해 로버트를 찾아갔다. 그의 명성과 재능을 빌리면 두 명의 초짜 감독이 할리우드의 굳게 닫힌 문에 발을 들일 수 있으리라 생각했다. 그는 시나리오를 읽고 우리와 면담한 뒤에, 초짜 감독들의 첫걸음에 손을 내밀어줬다.

로버트는 〈빅 나이트〉가 결실을 맺도록 최선을 다했다. 어느 해 칸 영화제에서 〈파스타 파줄〉이라는 영화를 제작한다고 발표하기까지 했다. 그는 〈빅 나이트〉라는 제목을 싫어해서 이런 끔찍한 제목을 생각했는데, 내 생각으로는 득보다 실이 더 많았던 것 같다. 로버트가 프로듀서로 그 영화를 끝까지 도와주지는 못했지만 우리는 그가 세상을 떠나기 전까지 친구로 지냈다.

그는 꽤 바쁜 사람이었지만 아낌없이 시간을 내어줬고, 내가 그의 촬영 현장을 따라다니며 배우고 싶다고 말하자 기꺼이 허락해 줬다. 얼마 뒤 나는 파리에 도착해서 일주일 동안 그가 〈프레타포르테〉 감독하는 걸 지켜봤다. 영화의 출연진은 대세 배우부터 독립, 해외 영화배우들이었고, 몇 명은 내 친구들이었다. 로버트가 평소처럼 느긋하지만 아주 특이한 방식으로 일하는 모습도 지켜보고, 내가 좋아하는 배우 소피아 로렌이나 마르첼로 마스트로야니 같은 배우들을 만나는 것이 나로서는 정말 흥미로웠다.

소피아와 마르첼로가 촬영 중이던 어느 오후, 그들은 로버트에게 무슨 얘기를 전하고 싶어 했지만 언어 장벽 때문에 애를 먹고 있었다. 내가 이탈리아어를 조금 할 줄 알아서 통역 비슷한 역할을 맡았고, 다행히 문제가 해결됐다. 그날 촬영이 끝난 후, 마르첼로가 내게 다가와 프로듀서인 존 킬릭과의 저녁식사 자리에 함께할 것을 제안했다. 그는 내가 가장 존경하는 배우 중 한 명이다. 고통스러울 정도로 잘생기고 우아할 뿐 아니라, 감동적인 연기부터 섬세한 코미디까지 폭도 아주 넓었다. 솔직히 나는 내 아이들이 태어난 것보다 그에게 초대를 받은 게 더 기뻤다. 맞다, 아이들이 세상에 태어나는 게 우선이지만 거의 비슷한 정도였다. 어쨌든 마르첼로가 찢어진 종잇조각에 니코틴이 밴 손을 떨며 레스토랑의 이름을 적어 내게 건넸을 때, 나는 감사의 뜻으로 게이샤처럼 허리를 90도로 굽혀 인사했다.

　오후 8시, 긴장을 풀고 용기를 얻기 위해 술을 한두 잔 마신 뒤 '로마노'라는 이탈리안 레스토랑에서 존과 마르첼로를 만났다. 이 작고 아늑한 곳은 실제로 로마노라는 이탈리아인이 운영하는 곳인 듯했다. 마르첼로는 이곳의 음식이 훌륭해서 자주 찾는다고 설명했다. 로마노가 테이블로 다가와 술을 권하자 마르첼로는 얼음을 넣은 스카치위스키 한 잔을 주문했다. '위를 열기 위해서'라고 그가 어색한 영어로 설명했는데, 이것은 매우 이탈리아적인 전통과 신념이며, 아페르티보Apertivo라는 용어도 여기서 비롯됐다. '열다'라는 뜻의 'Aprire'와 'Appetito'의 구어식 줄임말 'tivo'가 합쳐져 '식욕을 열다'라는 뜻이 된다.

　존은 물론 나도 같은 술을 주문했다. 그리고 우리는 잠시 얘기를 나눴는데, 존은 이탈리아어를 전혀 못하고, 마르첼로는 영어가 유창하지 못하며, 나는 너무 긴장돼서 두 가지 언어를 어지럽게 왔다 갔다 했다. 곧 로마노가 돌아와 우리에게 무엇을 먹을 건지 물었다. 내가 기억하기로 우리한테는 메뉴판도 보여주지 않았다. 로마노와 마르첼로는 거의 음모를 꾸미듯, 그러나 우리한테 다 들리도록 큰소리로 메뉴를 의논했다. 그들이 이탈리아어로 주고받는 말은 이런 식이었다.

로마노   그럼 오늘 저녁에는 뭘 드실 건가요?

마르첼로   흠… '파스타 에 파지올리' 마늘, 양파, 셀러리, 토마토 등으로 만든 수
          프에 파스타와 콩을 넣고 끓이는 이탈리아 전통 요리

로마노   물론이죠.

마르첼로가 같은 것을 원하는지 물어보듯 우리를 바라봤다. 존은 '파스타 에 파지올리'를 이해하므로 통역할 필요가 없었다. 우리는 둘 다 동의의 뜻으로 고개를 끄덕였다.

로마노   좋습니다. 파지올리 세 개. 다른 건요?

마르첼로   음……

마르첼로는 뭘 먹고 싶은지 몰라 고민했다. 정말 인간적이었다.

로마노   양고기는 어떠신가요?

마르첼로   커틀렛 말인가요?

로마노   네, 커틀렛이 재료는 간단한데 맛있습니다. 오일, 화
          이트와인, 마늘, 소금, 로즈메리.

마르첼로   좋습니다, 완벽해요.

마르첼로가 그게 괜찮을지 물어보려고 우리를 돌아봤다. 어리둥절한 존을 위해 내가 통역했다.

나　　　올리브오일, 화이트와인, 마늘, 소금, 로즈메리를 넣은 양갈비 요리라고 하네요.

존　　　좋네요.

나는 새 친구 마르첼로에게 말했다.

나　　　(이탈리아어로) 좋아요, 감사합니다.

마르첼로　그걸로 할게요.

로마노　좋습니다. 커틀릿 세 개 준비하겠습니다.

로마노가 퇴장한다.

우리가 술을 마신 후, 하우스 레드와인 한 병이 테이블에 나왔다. 나는 긴장하면서도 꿀꺽꿀꺽 마셨고, 존은 홀짝거렸으며, 마르첼로는 의사의 지시에 따라 물을 타서 마셨다. 곧 파스타 에 파지올리가 도착했다. 아주 맛있고 부드러웠으며, 짧은 파스타면에 카넬리니 콩과 볼로티 콩이 섞였던 걸로 기억한다. 정말 편안하고 할머니가 만든 것과 비슷한 느낌이었다.

잠시 후 양갈비가 도착했다. 로마노의 설명처럼 작고 달콤하고 완벽하게 조리되어 있었다. 몇 가지 재료를 조금 가미했을 뿐 다른 건 별로 들어가지도 않았는데 입에 침이 흐를 정도로 맛있었다. 그리고 아마 샐러드와 채소 몇 가지가 나왔던 것 같은데 기억이 나지 않는다. 하지만 와인을 마시고 맛있는 음식을 먹은 뒤, 나의 통역 능력이 향상됐다는 것은 기억한다. 그게 아니라면 나 스스로가 그렇다고 상상할 정도가 되고서야 비로소 내가 세상에서 가장 존경하는 사람 중 한 명과 식사하는 게 조금 편해졌다.

저녁식사 후 마르첼로는 디제스티보를 주문했다. 이것은 아마로 반 샷과 페르넷 브랑커 반 샷으로 이루어졌다. 존과 나도 당연히 같은 것을 주문했다. 나는 나중에 그 음료를 아버지에게 소개했고, 지금도 함께 마신다. 물론 그 술은 내 가장 오래되고 친한 친구의 이름을 본떠서 부른다. 그렇다, 마르첼로 술이다.

다음 날 나는 촬영장에 가서 친구들에게 그날 밤이 정말 아름다웠다고 말했다. 그뿐만 아니라 음식 맛이 훌륭한 진짜배기 이탈리안 레스토랑을 발견했다고 자랑했다. 며칠 뒤 우리는 모두 로마노의 테이블 주위에 모여 훌륭한 식사를 할 만반의 준비를 갖췄다. 그러나 음식이 나왔는데 이탈리아 요리와는 조금도 닮은 구석이 없어 보였다. 내가 아까 웨이터에게 파스타 에 파지올리가 있는지 묻자 그가 나를 마치 미친 사람 보듯 대했을 때, 앞으로 실망하게 되리란 걸 예견했어야만 했다.

나는 세상에서 가장 친한 친구인 마르첼로 마스트로야니와 함

께 먹은 양갈비처럼 담백하게 요리했을 거라 기대하며 연어 한 조
각을 주문했다. 하지만 내 앞에 놓인 건 치즈 껍질에 덮인 채 크림
안에서 헤엄치고 있는 바싹 구운 생선 조각이었다. 친구들이 주문
한 음식을 보고서야 파리지앵들의 기본 입맛에 맞추기 위해 레시
피를 바꾼 거라는 사실을 깨달았다.

로마노는 이탈리아 음식의 섬세하고 맛있는 단순한 면을 부정
하는 한이 있더라도, 고객들의 의심스러운 입맛에 맞춰가며 사업
을 유지하는 것 같았다. 이런 일은 매우 흔하고(실제로 〈빅 나이트〉
의 주요 줄거리다) 생계를 유지하기 위해서는 어쩔 수 없다는 걸 이
해한다. 하지만 세계 각지의 재능 있는 셰프들이, 가족으로부터
물려받은 요리 능력을 억제하며 평범함을 수용하고 있다는 것은
정말 슬픈 일이다.

당연히 다시는 로마노에 가지 않았고, 내가 알기로 그들은 더
이상 영업을 하지 않는 것 같다. 안타깝게도 마르첼로 마스트로야
니 역시 다시 보지 못했지만, 여전히 그 환상적인 밤을 생생히 기
억하고 있다. 그가 레스토랑의 주소를 적어 내게 건넨 종잇조각은
내 유언에 명시된 대로 나와 함께 묻힐 것이다.

12

노라 에프론의 영화 〈줄리 앤 줄리아〉에 참여해 메릴 스트립이 역할을 맡은 줄리아 차일드의 남편 폴을 연기한 것은 내게 큰 영광이자 즐거움이었다. 앞서도 말했듯 나는 어릴 때부터 줄리아 차일드에게 마음을 빼앗겼기에, 노라가 사랑스럽게 구현한 세계로 들어가는 것이 더할 나위 없이 기뻤다.

매번 영화를 시작하기 전에는 조사할 것이 많아 조금은 힘들지만 〈줄리 앤 줄리아〉는 마냥 행복했다. 줄리아와 폴에 관한 자료를 최대한 많이 읽었고, 폴의 조카이자 훌륭한 작가인 알렉스 프루드옴므와 시간을 보냈다. 그리고 그의 삶을 실제로 '맛'보기 위해(말장난이 의도한 대로 잘 들어갔다) 우리 어머니가 수년 전 내게 준 줄리아의 『프랑스 요리의 기술 Mastering the Art of French Cooking』에 나오는 레시피로 여러 가지 음식을 만들었다(사실, 메릴과 나는 어느 날 밤 케이트와 친구 렌 아서에게 블랑케트 드 보송아지고기에 화이트 소스를 넣고 조리한 스튜를 만들어 줬는데 놀랍게도 맛이 아주 좋았다. 다만 무질서와 허술한 계획으로, 의도했던 것보다 2시간이나 늦게 음식을 차려냈다. 나는 영화의 주인공 메릴을 비난한다).

폴 차일드는 매력적인 남자였다. 그는 유도 전문가였고, 화가이자 사진작가였다(어린 시절 사고로 한쪽 눈만 사용할 수 있었는데도). 또한 유창한 프랑스어로 스리랑카 주재 OSS(미국 중앙정보부 CIA의 전신)에서 일했으며, 그곳에서 줄리아를 만났다. 그리고 제2차 세계대전 이후에는 마침내 미국 외교관으로서 프랑스와 독일 그리고 노르웨이에서 문화연락관으로 일했다. 그는 식객이었던 만큼 독실한 독자였고, 따라서 무수한 주제에 관해 폭넓은 지식을 갖고 있었다. 해외에 있는 동안 폴은 줄리아에게 요리를 공부해보라며 격려했고, 1960년대 초 그들이 미국으로 돌아와 살게 됐을 때는 그간 공부한 내용을 TV에 전파해 보라며 응원을 아끼지 않았다. 이때 그는 이미 은퇴한 상태여서 영화 촬영장을 따라다니며 줄리아를 도왔다. 주방 도구를 스튜디오에서 스튜디오로 옮겨주고, 준비 작업을 도왔으며, 요리책에 들어갈 사진을 찍거나 그림을 그려주는 건 물론이고 하루가 끝날 때 냄비와 프라이팬을 씻었다.

간단히 말해서, 그는 그 시대 사람치고 매우 진보적이었고, 내가 즐겁게 역할에 몰입할 수 있게 해준 가장 흥미로운 인물 중 하나였다. 게다가 노라와 메릴 그리고 촬영장의 유쾌한 분위기 덕분에 훨씬 더 즐겁게 촬영할 수 있었다. 앞에서 언급한 대로 이건 상당히 드문 경우다.

이런 활기찬 분위기는 1년 뒤 우리가 다시 만나 영화 홍보 투어를 할 때까지 계속됐다. 먼저 오바마 대통령이 당선됐을 때, 대통령 부부는 백악관 상영실에서 상영하는 첫 영화로 〈줄리 앤 줄리

아〉를 선택했고, 기쁘게도 우리 모두를 백악관으로 초대했다. 백
악관에 도착하자 대통령과 영부인 미셸이 우리를 맞이해 줬고, 두
사람이 너무 매력적인 나머지 우리는 과하게 흥분해 있고 감동한
티를 내지 않으려고 안간힘을 써야 했다. 잠시 담소를 나눈 뒤 오
바마 대통령은 정부 행사에 참석하기 위해 떠났고, 미셸과 우리들
은 영화를 보기 위해 작은 백악관 상영실로 갔다. 그 순간 우리는
알았다. 투어의 남은 기간 동안 어디를 가든 이보다 더 웅장한 경
험은 없으리라는 것을. 하지만 확연히 다른 이유로 매우 인상깊은
경험이 한 번 더 있었다.

노르망디 해안에서 내륙으로 조금 들어가면 작은 식당이 하나
나온다. 이름은 잘 기억나지 않지만 그래서 더 좋았던 것 같다. 이
곳은 메릴, 크리스 메시나 그리고 내가 어느 날 오후 프랑스 서북
부에 있는 도빌에서 파리로 가던 중에 발견했다. 우리는 그때 도
빌 영화제에서 〈줄리 앤 줄리아〉를 홍보하고 있었다. 도빌에서는
사진 촬영을 몇 건 진행했고(항상 고통스럽다), 언론 인터뷰가 엄청
나게 많아 늘 같은 말을 해야 했지만, 영화 상영은 낮 동안만 이루
어져서 저녁과 밤에는 대체로 자유롭게 보냈다.
　손님들은 바이에르 르 로열 호텔에서 머물렀는데, 그곳은 19세
기 말 화가 부댕이 유명하게 만든 끝없이 펼쳐진 해변이 보이는
곳이었다. 공기도 아주 상쾌했다. 그런데 하늘이 파랗다가 갑자기
짙은 회색으로 변하더니, 마침내 천둥번개를 터트리며 상당히 로

맨틱한 분위기를 연출했다. 그런 영화제와 자연환경은 영화 애호가와 제작자의 꿈이다. 또한 그 장소는 음식 애호가의 로망이기도 하다.

그 지역은 소박한 시골 음식뿐 아니라 해산물로도 유명하다. 르 로열 호텔 수영장에서 제공되는 점심 뷔페는 그 자체가 전형적인 노르만식이다. 얼음 위에 올린 과일 접시들, 고전적인 샬롯 드레싱을 넣은 신선한 그린 샐러드, 방금 구운 바게트 그리고 로제 와인이나 상세르 와인이 제공됐고, 모든 손님들에 의해 빠르게 소진됐다. 그곳의 분위기에서 벗어나 더 많은 것을 탐험하고 싶다면 주변에 가볼 만한 훌륭한 레스토랑도 많다.

나는 수년 동안 이 영화제에 참석할 때마다 다양한 기간을 머물다 갔지만, 그때는 영화 시사회와 파리 홍보 투어를 앞두고 있어서 며칠간만 묵게 됐다. 출발하는 날 아침 우리는 북쪽으로 향하는 차량 행렬에 탔는데, 디데이 비치의 프라이빗 투어로 빠지는 작은 우회전을 했다. 제2차 세계대전에 관심이 많은 나는 책에서 읽던 곳과 전쟁 기념관을 방문하게 되어 한껏 흥분했다. 말할 필요도 없이 그곳은 내가 상상했던 것보다 더 매혹적이고 감동적이어서 몇 년이 지난 지금도 그때의 경험에 압도당하는 느낌이다.

프라이빗 투어를 마친 뒤(사실, 투어를 한 사람은 메릴뿐이었다. 우리의 가이드는 디데이의 전반적인 책임자였던 것 같은데 메릴에게 홀딱 빠져서 그녀를 급하게 채가 버렸고, 남겨진 우리는 가이드가 내 동료 스타에게 귓속말로 전해주는 한두 가지 내용을 조금이라도 엿듣기 위해 안간힘을 썼다), 다 함께 수송차량으로 돌아와 운전수 한 명이 잘 아는 시골의 작은 식당으로 점심을 먹으러 갔다.

우리는 여느 때처럼 굶주리고 와인에 목마른 상태로 샛길에 있는 매력적인 식당에 도착했다. 배우 쪽 테이블에는 메릴 스트립과 내 홍보 담당 제니 그리고 크리스 메시나와, 조금도 과장하지 않고 먹는 데 목숨을 거는 메릴의 남동생 데이나 그리고 내가 앉았다. 식당 주인은 우리의 가이드만큼이나 메릴을 만난 데 흥분했지만, 다행히도 메릴이 다른 동료들과 함께 식사하러 왔다는 사실을 인지할 정도의 예의는 있어서 얼른 우리에게 빵과 물, 메뉴판과 (감사하게도) 와인까지 갖다줬다.

우리는 배가 고팠지만 파리에 가면 멋진 어딘가에서 많은 뭔가를 먹게 되리란 걸 알고 있었기 때문에 음식 주문에 신중을 기하기로 했다. 메뉴는 주로 그 지역 요리였고 생선보다는 사냥으로 잡은 육류 중심이었다. 물론 전채 요리로 에그마요와 샐러드가 있었고, 메인 요리로는 옹글레_{토시살}, 허브 오믈렛, 소 내장 요리 같은 것들이 있었다. 메뉴를 훑어보다가 그 식당의 시그니처 요리인 앙두예트를 발견했다. 그게 흥미로워 보여서 메릴에게 먹어본 적 있냐고 물어봤더니 없다고 했다. 그러나 우리 둘 다 앙두이 소시지를 좋아한다고 표현했고, 이건 앙두이에 '예트'라는 접미사가 붙은 걸 보니 그 소시지의 작은 버전일 거라고 생각했다. 매력적인 주인과 웨이트리스가 돌아오자 우리는 전채 요리를 주문한 뒤(오후의 더위로 심한 갈증을 느껴서 와인도 추가로 주문했다) 앙두예트에 관해 물어봤다. 그들은 그것이 소시지라고 설명했고, 우리는 그 정도는 잘 알고 있다고 대답했다(세상 경험을 과시하지 않기 위해 주의해가며 말했다). 그러자 노르망디 지역 특유의 것이라고 덧붙여 설명해 줬다. '어글리 아메리칸' 현지인이나 그 문화를 무시하는 거만한 재외 미국인이 멸종 위기에 처한 종임을 보여주고 싶어서, 제니를 제외한 우리 모두는 '도전!'이라 외치며 앙두예트를 주문했다.

주인은 우리가 주문한 음식을 메모한 뒤 우아하게 퇴장했다. 잠시 후 웨이트리스가 와인을 가져왔다. 코르크가 터졌고, 우리는 영화제의 경험에 대해 얘기했다. 그리고 전쟁 기념관 프라이빗 투어를 할 수 있어서 얼마나 운이 좋았는지, 사실상 메릴의 투어를 따라다녀서 얼마나 운이 좋았는지 떠들기 시작했다. 곧이어 전채 요리가 도착했고 '와' '맛있다' 같은 소리를 내며 먹다가 와인을 더 주문해야 했다. 우리가 마셔치운 모양인지 병에 와인이 하나도 남아 있지 않았던 것이다. 웨이트리스가 빈 접시를 계속 채워주는 가운데 우리의 첫 번째 코스도 끝나 있었다.

몇 분이 지나 우리의 메인 요리가 도착했다. 제니가 주문한 그린 샐러드는 앞에 놓였지만, 우리의 앞에는 놀랄 만큼 말의 거시기와 비슷한 무언가가 접시에 놓여있었다. 메릴이 고개를 약간 숙인 채 작은 소리로 "오"라고 말하는 게 보였다. 메릴은 곧바로 예의 바르게 웃었고, 묻지도 않은 질문에 대한 답을 찾으려는 듯 나를 바라봤다. 그러다 내가 입을 떡 벌리고 접시에 담긴 내용물을 당황하며 보고 있음을 눈치채고는 다시 웨이터리스에게 고개를 돌렸다.

메릴 이게… 그러니까…

웨이트리스 (프랑스어로) 네, 손님, 앙두예트입니다.

메릴 아, 그렇군요. 나는 또 혹시… 아니에요, 고마워요.

웨이트리스 (프랑스어로) 감사합니다, 손님.

데이나와 크리스의 빈 의자 앞에는(크리스는 전화를 하러 가고 없었다) 노르망디의 남은 특산물 요리가 놓였고, 웨이트리스는 활기찬 목소리로 "본 아뻬띠"라고 말한 뒤 가버렸다.

잠시 침묵이 흘렀다. 방금 방문한 디데이 비치에서 쓰러진 장병들을 추모하기 위해서가 아니라, 앞에 놓인 것이 두려워서였다. 우리는 걱정스러운 표정을 주고받았다. 내가 먼저 말을 꺼냈다.

나 내가 원한 건 이런 게…

메릴 나도… 이런 걸 전혀…

데이나가 담배를 비벼 끄며 자기 접시를 내려다봤다.

218

데이나	맛있겠지. 그들이 맛있다고 했잖아. 안 그래?
나	응, 근데… 이럴 줄은…
데이나	뭐가?
나	음, 더 작을 줄 알았어. 앙두예트잖아. '예트'가 들어 가면 다 작을 줄 알았다고.
메릴	응, 나도 그래. 내 말은 그러니까…
나	이건 너무 말 거시기 같이 생겼잖아!
메릴	그래, 맞아…

침묵이 감돌았다.

| 메릴 | 에잇, 모르겠다! |

메릴이 작게 한 조각을 썰어 입에 넣고 열심히 씹었다. 그 짧은 시간 동안 메릴의 얼굴에는 인생의 희로애락이 다 스쳐 지나갔다. 메릴이 꿀꺽 삼켰다. 냅킨을 입으로 가져갔다. 메릴이 소리 죽여 말했다.

| 메릴 | 음… 헛간에서 맡았던 냄새가 나. |

나도 작은 조각을 하나 입에 집어넣었다. 다른 맛을 느낄 새도 없이 나는 그것을 접시에 뱉고는 이틀 동안 게걸스럽게 먹은 것들

을 동료들에게 뿜어내지 않으려고 노력했다. 잔을 들어 와인을 마시고 바게트 반을 입에 밀어 넣고는 다시 와인으로 씻어 내렸다. 내 오른쪽에 있던 데이나도 마음을 다잡고 그것을 입에 집어넣었다. 반쯤 먹었을 때까진 괜찮아 보였다. 그러나 갑자기 공포로 눈이 휘둥그레지더니 냅킨에 남은 걸 뱉고는 '으아아악!' 같은 소리를 내뱉었다.

그때 크리스가 테이블로 돌아와 그를 기다리고 있는 요리를 봤다. 우리 셋은 소리쳤다.

우리 셋　　그거 손대지 마!
크리스　　왜?
우리 셋　　절대로 만지지도 마!

웨이트리스가 다가와 음식이 괜찮은지 물었고 우리는 그렇다고 말했다. 나는 심지어 음식이 맛있다는 얘기까지 했지만 테이블에서 멀어지는 웨이트리스가 슬쩍 웃는 것을 놓치지 않았다. 잠시 후 주인이 돌아와 어리둥절한 표정으로 우리를 봤다.

주인　　앙두예트 때문에…?
우리 넷　　아, 맛있기는 한데 우리가 기대했던 게 아니라서요.
　　　　　　우리가 먹었던 거랑 맛이 좀 다른…

더 많은 엉터리 핑계와 거짓말을 하자 주인이 웃으며 이해한다
는 듯 고개를 끄덕였다. 잠시 후 주인은 자기 뒤에 숨어서 더없이
즐거워하고 있는 웨이트리스에게 우리 접시를 치우라고 말하고
는, 혹시 다른 걸 주문하고 싶은지 물어봤다.

우리 벗　　오믈렛 네 개 주세요.

주인　　　그거면 됩니까?

우리 벗　　와인도 좀 더 주세요.

이제 확실히 괜찮은 요리가 나오기를 기다리면서, 우리는 독일
군이 후퇴한 이유는 용감한 연합군의 화력 때문만은 아니었을 거
라고 결론 내렸다. 아마도 노르망디를 잔인하게 정복한 것에 대한
대가로 매일 앙두예트를 먹어야 한다는 두려움이 더 컸을 것 같다.

　다음은 앙두예트에 관한 위키피디아의 객관적이고, 정치적으
로도 매우 올바른 정의다.
　앙두예트는 돼지(가끔은 송아지), 돼지 내장, 후추, 와인, 양파
그리고 양념으로 만든 프랑스식 굵은 소시지다. 소의 위벽인 트라
이프는 때때로 앙두예트의 속을 채우는 재료로 쓰이는데 제조의
핵심은 아니다. 진정한 앙두예트는 길쭉한 튜브 모양이다. 소장으
로 만들면 직경 2.5cm 정도의 통통한 소시지가 되지만, 대장을 사
용하면 종종 직경 7-10cm 정도로 훨씬 더 크고 냄새도 강하다. 프

랑스 밖에서는 제대로 된 앙두예트를 거의 볼 수 없는데 이는 장기의 성분과 관련한 강하고 독특한 냄새 때문이다. 처음 먹는 사람에게는 혐오감을 줄 수 있지만 열성적인 애호가들은 앙두예트의 이런 면을 귀하게 여긴다.

무슨 말이 더 필요할까?

13

배우 에드워드 G. 로빈슨은 연간 세 편의 영화를 찍는다고 한
다. 하나는 사랑을 위해, 하나는 돈을 위해, 하나는 촬영 지역 때
문이라고 들었다. 언젠가는 나도 그렇게 까다로울 수 있는 위치에
있기를 희망한다. 나는 배우로서 일을 제안받을 때 질문을 많이
하는 편이다. 감독은 누구인가? 출연 배우는 누구인가? 내가 얼
마나 오래 등장하는가? 출연료는 얼마인가? 어디에서 촬영하는
가? 이 마지막 질문, 촬영지의 위치는 상당히 중요한 문제다. 나
는 최대한 집과 가까운 곳에서 흥미롭고 돈이 되는 일을 찾으려
노력한다. 왜냐하면 나는 '쇼'라 불리는 이 업계에서 38년이 넘는
시간 동안, 가족과 오랫동안 떨어져 있지 않기 위해 촬영지와 집
사이를 오가며 기억하고 싶지 않을 만큼 많은 항공 마일리지를 쌓
았기 때문이다. 이러한 이유로 위치가 멀수록 선택할 때 더 고심
하게 된다. 그리고 또 다른 이유는 음식이다.

유럽에서 촬영이 진행된다면 선택은 꽤 간단하다. 맛있는 음식
도 많고, 집에 다녀오기도 쉽기 때문이다. 하지만 만약 대서양을
건너 토론토나 밴쿠버 혹은 몬트리올 같은 지역에서 일을 해야 한
다면 '통근'은 힘들겠지만, 훌륭한 레스토랑이 많고 음식 재료를
사기에도 편한 도시에 있게 될 터라 걱정은 덜한다. 내가 이러한

도시들을 언급하는 이유는 수년 동안 이제는 셀 수 없이 많은 TV 프로그램과 영화들이 그곳에서 촬영되고 있기 때문이다. 사람들은 대개 로스앤젤레스가 영화 촬영의 중심지라고 생각하지만 이제 캐나다와 영국이 영화 제작의 새로운 중심지가 됐다. 이건 내게 딱 맞다. 나는 캐나다를 좋아하고 런던에 살고 있으며, 로스앤젤레스를 싫어하니까.

예를 들어 밴쿠버에서 촬영하면, 맛있는 중국 또는 일본 음식을 먹고 매년 생겨나는 훌륭한 현지 레스토랑을 탐험하며 신선한 해산물과 고기 그리고 농산물을 찾아내 직접 요리할 수 있을 것이다. 또 첫 번째로 들를 곳도 내가 좋아하는 레스토랑인 예일타운의 '치오피노'가 될 거다. 그곳은 피노 포스테라로 셰프와 그의 동생 첼레스티노가 운영하는 곳이다.

나는 약 20년 전에 '치오피노'를 처음 방문했다. 그때 나는 돈은 많이 받았지만 아무도 보지 않을 영화를 만들고 있었다. 내 가족과 마찬가지로 칼라브리아 출신인 피노와 첼레스티노는 내가 그 레스토랑에 들어간 순간부터 나를 형제처럼 대해줬다. 케이트와 두 살짜리 쌍둥이 둘, 태어난 지 한 달 된 아기와 우리 부모님이 나와 함께 지내려 밴쿠버에 왔을 때도, 우리는 시간이 날 때마다 그곳에 식사를 하러 갔다. 두 형제가 일요일 오후의 이탈리아 가정 같은 따뜻한 분위기를 선사했기 때문이다.

20년이 지났어도 피노, 첼레스티노와 나는 여전히 친구다. 이런 우정 때문에 '치오피노'가 가장 맛있는 레스토랑 중 하나라고 말하는 것이 아니다. 그들이 만든 음식이 맛있기 때문이다.

칼라브리아 가문 귀족 출신인 피노는, 전문 셰프로부터 교육을 받은 어머니에게 요리의 기본을 배웠다. 그는 미슐랭 투스타 셰프인 아르만도 자네티와 이탈리아 북서부 토리노에서 함께 일했고, 그 후에는 싱가포르 만다린 호텔의 '볼로냐 레스토랑'의 주방장이 됐다. 1990년대 중반에는 피노가 가족들을 데리고 밴쿠버로 이주했고, 그곳에서 그는 유명한 '일 지아르디노'의 주방장으로 일했다. 그 후 얼마 지나지 않아 자신의 레스토랑을 성공적으로 운영하던 동생 첼레스티노와 팀을 이루어 '치오피노'를 열었다. 피노는 요리 교육과 경험의 여러 면을 조합해서 음식을 만들었고, 이탈리아 요리를 전혀 다른 수준으로 끌어올렸다. 특히 처음 가게를 열었던 20년 전에는 다른 셰프들과 달리 수비드 방식을 사용하여 앞서 나갔고, 아시아 음식의 풍미와 테크닉을 이탈리아 요리에 접목하는 능력을 발휘했다.

밴쿠버에서 일할 때마다 나는 피노와 첼레스티노를 만나 그들의 레스토랑에서 식사하기만을 기다린다. 촬영장에서도 일정을 총괄하는 조감독에게 언제 촬영이 끝날지 계속 묻곤 한다. 그러면 '치오피노'가 영업을 끝내기 전에 갈 수 있다.

작년 밴쿠버에서 촬영하던 어느 날 밤, 나는 일을 마치고 지치고 굶주린 상태로 치오피노에 갔다. 형제는 나를 따뜻하게 맞이해 줬고, 금세 내 손에 와인잔을 쥐여 주며 무엇을 먹을 건지 물었다. 웨이터가 내게 메뉴판을 건네자 피노가 불쑥 다가와 내 손에서 메뉴판을 낚아채곤 불쌍한 웨이터에게 다시 돌려주며 말했다. "뭐 하는 거야? 이분은 메뉴 필요 없어. 원하면 뭐든 내가 다 만들어줄 거거든." 피노에게 특별한 대접을 받자 몇 년 전 내 소중한 오랜 친구 마르첼로 마스트로이아니가 로마노에서 받은 특별대우가 생각났다. 마르첼로는 멋진 헤어스타일을 가진 영화계의 아이콘이었고, 나는 아이콘은 아니고 머리도 없다는 것만 빼면 비슷한 상황이었다.

자기 일을 충실히 하고도 당황해서 어쩔 줄 모르며 물러나는 젊은 웨이터를 바라보고 있자니 피노가 내게 미소를 지었다.

"일 잘하는 착한 친구예요."

그것이 칼라브리아식 훈육 방식이라는 사실을 깨닫고 내가 고개를 저으며 웃었다. 피노는 아주 관대한 사람이고 수년간 그와 함께 일하는 많은 직원에게 친절한 상사지만, 말하자면 매우 직설적이었다. 스스로도 이런 사실을 인정한다. 그는 요리계로 오기 전에 3년 동안 의학을 공부했고, 의학을 계속 공부했으면 지금쯤 훌륭한 셰프인 것만큼 아주 멋진 의사가 됐을 거라 믿어 의심치 않는다. 그렇지만 환자를 대하는 태도에는 약간의 도움이 필요할지도 모르겠다는 생각이 든다.

"자, 그럼 무엇을 드시겠습니까?" 그가 물었다.

"파스타가 좋겠죠. 좀 단순한 걸로 주세요."

"고기는 넣을까요, 뺄까요?"

"넣어주세요."

"알겠습니다."

그리고 피노는 물러났다.

첼레스티노가 와서 함께 와인을 마시며 잠시 얘기를 나눴다. 그는 항상 내 부모님과 아이들의 안부를 물었고, 언젠가 펠리시티와 아이들을 꼭 만나고 싶다고 말했다. 잠시 후 볼로냐 소스가 든 파스타 그릇이 내 앞에 놓였다. 첼레스티노가 벌떡 일어났다.

"어서 드세요. 나중에 다시 올게요."

그러고는 그가 사라졌다. 입에 한 입 넣었지만 무슨 맛인지 헷갈렸다. 볼로냐 소스였지만 한 번도 먹어보지 못한 깊은 맛이었다. 한입 두입 먹었지만 여전히 무엇인지 알 수 없었다. 목을 빼고 첼레스티노나 피노를 찾았지만, 다른 방에 있는지 보이지 않았다. 그때 난데없이 첼레스티노가 나타났다.

"맛 괜찮아요?"

"네, 좋아요. 이거 뭐예요?"

"볼로냐." 그가 나를 멍청이 보듯 바라보며 말했다.

"알죠. 근데 이건 왜…"

"네?"

"모르겠어요, 왜 이런 맛이 나지?"

"이상해요?"

"아, 아뇨. 맛있어요! 그냥… 이런 맛은 처음이라…"

"피노!" 그가 다른 룸에 대고 소리쳤다.

대답이 없었다. 첼레스티노가 나갔다. 그가 다른 룸에서 다시 피노의 이름을 부르는 소리가 들렸다. 나는 조금 더 먹었다. 피노가 도착했다.

"무슨 일입니까? 뭐 잘못된 거라도…" 그가 말한 뒤 능청스럽게 웃었다.

"아이고 참… 이거 어떻게 만드는 겁니까?"

"맛이 괜찮죠?"

"맛있다는 말로 부족해요."

"좋아요, 어떻게 하느냐면요. 먼저 스톡을 만들고…"

"네."

"치즈로요."

"잠깐. 그게 무슨 뜻이에요?"

그는 파마산 치즈 껍질 한 조각을 허브 몇 가지가 든 면포에 넣어 오랜 시간 물에 푹 끓여 스톡을 만든다고 설명했다. 이미 맛있는 고기육수에 놀라운 풍미가 더해지는 것이다. 정말 간단했다. 치즈 스톡이라니. 누가 알았을까? 나는 정말 생각도 못 했다.

잠시 얘기를 나누다 다음 날 일찍 일어나야 한다는 걸 깨닫고 계산서를 달라고 했더니 주지 않았다. 피노는 내가 절대 계산하게 두지 않았다. 혹시 내가 친구를 데려오면 몰라도, 혼자일 때는 레스토랑을 제집처럼 여겨야 한다고 우겼다. 헤어지면서 두 형제에게 고맙다고 여러 번 말했다. 내일 일찍 일이 끝나서 너그러운 천재인 내 친구 피노의 가게에 다시 방문할 수 있기를 바랄 수밖에 없었다.

피노 포스테라로의 파마산 스톡

재료

물 약 1리터

파마산 껍질 큰 것 1개(약 750g)

씨솔트 약 30g

월계수 잎 작은 것 3개

만드는 법

1__ 큰 냄비에 물을 채운다.

2__ 면포로 치즈 껍질을 감싸고 끈으로 꽉 묶은 뒤, 냄비 옆면에 잘 고정한다(이렇게 해야 파마산이 냄비 바닥에 가라앉아 타지 않는다).

3__ 면포에 든 껍질이 물에 잠기게 한다.

4__ 씨솔트와 월계수 잎을 넣는다.

5__ 2시간 동안 약불에 끓인 후, 걸러내어 볼로냐 소스에 사용한다.

피노 포스테라로의 페투치네 With 라구 알라 볼로네제

-4인분-

재료

다진 양파 1테이블스푼

잘게 썬 당근 1테이블스푼

잘게 썬 셀러리 1테이블스푼

엑스트라버진 올리브오일 2테이블스푼

신선한 허브잎들 25g(로즈메리, 세이지, 타임 등 여러 종류), 다진다.

월계수 잎 2장

건조 포르치니 버섯 50g , 물에 불린다.

다진 소고기(지방기 없는 살코기 부분) 또는 송아지고기 225g

토마토 페이스트 25g

단맛이 없는 화이트와인 3.5테이블스푼

갓 짜낸 오렌지 주스 3.5테이블스푼

소금 1테이블스푼

흑후추 한 꼬집

치킨스톡 (또는 옆 페이지의 파마산 스톡) 700ml

소고기육수 (또는 파마산 스톡) 550ml

달걀 페투치네 300g

버터 25g

지방 36% 휘핑크림 25g(선택사항)

그라나 파다노 치즈 35g, 강판에 간다.

만드는 법

1_ 큰 소스팬에 올리브오일을 넣고, 중불에 허브와 포르치니 버섯, 채소를 같이 볶는다.

2_ 고기를 넣고 갈색이 될 때까지 조리한다. 여기서 뚜껑을 사용하면 시간 단축도 되고 좋은 결과도 얻을 수 있다.

3_ 토마토 페이스트와 와인 그리고 오렌지 주스를 넣고 액체를 증발시킨다.

4_ 소금과 흑후추 그리고 육수와 스톡을 넣고 1시간 30분 동안 뭉근히 끓인다.

5_ 라구가 익으면 소금물에 페투치네를 넣어 알 덴테가 될 때까지 익힌다.

6_ (사용하는 경우) 버터와 크림을 라구 알라 볼로네제에 넣고 파스타를 소스와 잘 섞은 후, 갈아둔 그라나 파다노 치즈가루를 뿌린다.

14

마티니

엘윈 B. 화이트『샬롯의 거미줄』『스튜어트 리틀』등을 쓴 미국의 동화 작가가 '고요의 묘약'이라고 부른 음료의 정확한 기원을 아는 사람은 아무도 없다. 1800년대 말에 캘리포니아 마티네즈라는 마을에서 어느 바텐더가 만들었다는 설이 있고, 다르게 말하는 사람도 있다. 너무 많은 사람이 각각 다른 말을 하는데 부디 그만들 했으면 좋겠다. 결국 그게 그렇게 중요하지는 않다. 마티니가 존재한다는 것만 중요하다. 그리고 내게는 마티니가 단맛이 극히 적은 형태로 존재한다는 게 굉장히 중요하다.

원래 마티니는 단맛이 없는 베르무트와 진을 1:2 비율로 섞었다(달콤한 베르무트를 사용하면 '퍼펙트 마티니'로 불린다). 그러나 세월이 지남에 따라 마티니는 점점 더 단맛이 없어졌다. 즉, 베르무트를 점점 더 적게 썼다는 말이다. 급기야 단맛을 전혀 사용하지 않는 경우도 발생했다. 영국의 시나리오 작가이자 영화배우 노엘 카워드는 칵테일의 기본은 '진으로 잔을 채워 이탈리아 방향으로 흔드는 것'이라고 했고, 나도 그 말에 동의한다(제2차 세계대전 당시, 베르무트를 구하기 어려워서 대체 수단으로 스카치를 사용했다고 들

233

었다. 이 얘기는 허구일 수도 있지만 나는 그 창의성이 마음에 들어서 마티니를 종종 이런 식으로 만들었더니 맛이 매우 좋았다). 내 의견으로는 진 또는 보드카의 품질과 풍미에 따라 베르무트를 거의 쓰지 않거나 아예 쓰지 않아도 된다고 본다. 또한 나는 〈007 시리즈〉의 주인공 제임스 본드가 지난 60년 동안 영화에서 "보드카 마티니, 젓지 말고 흔들어서."라는 말을 해왔어도, 마티니는 저어야지 흔들어서는 안 된다고 믿는다.

그러나 〈007〉의 원작 소설가 플레밍 씨가 궁극의 신사 스파이를 만들어냈다고 알려진 런던 '듀크스'에서는, 손님의 요청이 없으면 절대 마티니를 흔들거나 젓지 않는다. 차가운 감자 보드카를 얼음이 담긴 유리잔에 바로 따르고, 올리브나 레몬 껍질 트위스트로 장식해 준다. 나는 술을 먹고도 제정신일 수 있다고 자부하지만, 얼음이 없어서 알코올을 희석시키지 못하면 한 잔만 마셔도 본분을 잊고 웨이터에게 내 이름을 비밀스럽게 말하지 않을까 싶다.

내가 마티니 만드는 방법을 제대로 배우게 된 것은 수년 전 '알프레도'에서 바텐더로 일할 때가 아니라, 여러 해가 지난 후 고객이 됐을 때였다.

나는 빛을 보지 못한 모 프로젝트 촬영차, 지중해에 있는 큰 섬 '마요르카'의 한 호텔에 머물렀다. 어느 날 저녁 테니스를 신나게 친 후에 바로 그곳으로 가서 단맛이 거의 없는 마티니를 주문했다. 평소처럼 나는 바텐더가 셰이커와 여과기를 동시에 다루는 방법을 대충이라도 아는지 확인하기 위해 그가 내 음료를 만드는 동안 매의 눈으로 지켜보고 있었다(사실 나는 바텐더가 어떻게 해야 할지 몰라 고생하고 있으면 매우 친절하게 만드는 과정을 설명하거나, 바 뒤에 가서 내가 마실 칵테일을 직접 만들어도 될지 물어보곤 한다). 다행히도 이탈리아인 바텐더는 바에서의 경험이 풍부했다.

다음은 그가 마티니를 만드는 방법이고, 그 바텐더 덕분에 지금은 나도 이렇게 만들어 먹는다.

마티니

재료

얼음

단맛 없는 베르무트

진 또는 보드카

올리브 또는 레몬 껍질 트위스트, 장식용

만드는 법

1__ 유리 비커에 얼음을 채운다.

2__ 단맛 없는 베르무트를 반 샷 붓는다.

3__ 약 15초 동안 잘 젓는다.

4__ 약 30초 동안 가만히 놔둔다.

5__ 다시 젓는다.

6__ 셰이커에 베르무트만 붓는다.

7__ 진이나 보드카 3~4샷을 셰이커에 붓는다.

8__ 약 30초 동안 잘 젓는다.

9__ 약 30초 동안 가만히 놔둔다.

10__ 약 30초 동안 다시 젓는다.

11__ 약 30초 동안 더 가만히 놔둔다.

12__ 빨리 젓는다.

13__ 차갑게 칠링된 잔에 부어준다.

14__ 올리브 1개나 3개(2개는 절대 안 된다) 또는 레몬 껍질 트위스트로 장식
한다.

15__ 마신다.

16__ 새 사람이 된다.

대학을 졸업한 뒤 뉴욕의 어퍼웨스트사이드에 있는 '카페 룩셈부르크'라는 레스토랑에서 나는 처음 마티니를 접했다. 그곳은 고급 프랑스 레스토랑으로 약 40년 동안 꾸준히 좋은 음식을 제공해 왔으며, 기쁘게도 아직까지 존재하고 있다. 당시에는 돈이 많지 않았지만 종종 광택이 나는 아연 바에 앉아, 마티니 한두 잔을 마시며 공짜로 주는 삶은 달걀을 먹곤 했다. 형편없는 식습관이란 걸 인정한다. 하지만 그때의 나는 젊었고 그건 내 권리였다. 나는 이 활기찬 환경 속에서 책을 읽고 글을 쓰거나, 부유한 사람들이 음식과 와인 주문하는 걸 바라보며 행복해 했다. 그리고 나도 언젠간 사 먹겠다는 다짐을 했다.

당시에는 요즘처럼 마티니가 유행하지 않았고, 진이나 보드카의 브랜드가 많지도 않았다. 그러나 1930년대와 40년대에 열광하는 희망 없는 낭만주의자로서, 나는 그 술을 마시며 배우 윌리엄 파월처럼 매력 넘치고 재치 있거나, 앞서 언급한 노엘 카워드처럼 신랄하고 슬기롭기를 바랐다.

나는 보통 봄베이 진으로 주문했는데, 예산이 빠듯해서 꽤 부담됐지만 그만한 가치가 있었다. 그러다 1980년대 중반 봄베이에서 사파이어 브랜드를 출시했다. 뛰어난 마케팅 덕분에 대유행이 됐고, 나는 한 번 맛을 보자마자 내 변변찮은 수입에도 불구하고 나의 마티니를 즉시 '업그레이드'했다. 그렇게 '카페 룩셈부르크' 초기부터 마티니는 내 식단의 필수 메뉴로 자리 잡았다.

사실, 영화 촬영 현장에서 휴대용 마티니 키트를 사용하는 것이 내게 드문 일은 아니다. 촬영을 끝내고 메이크업 의자에 앉아, 배우들이 잘난 체하며 말하듯 '가면'을 벗을 때 유용하게 사용한다(난 아니지만 '라이언 레이놀즈' 같은 배우는 그렇게 말할 것이다. 음, 사실 그는 매우 소중한 친구고 절대 그런 말을 하지 않을 걸 안다. 하지만 콜린 퍼스라면 그렇게 말할 수도 있다). 나는 여러 해 동안 이 마티니 키트나 이와 유사한 키트를 사용했고, 나처럼 촬영을 끝내고 한잔하고 싶어 하는 사람들에게 마티니를 섞어주는 일은 큰 즐거움이다.

조 존스톤 감독은 〈캡틴 아메리카〉 촬영 중에 그 마티니에 익숙해졌다. 그래서 내가 촬영을 조금 일찍 마치면, 조수를 보내 '저녁의 묘약'을 마시고 싶은데 조금만 기다려 줄 수 없는지 물어보곤 했다(그는 정말 멋진 사람이므로 당연히, 그리고 기꺼이 응했다). 같은 영화에서 크리스 에반스, 헤일리 앳웰과 나는 트레일러-티니트레일러에서 마티니를 함께 마시는 친구를 계기로 뭉쳤고, 그때부터 친한 친구가 됐다. 그리고 훌륭한 감독 배리 소넨펠드와 나는 작품 두 개를 함께 하는 동안에도 매일 촬영을 마치고 함께 마티니를 마셨다. 비즈니스에 속하지 않은 운 좋은 스태프들에게는, 그날 촬영의 마지막 샷은 '그 마티니'로 알려져 있었고, 우리는 그 이름에 걸맞게 행동했다(그 마티니에 관해서는 뒤에 다시 언급하겠다).

10년 전에, 나는 운 좋게도 뛰어난 메이크업 아티스트인 피터

킹과 영화 〈러블리 본즈〉에서 함께 일했다. 우리는 내가 연기한 강간범이자 연쇄살인마인 '하비'의 소름 끼치는 외모를 함께 구현 해냈다. 피터 잭슨 감독과 피터 킹 그리고 나는 1970년대 미국 교외라는 설정 안에서, 가능하면 그 캐릭터를 다른 사람들 눈에 잘 띄지 않게 만드는 것이 핵심이라고 생각했다. 우리는 가발, 인공 치아, 가짜 수염, 파란색 콘택트렌즈 그리고 내 피부톤을 더 밝게 하여 그 인물을 만들어냈다(왜 다른 사람을 캐스팅하지 않았는지 나로서는 여전히 미스터리다). 나는 가짜로 만든 살찐 배, 칙칙한 복장 그리고 조종사 안경까지 더해져 사실상 알아보기 힘들 정도로 변했고, 나는 이에 만족했다. 그 역할이 내게는 지금까지 해 온 것 중에서 가장 감정적, 심리적으로 힘들었기 때문에 매일 일을 마치면 하비에서 '벗어나기'를 간절히 바랐다.

무해함을 가장한 악마의 얼굴에서 벗어나야 진짜 해방이 되는 것 같았고, 이보다 더 마티니가 간절했던 적은 없었다. 나는 피터와 나를 위해 몇 잔을 휘저은 다음(다행히 그도 나만큼이나 마티니를 좋아했다), 목이 긴 잔에 넣어 마시면 그날 촬영 중에 느꼈던 불안과 감정적인 불편함이 모두 빠져나갔다. 잘 만들어진 스트레이트 업 마티니를 경험한 소수의 운 좋은 사람들은, 첫 모금을 마시고 나면 순식간에 마음이 안정되고 세상이 바로잡힌다는 것을 알았다. 물론 하루 끝에 마시는 어떤 음료든 긴장을 완화해 주지만, 잘 만들어진 마티니는 내가 아는 다른 어떤 음료보다 긴장을 둔화시키고 마음을 어루만져 준다. 그리고 두 번째 잔을 마시면 확실히 긴장이 풀리고 뾰족했던 마음도 동그래진다.

요약하자면, 진으로 만들든 보드카로 만들든 마티니는 우리 모두가 열망하는 우아함의 정수고, 한 잔 마시면 우리도 우아해지리라 믿었다. 그러나 마티니는 몸을 추켜세워줄 수 있는 만큼, 영혼을 몰락시키는 원인이 될 수도 있다.

미국의 시인이자 시나리오작가인 도로시 파커는 일찍이 이렇게 말했다. "나는 마티니를 사랑해. 하지만 기껏해야 두 잔이야. 세 잔이면 나는 테이블 밑에 있고 네 잔이면 호스트 아래에 있지."

15

    케이트가 내 곁을 떠난 지 1년이 조금 지났을 때, 배우 에밀리 블런트의 결혼식에 가서 신부의 언니이자 지금의 아내인 펠리시티 블런트를 만났다. 결혼식은 약혼한 커플의 친구가 소유한 코모 호수의 멋진 집에서 열렸는데, 그 친구의 이름은 조지 클루니와 발음이 똑같다.

    나는 부모님과 내 아이 셋, 의붓딸 그리고 장인과 함께 토스카니에 있다가 피렌체에서 기차를 타고 그곳으로 갔다. 이 코스는 케이트와 내가 위에서 언급한 모두와 함께 항상 가고 싶어 했던 여정이었지만 케이트의 긴 투병 때문에 가지 못했다. 비록 케이트는 없지만 우리는 그녀를 기리기 위해 다 함께 가기로 결정했다.

    결혼식은 사흘간의 행사였다. 나는 케이트가 세상을 떠나기 전까지 한동안 가족과 거의 떨어져 있어본 적이 없어서, 그 여행이 내게는 꼭 필요한 휴식이었고 반가웠다. 나는 친한 친구들을 만났고, 새 친구들도 몇 명 만났다. 그중에는 내가 앞서 언급한 친구의 언니도 있었는데, 몇 년 후 그 언니와 나는 결혼을 했다.

    펠리시티와 나는 그 며칠 동안 꽤 많은 얘기를 했으니 사실상 펠리시티가 나를 계속 따라다닌 것이다(CCTV 영상이 있다). 우리의 대화는 대체로 음식에 관한 것이었다. 우연찮게도 약 2주 후에

나는 펠리시티가 사는 런던에서 〈캡틴 아메리카〉 촬영을 시작할
예정이라 그때 다시 만나 저녁을 먹기로 했다.

그리하여 음식 중심의 로맨스가 시작되는데…

런던에 있는 몇 주 동안 우리는 여러 훌륭한 레스토랑에서 식
사를 했다. 첫 번째는 최근에 폐업한 '레드버리'라는 곳으로 미슐
랭 별 두 개를 받은 셰프 브렛 그레이엄이 운영했고, 그 위층에 펠
리시티가 살았다. 이제 나는 미슐랭 스타라고 해서 반드시 끌리지
는 않는다. 이 중요한 상을 받은 레스토랑 중에는 약간 까다로운
곳이 많다는 걸 종종 느꼈고, 솔직히 말해서 어떤 곳에서는 그들
이 우쭐대는 게 싫어서 식사를 하지 않고 배를 주린 채로 나와 버
린 적도 있다.

그러나 '레드버리'의 경우는 달랐다. 작은 식당은 우아했고 테
이블은 서로 꽤 떨어져 있어서 테이블이 다 찼을 때도 손님보다
직원이 많아 보였다. 공간과 사람들이 내뿜는 따뜻함이 사람을
편안하게 했다. 이는 브렛의 성격 덕분이다. 흔히 "물고기는 머리
부터 썩는다."라고 하지만 이 경우에는 브렛이 썩지 않은 물고기
였다.

레드버리의 음식은 독특했지만 브렛은 그렇지 않았다. 그는 강
도 높게 일하고 오랫동안 우수한 기준을 유지해온 사람치고는 굉
장히 친근하고 느긋했다(레드버리는 여러 해 동안 세계에서 가장 좋은
레스토랑 50곳 중 하나로 선정됐다).

처음 레드버리에서 식사할 때, 펠리시티는 브렛의 음식을 최대한 많이 먹고 어울리는 와인도 함께 마실 수 있도록 테이스팅 메뉴를 주문하자고 제안했다. 구마모토 굴에서부터 토끼 등심 요리까지 음식이 하나같이 놀라웠다. 그 후의 방문에서도 우리는 거의 매번 테이스팅 메뉴를 주문했다. 그리고 또 한 번 특별한 식사를 마친 어느 날 밤에, 브렛은 친절하게도 우리를 주방으로 초대해 투어를 시켜줬다.

매일 밤 만들어내는 음식의 질과 복잡성에 비하면 주방은 작고 별로 특별할 게 없었다. 몇 분 동안 구경한 뒤 우리는 조리대 트레이 위에 누워 있는 꿩 두 마리를 발견했다. 죽었지만 털이며 뭐며 그대로 붙어 있는 상태였다. 우리는 그걸 보고 놀라서 탄성을 질렀고, 저걸로 어떻게 준비할 건지 물어보려는데 브렛이 그걸 집에 가져가겠느냐고 물었다. 아내는 에이전트고 나는 배우이므로 우리는 둘 다 좋은 제안을 알아보는 재주가 있다. 그래서 브렛한테 '열을 가하지 않고 털을 제거하는 방법'을 배운 다음 꿩과 트레이를 낚아채 펠리시티의 거처가 있는 위층으로 가져가 밤새 냉장고에 넣어뒀다.

다음 날은 토요일이었고, 우리는 완수해야 할 열정적인 임무가 있음에 흥분한 상태로 눈을 떴다. 그리고 냉장고에서 꿩을 꺼낸 다음, 아침 음료를 만들어 TV 앞에 앉아 내가 새로 즐겨 보는 프로그램인 〈새터데이 키친〉을 시청하며 꿩의 털을 뽑았다. 1시간 30분 뒤 우리가 입은 가운은 털로 뒤덮였고, 트레이에는 브렛이 전날 밤 우리에게 선물해 준 조류가 알몸이 된 채 드러누워 있었다. 완벽한 아침이었다. 죽은 조류 한 쌍의 깃털을 뽑음으로써 감정적으로 더 가까워진 두 명의 음식 애호가라니! 이런 일이 우리에게 크나큰 기쁨을 줄 이유가 전혀 없는데도 그렇게 느껴졌다. 음식 애호가라면 음식이 되어 나오기 전에 채소든 과일이든 고기든, 키웠든 길렀든 사냥했든 그것들과 연결되는 데 모종의 만족감을 느끼기 마련이다. 그리고 음식 재료와 연결이 되는 동시에 다른 어떤 사람과도 연관이 되면 음식 애호가는 그 순간이 너무나 기쁜 나머지 거의 영적인 수준이라고 느낀다.

그날은 여태 앉아서 보낸 모든 아침 중에서 가장 로맨틱한 시간이었다. 우리가 그 꿩을 가지고 음식을 어떻게 준비했는지는 잘 기억나지 않지만 그게 그리 중요하지 않았다. 가끔은 결과보다 과정이 더 만족스러운 법이다.

레드버리가 매우 불행한 방식으로 갑작스럽게 문을 닫을 때까지 펠리시티와 나는 특별한 날만 되면 그곳에 가서 저녁을 먹었다. 브렛은 항상 메뉴에 새 음식을 추가했지만, 우리는 처음 함께 털을 뽑았던 그때를 즐겁게 회상하고 싶어서 언제나 꿩을 주문했다(많은 레스토랑들과 마찬가지로 레드버리도 코로나19 팬데믹으로 문을 닫아야 했다. 그나마 기쁜 소식은 브렛이 풀럼에 위치한 유명 미슐랭 레스토랑인 '하우드 암스'의 책임자가 된 것이다. 그러나 방금 확인해 봤는데 웹사이트 메뉴에는 꿩이 없다. 아마 우리가 다시 오는 걸 원치 않는다는 신호같다).

우리가 자주 방문했던 두 번째 레스토랑도 역시 현재는 폐업한 '라니마'로, 셰프 프란체스코 마체이가 운영했다(확실히 펠리시티와 내가 불운을 불러오는 건 아닌지 궁금해지기 시작한다). 우리 가족처럼 프란체스코도 칼라브리아 출신이지만, 그의 요리는 칼라브리아 요리에만 집중하지는 않는다. 프란체스코는 요리 과정을 너무 복잡하게 만들거나 음식의 원형을 훼손하지 않게끔 전통적인 레시피에 새 생명을 불어넣을 줄 아는 셰프 중 한 명이다. 펠리시티와 내가 처음 그곳에 갔을 때 우리의 식사는 3시간이나 걸렸다. 맛있는 요리가 연이어 나왔고, 우리는 엄청난 양의 와인으로 음식을 밀어 내렸다. 마침내 나는 시차 때문에 피로감이 밀려왔기도 하지만 단순히 배가 터질 것 같아서 음식을 그만 먹어야 하는 시점에 이르렀다.

하지만 펠리시티, 사랑스럽고 늘씬한 펠리시티는 멈출 기미가 보이지 않았다. 펠리시티는 자기 분량을 다 먹고도 내가 먹고 남긴 것까지 다 먹어치웠고, 자정이 다 되어가는 시간이지만 초저녁인 것처럼 그리고 다음 날 아침에 출근하지 않아도 되는 것처럼 계속 얘기를 늘어놓았다. 그러다 여전히 배고픔을 느끼는 펠리시티의 눈에 식당을 돌아다니는 치즈 카트가 걸려버렸다.

"오, 치즈 카트잖아! 맛있겠다! 우리 치즈 먹자, 당신도 먹을래?"

"음… 당신이 좋다면."

"실례합니다! 그거 잠깐만 봐도 될까요?"

바퀴 달린 카트를 밀고 가던 웨이터가 펠리시티를 바라봤고, 내 생각에는 웨이터가 다른 테이블로 가다 말고 우리 테이블로 온 것 같았다(펠리시티는 원하는 게 있을 때 영국인만이 할 수 있는 매력적인 방식으로 주의를 사로잡는 재능이 있다. 발음 때문일까? 그녀는 상류층은 아니지만 말할 때 교육 수준과 타고난 지성 그리고 온화함이 금세 드러난다. 이 모든 것이 합쳐져 펠리시티는 살면서 많은 성공을 거뒀고 좋은 친구들도 많으며, 무엇보다 결코 나는 언쟁에서 그녀를 이기지 못한다). 어쨌든 눈 깜짝할 사이에 치즈 카트가 우리 앞에 와 있었고, 펠리시티는 각 치즈의 유당 성분, 출처 그리고 맛 분석표에 관해서 웨이터에게 질문을 퍼부었다. 그런 다음 상당량의 치즈를 주문한 뒤 마치 며칠 동안 굶은 사람처럼 셰프가 내준 디저트 와인과 함께 치즈를 바삐 먹어치웠다.

그 후에 일어난 일은 기억이 희미하지만 우리는 어느새 진지하게 사귀고 있어서 이제 통풍을 피하는 일(각종 유제품은 통풍에 좋지 않다)은 내 일상의 일부가 됐다.

아이들과 함께든 아니든 런던에 있는 펠리시티를 만나러 갈 때마다, 우리는 항상 '라니마'에 갔다. 프란체스코는 방문할수록 더 관대해졌고, 특히 아이들과 함께 갈 때는 이탈리아 스타일로 한사코 음식값을 받지 않겠다고 했다. 우리는 그의 음식과 간소하고 현대적인 공간을 상당히 좋아해서 몇 년 뒤 그곳에서 결혼 피로연을 갖기로 결심했다. 물론 우리는 각종 카나페와 다양한 코스의 맛이 어떤지 확인하기 위해 테이스팅을 여러 번 했다(장인어른인 올리버가 이런 미각 마라톤 중 한 번을 함께해 줬고, 지금도 그 얘기를 한다). 고대 로마에서나 했음직한 테이스팅 축제를 몇 번이나 거친 후, 우리는 결혼식 참석자 156명을 위한 식사 메뉴를 결정했다. 세 가지 코스 요리가 끝나면 손님들은 한데 어우러져 '페이스트리' 등의 단 음식이 가득한 테이블 사이를 천천히 돌아다닐 수 있게 했고, 대영제국에서 맛볼 수 있는 모든 식후 술도 자유롭게 따라 마실 수 있게 구성했다. 프란체스코는 만약 자정 이후에도 술을 원하는 사람이 있다면 단순한 토마토 소스와 엄청난 양의 스파게티를 제공하는 '스파게티 파티'도 해줄 수 있다고 했다. 우리는 동의했다. 펠리시티의 꼼꼼한 계획과 라니마의 멋진 직원들, 프란체스코의 요리 실력 덕분에 결혼식은 맛있는 성공이었다.

앞서 말했듯 우리는 '페이스트리'와 단 음식을 제공했지만, 눈치 빠른 독자라면 내가 여러 층의 당을 입힌 케이크에 관해서는 언급하지 않았다는 걸 알아챘을 것이다. 그 이유는 우리 둘 다 단

음식을 좋아하지 않기 때문이다. 그래도 펠리시티와 나는 거기에
맞먹는 짭짤한 대체품을 제공했다. 그것은 온전히

치즈로만

만든

거대한

케이크였다.

오른쪽은 우리의 웨딩 메뉴다. 세 아이의 이름을 매 코스의 제
목으로 삼았다(펠리시티의 아이디어였다).

Wedding

펠리시티 & 스탠리
2012년 9월 29일

와인
가비 디 가비, 몬테로톤도, 빌라 스파리나
마가리, 카마르칸다, 가야
가티나라 리제르바

메뉴
양파잼과 헤이즐넛을 넣은 훈제 가지와 부라타치즈
비프 타르타르
씨푸드 샐러드
오이피클

✢

니콜로 코스
조개와 꼴라뚜라멸치액젓를 넣은 홈메이드 사르데냐식 뇨끼
라이트 토마토 & 보타르가

카밀라 코스
낚시로 잡아 소금에 절인 농어에
엑스트라버진 올리브오일과 레몬드레싱을 얹은 것

이사벨 코스
구운 감자와 호박꽃 튀김을 곁들인 송아지 갈빗살 꼬치구이

밀가루 없는 초콜릿 케이크
신선한 과일
시칠리아 카놀리튜브모양의 과자에 달콤한 치즈크림으로 속을 채운 것
홈메이드 아이스크림 & 샤벗
향미료와 신선한 무화과를 곁들인 웨딩 치즈케이크(큰 플레터)

와인 전용 공간에서 디제스티보, 새벽 1시에 파스타가 제공됩니다.

16

펠리시티와 내가 처음 데이트를 시작했을 때, 영국에서 약 5개월간 머물러야 하는 영화에 출연 제의를 받았다. 아이들이 아직 어려 오래 떨어져 지낼 수 없었기에 함께 갔다. 훌륭한 동반자이자 아이들을 잘 보살펴주는 부모님도 동행했다. 내 수행단에 속한 사람의 수를 고려하면 꽤 큰 공간이 필요했다. 다행히 펠리시티가 노팅힐에 있는 자신의 아파트 근처에 집을 구해줬고 아이들이 남은 학년 동안 작은 국제학교에 등록할 수 있게 도움도 줬다.

안타깝게도 영화 제작이 늘어져서 육체적으로 지치고 즐겁지 않은 과정이 계속됐지만, 훌륭한 배우와 스태프 덕분에 견딜 만했다. 그리고 런던에 있는 약간 낡은 타운하우스에서 가족과 펠리시티와 함께 오래 머물렀고, 나중에는 펠리시티가 들어와 우리와 함께 지내게 돼서 아주 즐거운 기억으로 남아 있다.

주방은 지하에 있었고, 최신은 아니었지만 충분히 쓸 만했다(비록 거기에 있는 것들이 전쟁 전부터 업그레이드되지 않았고, 청소도 되어 있지 않아서 조리 기구를 모조리 다시 구매해야 했지만). 내가 일찍 일을 마치고 집에 도착할 때마다 우리는 함께 저녁식사를 했다. 요리는 어머니가 하거나 어머니를 지나 몰래 스토브까지 갈 수 있다면 내가 맡았다. 어느 날 아침 우리는 그날 저녁식사로 치킨이나 그 비슷한 것을 준비하기로 했다. 펠리시티가 감자를 굽겠다고 했고, 우리는 모두 구운 감자를 좋아해서 훌륭한 생각이라고 동의했다.

그날 저녁 우리는 평소처럼 저녁식사 전 칵테일을 마셨고 올리브와 프로슈토 등을 가볍게 먹었다. 그사이 펠리시티는 종이봉지에서 노랗고 실한 감자를 잔뜩 꺼내 껍질을 벗기고는 끓는 물이 든 냄비에 넣었다. 내가 뭘 만들고 있느냐고 물었더니 펠리시티는 구운 감자를 만들고 있다고 말했다. 내가 알기로는 끓이는 것과 굽는 것은 완전히 반대여서 헷갈렸지만 아무 말도 하지 않았다. 잠시 후 펠리시티가 오븐을 아주 높은 온도로 설정하고는 구이용 팬에 거위 기름을 듬뿍 들이붓는 게 보였다. 이번에도 나는 아무 말도 하지 않았다. 감자가 잘 삶아지자 펠리시티는 물을 버리고 뚜껑을 덮은 뒤, 오븐 장갑을 껴 손잡이를 단단히 잡고는(돼지 농장주가 암퇘지의 귀를 잡고 도살장으로 끌고 가는 것과 흡사하게) 그 호리호리한 몸에서 어떻게 나왔는지 모를 힘과 활력으로 냄비를 흔들어댔다.

"내가 잘못 알았나? 당신 구운 감자 만든다고 하지 않았어?" 내가 천천히 말했다.

"응." 펠리시티가 여전히 하던 일에 몰두하며 심드렁하게 말했다.

"그럼 저게 당신이 만들려던 거야?"

"지금 포슬포슬하게 만들고 있잖아."

"아…" 나는 훨씬 더 혼란스러워졌다.

와인잔을 가지러 갔다가 다시 돌아오니 펠리시티가 감자를 포슬포슬하게 만드는 과정을 끝내고, 기름 연기가 피어오르는 오븐을 열고는 거위 기름이 바글바글 끓는 로스팅 팬을 꺼내고 있었다. 부모님과 나는 방이 연기로 가득 차자 놀라지 않으려 최선을 다했고, 펠리시티는 펄펄 끓는 거위 기름이 담긴 팬을 스토브 위에 조심스럽게 올려놓았다.

"미안, 좀 매캐하지?" 펠리시티가 어느 때보다 더 영국 발음을 심하게 내며 웃었다. 우리는 창문을 열고 화재경보기를 끄러 달려갔다.

"도대체 지금 뭐 하는 거야?" 마침내 내가 물었다.

"구운 감자 만들고 있잖아!"

"저렇게?"

"그럼!" 펠리시티의 목소리에 짜증이 스며들었다.

"근데 저 기름은 다 뭐야?" 내가 최대한 침착함을 유지해가며 물었다.

"거위 기름이잖아. 저걸로 감자를 구울거니까 그냥… 긴장 풀고 좀 기다려봐."

아버지는 정원으로 이어지는 문 옆에 서서 행주로 연기를 몰아내고 있었고, 어머니는 팬에서 기름이 튈까봐 멀찍이 주방 문간으로 떨어져서 미간을 찌푸린 채 지켜보고 있었다. 그때 펠리시티는 차분하게 감자를 하나씩 꺼내 팬에 가지런히 올려놓고는 능숙하게 도로 오븐으로 밀어 넣었다. 잠시 침묵이 흘렀다.

"구운 감자라길래 나는 다른 식으로…"
"당신이 만드는 식으로 할 줄 알았구나." 펠리시티가 미소를 지으며 말했다.
"응, 그냥 잘라서 마늘을 조금 넣고…"
어머니가 천천히 걸어 들어와 대화에 끼어들었다. "그래, 얘야. 마늘, 올리브오일, 로즈메리와 소금을 넣은 다음 그냥… 구워야지."
펠리시티가 미소를 짓고는 소리 내어 웃었다. "아, 네. 그런 거요. 저도 그런 거 좋아하지만 이건 우리가 하는 방식이에요. 영국식 구운 감자죠. 일요일 만찬용 구이 요리와 함께 먹는 거예요. 이거랑 요크셔 푸딩밀가루, 우유, 달걀을 섞은 반죽을 부풀어 오를 때까지 구운 것을 먹죠. 우리 할머니랑 어머니가 저한테 가르쳐 주셨어요."
"저렇게 기름을 많이 써?" 내가 의심스러워하며 물었다.
"거위 기름이야."
"미안, 거위 기름."
"대신 오일을 써도 돼."
"어떤 오일?" 위험 상황이 없을 것 같아 방으로 완전히 다시 돌아온 어머니가 이제는 호기심에 차서 물었다.
"식물성 오일도 되지만 거위 기름이 제일 좋아요. 그게 더 깊은 맛을 내거든요. 그리고 당신 질문에 답하자면" 펠리시티가 나를 가리켜 말했다. "응, 늘 이 정도 양을 사용해. 이래야 맛있어. 장담해."

"음, 그래야지. 집을 거의 태워먹을 뻔했으니까." 내가 빈정거리듯 말했다.

잠시 침묵이 흘렀다.

펠리시티가 나를 노려봤다. 부모님도 마찬가지로.

나를 이 세상에 태어나게 한 두 사람은 금세 유다 이스카리웃에수를 은화 30냥에 팔아버려 배신한 뒤 죽음으로 몰아넣은 인물처럼 내 연인의 편을 들며 "어련히 알아서 잘 할까! 괜찮아! 연기 조금 난 것뿐이야! 그냥 내버려둬!"라며 나를 공격했다.

그 순간 오븐이 다시 폭발하기 시작했다. 부모님은 연기를 보자마자 바로 열린 문 앞으로 후퇴하면서도 여전히 펠리시티를 두둔했다.

"어머!" 펠리시티가 웃으며 오븐 장갑과 포크를 집었다. 오븐 문을 열고 팬을 조심스럽게 꺼내고는 포크로 감자를 살살 뒤적이고 다시 넣어 문을 닫았다.

"자!" 펠리시티가 좀 전보다 더 많은 연기에 휩싸인 채 말했다. "이제 조금만 더 기다리면 돼요!"

나는 사랑에 빠졌다. 부모님도 마찬가지였다. 그러고 나서 우리는 펠리시티표 감자를 먹었고 다시 사랑에 빠졌다.

펠리시티의 '브리타니아여, 통치하라 영국의 국가!'
구운 감자
- 4인분 -

재료

러셋 감자 1kg, 껍질을 벗겨 5cm 조각으로 자른다.

씨솔트

식물성 오일 또는 거위 기름 2~3테이블스푼

만드는 법

1__ 오븐을 200°C로 예열한다.

2__ 감자를 큰 소스팬에 넣고 씨솔트 한 꼬집을 넣은 뒤, 감자가 잠기도록 물을 충분히 붓는다.

3__ 물을 끓이고 약 10분 동안 감자를 살짝 익힌다(너무 많이 삶으면 감자가 으깨져 버린다. 바깥쪽은 포크가 들어갈 정도로 부드러워야 한다).

4__ 감자의 물기를 뺀 뒤 다시 팬에 넣는다.

5__ 뚜껑을 덮고 미친 듯이 흔들어 감자가 부서지면서 표면이 포슬포슬해지게 만든다.

7__ 옆에 둔다.

8__ 오일이나 기름을 쇠 또는 에나멜 로스팅 팬에 붓고 오븐 안에 넣어 뜨거워질 때까지 둔다.

9__ 오븐에서 팬을 꺼내 스토브에 약불로 올린다.

10__ 감자를 기름에 넣고 코팅되도록 여러 번 돌린다.

11__ 오븐에 넣고 1시간 정도 굽되 중간에 2번 뒤집어준다.

조안과 스탠의 (안전한) 구운 감자
-4인분-

재료

유콘 골드 감자 또는 구이용 감자 큰 것 10개, 껍질을 벗기고 4등분 하거나
홍감자를 사용한다면 껍질을 벗기지 않고 4등분 한다.

마늘 4쪽, 반으로 자른다.

싱싱한 로즈메리 잎 다진 것, 1테이블스푼

싱싱한 오레가노 잎 다진 것, 2티스푼 또는 말린 오레가노 ½티스푼

씨솔트

흑후추, 바로 갈아서 쓴다.

올리브오일 50ml

만드는 법

1__ 오븐을 190°C로 예열한다.

2__ 감자를 큰 베이킹 접시나 캐서롤에 넣는다.

3__ 마늘과 로즈메리, 오레가노를 감자에 넣고 소금과 후추로 간한다.

4__ 감자 위에 올리브오일을 뿌리고 잘 코팅되게 굴린다.

5__ 가끔 저어가며 감자가 갈색이 되고 잘 익을 때까지 1시간 30분 정도
굽는다.

6__ 바로 식탁에 낸다.

17

결혼 전에 펠리시티가 웨스트체스터로 우리를 방문하러 오곤
했던 초창기의 어느 날, 함께 파티를 하자고 제안했다. 더 정확히
펠리시티는 우리가 파티를 열어 새끼 돼지 요리를 하자고 제안했
다. 나는 새끼 돼지를 좋아하고 아이들도 마찬가지였으므로 즉시
동의했다. 초대장을 보내놓고 펠리시티와 나는 옆 마을에 있는 정
육점에 전화해 새끼 돼지 구할 방법을 알아봤고, 그는 주말 전에
한 마리 구해줄 수 있노라 장담했다.

여기서 잠시 사라지고 있는 어떤 것에 관해 얘기해야겠다. 내
개인적인 기억에 관한 내용은 아니지만.

어렸을 때 그리고 특히 내가 태어나기 전에는 정육점과 생선가
게가 아주 흔했다. 그러다 거대한 슈퍼마켓들이 교외 지역을, 그
리고 불행하게도 이제는 도시들까지 점령하면서 정육점과 생선가
게가 쓸모없게 됐다. 오늘날에도 존재하는 몇 안 되는 가게들은
주로 상당히 괜찮지만, 대체로 그곳에서 살 수 있는 품목은 한정
적이고 가격도 매우 비싸다. 하지만 영국에 살면서 내가 가장 좋
아하는 점 중의 하나가 바로 이것이다. 영국에서도 개인이 소유한
정육점과 생선가게가 사라지고 있지만, 미국에 비해서는 상당수
가 아직 남아 있다. 나는 운이 좋아서 집에서 걸어갈 수 있는 거리

에 정육점과 생선가게가 하나씩 있고, 두 곳 다 질이 좋아서 며칠에 한 번씩은 꼭 방문하게 된다. 나는 심지어 볼일을 보러 돌아다니거나 런던의 다른 동네에 회의를 하러 가서도 정육점이나 생선가게를 만나면 꼭 들어가서 둘러보아야 직성이 풀린다. 나는 그곳들을 마치 미술관 들르듯 방문한다. 꼭 뭔가를 사러 가는 게 아니라 전시물들을 보고 싶은 것이다. 나는 런던의 많은 정육업자들이 여전히 예전처럼 띠 두른 밀짚모자를 쓰고 있는 게 좋고, 흔한 고기 부위와 소시지 외에도 다양한 종류의 내장을 파는 것도 좋다. 이것 또한 요즘의 미국에서는 거의 볼 수 없는 점이다. 여러 동물의 잘린 부위가 놓인 피 묻은 트레이를 보면 많은 사람들은 줄행랑 치지만, 나는 고기 자체와 그것들이 맛있는 무언가로 바뀔 수 있는 무한한 가능성에 매력을 느낀다.

사람들은 대개 어시장이나 생선가게에서 나는 냄새에도 코를 막고 지나가버린다. 그러나 나는 심호흡을 하고 반드시 들어가거나 적어도 침을 흘리며 창문 안을 들여다보기는 해야 한다. 나는 각양각색의 신선한 생선이 모인 데서 나는 짠내를 좋아한다. 생선들이 진열창과 냉장 케이스에 당당히 전시된 방식도 좋아한다. 비늘의 광택과 반짝임은 위쪽의 밝은 조명과 아래쪽의 부서진 얼음 결정체 덕분에 더욱 돋보인다. 생선장수들이 능숙하게 비늘을 치고 생선뼈를 바르며 생선이 얼마나 신선한지에 관해 얘기하고, 날씨가 좋지 않아서 어떤 어종은 많이 없다고 설명하거나 때로는 생선을 무서워하는 고객에게 직접 다듬는 방법을 알려주는 등의 장면을 보는 걸 무척 좋아한다.

아직도 많은 사람들이 두렵다는 이유로 생선을 먹지 않거나 생선 요리도 하지 않는다는 사실이 나로서는 여전히 놀랍다.

바로 여기서 생선 장수의 역할이 중요하다. 손님은 생선이 어디에서 잡혔는지, 냉장고 안에 얼마나 오래 둘 수 있는지(요즘에는 포장지에 다 적혀 있긴 하지만) 등 질 좋은 생선을 구입하고 싶어 할 뿐 아니라, 생선 장수가 알려주는 생선을 요리하는 가장 기본적이고 맛있는 방법을 직접 듣고 싶어 한다.

고객과 판매자 간의 이런 상호작용이야말로 우리가 구매하는 제품과의 연결성을 강화하는 데 도움이 된다. 내게 있어 잘 먹는다는 것은 단순히 맛있는 음식뿐 아니라 음식 자체를 통해 만들어지는 관계가 좋아야 함을 의미한다. 우리가 먹는 음식과의 연결이 비닐 포장지 아래에서 사실상 사라져버렸다는 사실은 새삼 언급할 필요도 없다. 그러나 그것을 팔고 싶어 하는 사람 그리고 재배하거나 잡거나 기르기를 좋아하는 사람으로부터, 우리가 먹고 싶은 것을 살 때 만들어질 수 있는 아름답고 중요한 인간관계 또한 사라지고 있다는 사실을 말하고 싶다. 우리가 그것을 알든 모르든, 이런 관계에서 우리는 큰 위로를 찾을 수 있고, 그런 관계야말로 공동체를 견고하게 만드는 데 크게 기여한다.

미국의 사회학자 레이 올든버그가 쓴 『제3의 장소』라는 훌륭한 책이 있다. 그 책에서 그는, 우리에게 중요한 두 가지 장소 중 첫 번째는 집이고, 두 번째가 직장이라고 했다. 그리고 이 두 가지 장소에서 제대로 된 역할을 하게끔 만들어 주는 곳을 그는 '제 3의 장소'라고 칭한다. '제3의 장소'는 바, 카페, 레스토랑 같은 곳이다. 이런 곳에서 모든 계층의 사람들이 한데 모이고, 서로 아무 연관도 없는 타인들이 가벼운 상호작용을 한다. 알다시피, 특히 전 세계를 강타한 전염병 이후에 이러한 상호작용은, 개인과 사회가 전체로서 제대로 기능하고 번영하기 위해 반드시 필요하다. 앞서 언급한 이유로 나는 독립적인 상점, 특히 식료품 가게가 이러한 목표를 충족시킬 수 있다고 주장하고 싶다. 그리고 이러한 독립 상점들이 대형 프랜차이즈 점포의 쇄도로 사라지는 것은 우리 모두에게 비극이라고 생각한다.

근처 생선가게에 들어가면 주인이 환하게 인사를 하며 아이들의 소식을 묻고 날씨 같은 일상적인 주제로 잡담을 나눈 뒤, 이런 날에는 '어떤 생선'이 좋은지 얘기해 준다. 그런 다음 내게 '어떤 요리'를 하려는지 묻는다. 내가 해물 스튜를 만들 생각이라고 대답하면 주인의 첫 번째 질문은 '몇 인분이 필요한지'다. 이제 우리는 함께 대구, 청어, 조개, 홍합, 새우, 랑구스틴 그리고 가리비가 있는 냉동 진열장에 가서 내가 말한 스튜에 알맞은 재료를 고른다. 생선가게 주인은 내게 애피타이저로는 굴을, 그리고 만약 여유가 되면 샘파이어유럽의 해안 바위를 위에서 자라는 미나릿과 식물도 사라고 권한다(나는 영국에 가서야 샘파이어를 맛봤는데, 바로 달콤 짭짜름한 맛에 빠져버렸다). 각 재료가 선택될 때마다 손님 수에 충분한 크기 또는 양인지를 논의한다. 하나하나 무게를 재고 포장해서 봉지에 담고. 생선 가게 주인은 늘 봉지 안에 그들이 직접 만든 생선 육수 얼린 것과 레몬 한두 개, 파슬리 몇 가닥도 빠트리지 않고 챙겨 넣어준다. 물론 돈은 꽤 들지만 가치는 충분하다. 앞으로 며칠 동안 가게를 지나가면 우리는 서로 손을 흔들며 인사할 거고, 내가 또 한 번 그들의 바닷속 보물들로 테이블을 채우려 할 것이다. 그러려면 생선과 갑각류 그리고 조개가 얼마나 많이 필요할지에 관해 또다시 함께 음모를 꾸미게 되리란 걸 알기에 가볍게 작별 인사를 한다.

자, 이제 다시 돼지 얘기로 돌아간다.

그래서 펠리시티와 나는 어느 금요일 오후에 코네티컷 주 리지필드 근처에 있는 정육점으로 차를 몰고 갔다. 거의 10kg이나 되는 새끼 돼지를 사서 집에 갖고 왔다. 돼지를 오븐에 넣기에는 너무 커서 야외 바비큐 장에서 로티세리에 넣을 생각이었다. 그러나 돼지는 로티세리에 넣기에도 너무 길었다. 나무를 때서 사용하는 피자오븐에 넣으면 될 듯했지만 새끼 돼지를 요리해 본 적이 없었고 온도를 일정하게 유지할 자신도 없어서 틀림없이 다 망해버릴 것 같았다. 한 가지 외에는 방법이 없었다. 목을 따는 것밖에.

나는 돼지의 목을 따려고 친할아버지가 쓰던 큰 탄소강 칼과 부엌칼을 움켜쥐었다. 친할아버지는 버몬트에 소유하고 있는 부지에 가서, 사냥한 사슴의 가죽을 벗기고 해체하는 데 그 칼들을 썼다. 그래서 나는 친할아버지의 흔적을 더듬어가며 칼로 목에서 살을 발라냈고 부엌칼로 마지막 일격을 가해 우리가 구매한 돼지의 길이를 줄였다. 그런 다음 고기를 꼬지에 꽂아 바비큐에 올려보니 완벽하게 딱 맞았다.

바로 그때, 스쿨버스에서 아이 셋이 내리더니 금요일 오후에 모든 아이가 가짐직한 과한 에너지를 발산해가며 잔디를 가로질러 달려왔다.

"얘들아, 우리가 뭘 하는지 와서 보렴!" 내가 소리쳤다.

"그거 설마 돼지야?" 아이들이 비명을 질렀다.

"맞아!"

아이들은 테라스 계단을 뛰어올라가 바닥에 가방을 내던지고는 의아한 표정으로 돼지를 바라봤다.

"머리는 어딨어?" 아이들이 물었다.

"바비큐에 들어가지 않아서 잘랐어."

"우우우! 우리 올 때까지 기다렸어야지!" 아이들이 아쉬워했다.

펠리시티와 나는 서로를 바라봤다.

"미안해, 생각지도 못했어." 내가 말했다.

"나중에 돼지를 또 가져오면 그땐 머리 자르는 걸 보게 해줄게."
펠리시티가 매우 달콤한 목소리로 할리우드 연쇄살인마처럼 말했다.

아이들은 여전히 아쉬워했다.

"어디 있어?" 아이들이 물었다.

"여기 있지." 나는 아이들이 볼 수 있게 돼지머리를 꺼내놓으며 말했다.

"와!"

아이들은 작은 손가락으로 쿡쿡 찌르고 쑤시기 시작했고, 낙담하고 서툰 수의사처럼 돼지의 입과 눈을 관찰했다.

"그거로는 뭐 할 거야?"

"음, 사실 피자 오븐에 넣어서 천천히 구워볼까 생각 중이었어."

"오… 와…" 아이들은 마치 그걸 먹을 것처럼 말하지만, 나는 아이들이 먹지 않으리란 걸 안다. 아이들은 그저 군침 도는 돼지의 흰 살과 바삭거리는 돼지껍질에만 관심이 있었다.

아이들은 조금 더 시간을 들여 돼지머리를 살피고는 로티세리의 쇠꼬챙이가 돼지의 똥구멍을 찔렀다며 사춘기 전의 어린아이들이 할 만한 말들을 떠들었다. 우리는 아이들에게 얼른 들어가 손을 씻고, 아직 구우려면 시간이 필요한 돼지머리 대신 평소 오후 간식으로 즐겨 먹는 리츠 크래커에 땅콩버터를 듬뿍 발라먹게 했다.

263

다음 날 우리는 계획대로 돼지를 요리했지만, 불행히도 돼지가 로티세리에 비해 너무 무거워서 중간에 고장이 나버렸다. 그래서 엄청난 음식 애호가인 친구 올리버 플랫과 내가 몇 분마다 한 번씩 번갈아가며 손으로 기계를 돌렸다. 당연히 돼지 요리가 크게 잘 되지는 않았고, 머리를 천천히 굽는 시도 역시 성공하지 못했다. 사실 돼지 몸통 구이에만 신경을 쓴 나머지 머리는 홀딱 까먹고 있다가 그날 오후가 돼서야 기억해 냈다. 피자오븐을 열자, 여기서 차마 묘사하지 못할 끔찍한 공포 영화의 한 장면이 눈앞에 펼쳐졌다. 두말할 것도 없이 나는 그런 영화를 좋아하지 않는다는 한마디면 충분할 것 같다.

통돼지 요리를 다시 시도할 무렵 운 좋게도 애덤 페리 랭이라는 전문가가 우리를 도와줬다. 애덤은 어떤 요리도 훌륭히 소화하지만, 특히 육류에 전문지식과 관심이 많은 셰프이자 레스토랑 경영자다. 그는 제이미 올리버와 함께 런던에서 '바베코아'라는 레스토랑을 공동 소유했고, 런던에서 최고의 소고기와 가금류 그리고 야생동물을 파는 정육점과 연계되어 있었다(불행히도 지금은 두 곳 다 폐업했다). 애덤은 7년 전에 런던을 떠나 미국으로 돌아왔고, 지금은 그의 음식 팬이자 다재다능하고 마음씨 따뜻한 지미 키멜과 함께 로스앤젤레스에서 'APL'을 운영하고 있다. 약혼 선물로 펠리시티와 내게 '카자 차이나'를 보내준 사람도 바로 이 두 사람과 그들의 아내들이었다. 나는 카자 차이나가 뭔지 몰랐지만 일단 마주하자 전에 한 번 본 적이 있다는 사실을 깨달았다.

카자 차이나는 기본적으로 알루미늄과 합판 틀에 바퀴를 단 직사각형의 금속 상자다. 상자는 소의 옆구리 살, 엄청난 양의 갈비 또는 닭 20마리 정도가 들어갈 만큼 크다.

그러나 가장 중요한 것은 거대한 돼지 한 마리가 들어간다는 사실이다. 애덤과 당시 그의 아내 플러는 뉴욕에 있는 가족을 방문하러 와서 주말 동안 우리와 머물기로 되어 있었다. 애덤은 통돼지를 구워서 카자 차이나를 활용해 보고 싶다고 했다. 그러면서 우리에게 사야 할 재료의 목록을 건네며 돼지를 구해오라고 지시했다.

'돼지'라는 단어를 듣고 펠리시티와 나는 '파티'란 단어를 연결했다. 그래서 우리는 파티를 열었다. 파티 하루 전에 애덤과 플러가 도착했고, 곧이어 30kg이 넘는 돼지도 도착했다. 애덤과 나는 그걸 베란다로 끌고 나가서 비닐 테이블보가 덮인 피크닉테이블 위에 올렸다. 여기서 애덤이 솜씨 좋게 죽은 돼지의 안심을 잘라냈다. 안심은 이런 식으로 요리하기에는 너무 연하고 기름기가 적어서 옆에 따로 놔둔 다음, 안으로 들어가 소금물을 만들었다.

애덤의 소금물

재료

물 2리터

씨솔트 50g

알갱이 형태의 백설탕 2테이블스푼

레몬 2개, 반으로 자른다.

월계수 잎 3장, 싱싱한 것이 좋다.

마늘 8쪽, 껍질을 깐 뒤 으깬다.

싱싱한 타임 잎 2테이블스푼

흑후추 1테이블스푼

고춧가루 1티스푼

만드는 법

1__ 큰 용기에 섞는다.

소금물이 만들어지자 애덤은 엄청나게 큰 주사기를 꺼내 소금물을 채운 다음, 뼈와 살이 붙은 곳마다 주사기로 소금물을 주입하는 힘든 작업을 시작했다. 시간이 꽤 많이 걸렸지만 애덤은 이과정이 꼭 필요하다고 힘주어 말했다. 우리는 이 행사를 위해 특별히 구매한 큰 플라스틱 아이스박스 안에 돼지를 넣고, 근처에있는 많은 너구리들이 돼지를 가져가지 못하게 무거운 돌을 위에올려두고는 술과 식사를 즐기기 위해 안으로 들어갔다.

애덤이 당시 레스토랑에 새로 내놓은 '문샤인Moonshine'이라는 술을 유리잔에 따라 홀짝이던 장면이 기억난다. 말 그대로 밀주의정제된 버전이었다. 그날 밤의 기억은 그 정도뿐이다.

다음 날 아침 우리는 카자 차이나를 베란다로 옮겼다. 돼지를트레이 위에 올려놓고 위에서 아래로 구워야 하는데 비가 내리기시작했다. 그래서 석탄을 가릴 임시 가리개를 사러 철물점으로 차를 몰았다. 가리개는 야외용 파에야 메이커로 파에야를 만들 때도사용할 예정이었다.

당시 웨스트체스터와 지금의 런던에서, 내가 그것들 없이는 살수 없을 것 같은 야외용 요리기구가 두 가지 있다. 하나는 피자오븐이고, 다른 하나는 파에야 메이커이다. 피자를 사랑하고 파에야에 푹 빠져 있기 때문이다. 피자오븐은 따로 설명이 필요 없겠지만 파에야 메이커를 설명해 보자면, 먼저 이건 거대한 철판으로구성되어 있다. 철판은 둥근 스탠드 위에 올려져 있고 스탠드 안에는 프로판 가스 탱크에 연결된 두 개의 구멍 뚫린 링이 놓여있는데, 특히 이 도구로 밖에서 파에야를 만들어 손님들에게 대접하는 것은 나의 가장 큰 즐거움 중 하나다. 시간이 많이 걸리고 약간 까다롭지만, 결국에는 결과물이 어떻든 간에 파에야를 만드는 중에 나눈 대화만으로도 충분히 가치가 있다.

이 스페인식 장치의 멋진 점은 시간과 의욕만 있으면 스탠드에 모닥불을 피운 다음 그 위에 팬을 얹어 요리할 수 있다는 것이다. 궁극적으로 이렇게 하면 불에서 나오는 연기가 파에야에 들어가 파에야에 새로운 깊이를 더할 수 있다.

내가 만든 최고의 파에야는 포르투갈에 있는 처가에서 작은 옥외용 벽난로 위에 구이 팬을 올려놓고 만든 것이다. 최적의 요리 도구 없이도 충분히 음식을 만들 수 있다는 것을 증명해서 더 의미가 컸다. 그러나 나는 로스팅 팬보다는 알가르베의 바닷바람과 해산물, 나무가 음식 맛에 더 큰 작용을 했다고 믿는다.

철물점에서 돌아와 보니 애덤과 내 아들 니콜로가 로즈메리와 타임 그리고 파슬리의 긴 가지를 부러진 빗자루 손잡이에 묶고 있었다. 애덤은 이것으로 돼지에 양념을 주입할 계획이었다. 니콜로에게 그 투박한 주입기를 마저 만들게 해놓고 애덤과 나는 임시 가리개를 세웠다. 가리개 때문에 베란다 전체의 미관이 망쳐졌다. 나는 돼지구이를 하는 동안에도 주변이 우아하기를 바랐지만 파란 나일론 임시 가리개로는 어림도 없었다. 그러나 그냥 내버려두었다. 이번에는.

우리는 카자 차이나에 붙은 랙 두 개 사이에 돼지를 단단히 고정시켜 상자 안에 끼운 다음. 뚜껑을 덮고 숯을 가져와 불을 피웠다. 이제 위에서 아래로 4시간 정도 조리하면 고기는 촉촉하고 지방은 거의 녹을 뿐 아니라 껍질이 아주 바삭해진다. 오래된 방법이었지만, 이 상자가 발명된 것은 최근의 일이다.

이 상자는 플로리다로 이주한 쿠바 이민자가, 쿠바에서 중국 이민자들의 후손이 돼지를 이런 식으로 상자에 넣고 요리한다는 것에 아이디어를 얻어 1985년도에 그 틀을 만들었다. 그리고 위에서 설명한 그대로 돼지를 요리하여 테스트한 뒤, 본격적으로 상자를 생산하며 오늘날까지 매우 성공적으로 사업을 운영하고 있다.

나는 런던으로 이사할 때 카자 차이나를 미국에 버려야 했지만, 그 이상하고도 뜨거운 상자에서 놀라운 돼지고기가 나온다는 것을 알기 때문에 다시 하나 사고 싶다는 유혹을 느낀다. 그러나 집에 수납공간이 부족해서 사놓고 쓰지 않으면 우리 막내의 침대로 사용해야 할지도 몰라 망설여진다.

어쨌든 돼지를 넣고 난 다음 파에야 메이커를 설치했고, 애덤은 뉴욕과 코네티컷 경계에서 만든 가장 큰 규모의 치미추리 소스를 준비하기 위해 주방으로 돌아갔다. 펠리시티와 플러는 테이블을 준비하고 아이들은 옥수수 껍질을 벗겼는데, 싼 티 나는 파란 임시 가리개만 없었다면 천국에 있는 듯했을 것이다.

페리 랭의 치미추리 소스

-500g 고기 한 조각에 충분한 양-

(더 많이 만들려면 각 재료의 양을 비례해서 늘린다)

재료

마늘 2쪽

할라피뇨 1개(또는 더 매운 고추, 선택사항)

오레가노 잔가지 10개

파슬리 잔가지 10개

레드와인 식초 2테이블스푼

올리브오일 3테이블스푼

소금 ½티스푼

흑후추 ¼티스푼

만드는 법

1__ 마늘을 까서 도마에 놓고, 칼등으로 으깬 다음 다진다.

2__ 할라피뇨 고추 꼭지를 따고 씨를 뺀다(사용하는 경우). 같은 도마 위에 네모 모양으로 썬다.

3__ 오레가노와 파슬리 잎을 가지에서 떼어내어 마늘 위에 올리고, 함께 다진다.

4__ 레드와인 식초와 올리브오일, 소금 그리고 흑후추를 도마 위에 바로 올린 후 모두 섞는다.

몇 시간 뒤 손님들이 도착했고, 애덤의 허락을 받아 나는 파에 야를 요리하기 시작했다. 10대 아이들 몇 명이 나를 도와 쌀에 닭 날개를 박아 넣었다. 닭 날개가 조금 조리된 뒤 우리는 조개와 홍 합 그리고 새우를 팬 주위에 고루 펴놓았다.

내가 매번 파에야를 만드는 이유는 주변에 10대 아이가 있고, 이 요리 과정을 특별히 돕고 싶어 하면 왠지 굉장히 기쁘기 때문 이다. 앞서 말했듯이 야외에서 파에야를 요리하면, 까마귀나 원숭 이가 빛나는 물건에 이끌리듯 사람들이 점점 주변으로 모이게 된 다. 쌀이 팽창하고 색이 짙어져 쌀알 하나하나에 재료가 스며들 고, 조개가 천천히 입을 열고, 새우가 투명한 청백색에서 불그스 름한 핑크색으로 변해가며 생기는 느린 변화를 함께 얘기 하며 주 시한다. 천천히 요리되는 많은 음식 대부분은 오븐 안에 감춰져 있다가 완성된 상태로 나타나지만, 파에야는 사람을 요리 과정으 로 초대한다. 숨길 게 하나도 없다.

파에야가 완성됨과 동시에 카자 차이나 뚜껑이 열리고, 몇 시 간 전과는 전혀 다르게 생긴 것이 모습을 드러낸다. 조심스럽게 상자에서 들어 올리면 황금빛의 먹음직스럽고 껍질이 바삭바삭해 보이는 돼지가 굶주린 손님들의 탄성과 박수갈채를 불러일으킨 다. 우리는 돼지를 꺼내 도마가 놓인 테이블에 올리고, 애덤이 뼈 에서 살을 바르는 과정을 시작하면 옥수수를 끓는 물에 넣어 5분 에서 10분 정도 삶는다.

우리는 셀 수 없이 많은 종이접시에 모든 것을 담고 와인과 맥주를 따른 다음, 최고의 음식이 만들어질 수 있게 철제 팬과 금속 상자를 만들어낸 스페인과 쿠바의 공상가들에게 잔을 들어 경의를 표했다.

돼지에 너무 푹 빠져 있었다. 이제 생선에 대해 좀 더 써야겠다.

18

펠리시티와 나는 둘 다 해산물을 사랑하고, 해산물 스튜는 우리가 꽤 자주 요리해 먹는 음식이다. 후딱 만들 수 있고, 건강에도 좋고, 파스타나 밥 또는 구운 빵과 함께 먹으면 한 끼의 든든한 식사가 될 뿐 아니라 엄청나게 맛있다. 어릴 때 나는 생선을 그다지 좋아하지 않아서 해산물 애호가인 어머니가 물에서 나온 것들로 얼마나 맛있는 요리를 만드는지 제대로 알지 못했다.

어머니의 특별 요리 중 상당수도 크리스마스이브에 등장했지만, 해산물 스튜를 만들어준 기억은 별로 없다. 그러다 일하기 위해 여행을 다니기 시작하고 레스토랑에서 더 자주 식사를 하게 되면서 해산물 스튜에 매료됐다. 그 뒤로 어느 레스토랑에서든 메뉴에만 있으면 그걸 주문해 먹었다.

내가 처음으로 집을 떠나 오랫동안 일했던 곳은 캐나다 밴쿠버였다. 1988년도 당시의 밴쿠버는 현재 크기의 4분의 1 정도였지만 그때도 꽤 좋은 레스토랑이 몇 개 있었다(지금은 굉장한 레스토랑이 몇 개 있다). 그중 하나는 '조 포르테'라는 옛날식 해산물과 고기 전문 음식점인데 다행히 지금도 운영 중이다. 이곳의 메뉴 중에 '치오피노'라는 생선 스튜가 있다. 치오피노는 20세기 초반에 샌프란시스코로 이주한 이탈리아 어부들이 만든 것으로, 이탈리아 서북부 리구리아에서 만든 '초판'이라는 스튜를 기본으로 했다고 전해진다. 대부분의 생선 스튜와 마찬가지로 매일 낚시해 잡은 생선으로 만들어진다. 밴쿠버에 가기 전에는 들어본 적이 없지만, 그 음식을 알게 돼서 매우 기뻤다.

이탈리아와 전 세계에는 다양한 종류의 생선 스튜가 있다. 예를 들어 이탈리아 서부 항구 도시 리보르노에는 '카치우코'가, 크로아티아에는 '브루뎃'이 있고, 리구리아에는 '부리다'가 있다. 또한 프로방스에서는 훌륭한 '부야베스'도 있다(내 출신을 고려하면 이단일 수 있지만, 내가 가장 좋아하는 것은 부야베스일지도 모른다).

기본적으로 생선 스튜 레시피는 대개 매우 비슷하다. 그러나 대부분의 지역에서 허용되는 몇 가지 재료는, 이탈리아의 특정 지역에서 사용하면 신성 모독이 될 수 있다. 예를 들어 한번은 내가 토스카나 사람에게 생선 스튜 만드는 방법을 설명하다가 '양파'라는 단어를 언급하자 그 사람이 실제로 매우 화를 냈었다.

"안 돼요, 절대! 지금 양파라고 했어요?"

"네, 양파 조금…"

"안 됩니다! 생선에 양파는 안 돼요!" 그 사람이 외쳤다.

"진짜요?" 내가 온순하게 물었다.

"그럼요! 절대 안 되죠!"

"음, 그걸 넣어야 단맛이…" 일단 설득을 해보려 했지만 그 사람이 끼어드는 바람에 말을 끝맺지 못했다. "안 됩니다. 끔찍해요. 절대 안 돼요!"

그 시점에서 우리는 해산물 스튜 얘기하는 것을 그만뒀다. 내가 말한 대로 이탈리아인들은 음식에 관해서라면 일반적으로 매우 독단적일 수 있다.

해산물 스튜는 대체로 어부들이 잡은 것들 중에서 시장성이 떨어지거나 팔리지는 않았지만 좋은 부분을 활용하기 위해 만들어졌다. 어부들은 종종 오랜 시간 바다에 나가 있으면 통조림이나 때로는 신선한 토마토, 마늘, 양파, 기름 그리고 소금을 배에 싣고 가서 그날 잡은 것들로 스튜를 만들었다.

생선 스튜의 멋진 점은 저렴한 생선으로 굉장히 맛있는 요리를 만들 수 있다는 것이다. 물론 작은 바닷가재나 랍스터, 게 또는 대하같이 더 비싼 해산물을 대구나 농어처럼 지금은 비싸진 생선들과 함께 사용할 수도 있다. 하지만 유감스럽게도 요즘 대부분의 해산물이 상당히 비싸져서 해산물 스튜는 더 이상 가난한 요리가 아니다. 특히 큰 디너파티에 쓰기 위한 거라면 더더욱.

그러나 그렇다 하더라도 저렴한 해산물을 찾을 수 없거나(마감 시간에 생선 가게에 가면 가끔 버리려던 생선을 이것저것 싸게 주는 경우가 있는데, 이런 것들이 스튜에는 완벽하다), 더 진한 것을 간절히 찾고 있다면 최상급 생선, 갑각류, 조개류를 비싸게 주고 사서라도 마음껏 즐기기 바란다.

다음은 우리가 즐기는 생선 스튜 레시피다.

생선 스튜
- 6인분 -

재료

신선한 홍합(작을수록 좋다) 1kg

신선한 모시조개(작은 조개) 1kg

씨솔트 또는 옥수수가루 50g

사프란 실 1티스푼(선택사항)

따뜻하거나 실온의 새우 육수 500ml(선택사항이지만 이걸 넣으면 더 깊은 맛이 난다)

따뜻하거나 실온의 생선 육수 500ml(새우 육수를 쓰지 않는 경우에는 1리터를 준비한다)

엑스트라버진 올리브오일

마늘 4쪽, 반으로 자른다.

중간 크기 양파 1개, 깍둑썰기한다.

신선한 토마토 다진 것 650g

바질 잎 3개, 반으로 찢는다.

씨솔트

페페론치노 고추 2개(선택사항)

화이트와인 500ml

즉석에서 간 후추

새우 중간 크기 12개, 껍질은 벗기지 않는다.

신선한 대구(또는 비슷한 생선) 500g, 작은 덩어리로 자른다.

신선한 아구(또는 비슷한 생선) 500g, 작은 덩어리로 자른다.

싱싱한 파슬리 한 줌, 다진다.

잘 구운 빵, 같이 서빙한다.

만드는 법

1__ 홍합을 씻고 '수염'을 떼어낸다.

2__ 모시조개와 홍합을 차가운 물이 든 그릇에 따로 담아, 소금이나 옥수수 가루를 넣고 1시간 정도 해감한다.

3__ 홍합과 모시조개가 깨끗해지면 각각 절반을 소금물이 끓는 큰 프라이 팬에 넣고, 뚜껑을 덮어 홍합과 모시조개가 입을 벌릴 때까지 몇 분 동안 삶는다.

4__ 껍데기에서 살을 떼어내 그릇에 담아 옆에 놔두고, 껍데기는 버린다.

5__ 사프란을 사용하는 경우, 육수 한 컵에 뿌리고 녹인다.

6__ 중간 크기의 볶음팬에 올리브오일을 붓고 마늘 한 쪽과 다진 양파의 반을 넣는다.

7__ 약불이나 중불에서 약 5분간 부드러워질 때까지 끓인다.

8__ 다진 토마토와 바질 그리고 소금 크게 한 꼬집을 넣는다.

9__ 토마토가 부드러워지고 혼합물이 젤 타입이 될 때까지 약 10분간 조리한다.

10__ 크고 깊은 프라이팬이나 냄비에 올리브오일을 붓고, 중약불에서 남은 양파와 마늘이 부드럽고 투명해질 때까지 볶는다. 만약 페페론치니를 사용한다면 추가하여 함께 볶는다.

11__ 팬에 화이트와인을 넣고 불을 높여 알코올을 증발시킨다.

12__ 불을 중불로 줄이고 사프란 향이 나는 육수 그리고 신선한 토마토 소스까지 넣는다.

13__ 소금과 후추로 간한다.

14__ 몇 분 동안 조리한다.

15__ 이제 소스가 천천히 끓어오르면 남은 조개와 홍합을 넣고 뚜껑을 덮는다.

16__ 2분 후에 새우를 추가하고 다시 뚜껑을 덮는다.

17__ 다시 2분 후에 생선과 미리 손질해 둔 조개와 홍합살을 넣는다.

18__ 뚜껑을 덮고 약 2분 동안 끓인다.

19__ 불을 끄고 뚜껑을 살짝 열어둔다.

20__ 엑스트라버진 올리브오일을 뿌린다.

21__ 맛을 본 다음 필요하면 소금이나 후추를 조금 더 넣는다.

22__ 약 10분간 놔둔다.

23__ 큰 그릇에 퍼 담고 다진 파슬리와 올리브오일을 뿌린다.

24__ 구운 빵과 함께 낸다.

펠리시티와 나는 해산물을 사랑한다고 말한 바 있다. 또한 우리는 바다를 사랑하고, 특히 이탈리아에 있는 아말피 해안을 좋아한다. 그래서 부유한 친구가 개인 요트에서 며칠 동안 함께보내자고 초대했을 때, 우리는 그 기회를 놓치지 않았다. 아름다운 날 야외에서 식사하는 것은 계절과 상관없이 즐거운 경험 중 하나고, 특히 이탈리아 야외 레스토랑에서 식사하는 것은 훨씬 더 즐겁다. 아말피 해안에서 요트를 타고 야외에서 식사하는 것은 너무나 즐거워서 죄책감마저 들 지경이다(음, 나는 그렇다). 신선하고 짠 바다 공기와 햇살은, 접시나 잔에 담긴 게 무엇이든 맛을 더 풍성하게 만든다. 여름의 편안한 삶과 아말피 해안 주민들의 관대함은 모든 걱정도 사라지게 하고 가장 단단한 마음조차 열지 않을 수 없게 만든다.

펠리시티와 함께 여행하면 늘 즐겁다. 펠리시티는 놀랄 만큼 체계적이고 특히 레스토랑을 찾는 데 선수다. 나는 늘 헷갈리기만 하는 '앱'과 휴대폰도 잘 사용하고, 펠리시티가 휴대폰에 있는 아이콘을 클릭만 하면 긍정적인 일들이 일어난다. 길 안내가 표시되어 레스토랑이 뜨고, 호텔이 재발견되거나 숨어 있는 작은 가게들이 다시 모습을 드러낸다. 또 난데없이 식품 시장이 기적적으로 나타난다. 내가 내 휴대폰에 있는 아이콘을 클릭하면 종종 아무

일도 일어나지 않는다. 특히 추운 날에는 이런 일이 더 흔하다. 손가락에 혈액순환이 잘 되지 않아서, 디바이스를 활성화하는 데 필요한 살아 있는 사람의 온기가 내 손가락에는 존재하지 않기 때문이다. 그래서 잠시나마 죽은 사람의 기분이 어떤지 느끼고 온다. 그러나 앱을 여는 데 성공해도 대개는 사용하는 방법을 몰라서 결국 "젠장!" "이런 빌어먹을 앱 같으니!" 같은 말만 중얼거리고 휴대폰을 다시 주머니에 넣고는 "이쪽인 것 같아!" "어제 여기 있었어!" 라고 말하며 성큼성큼 걸어간다. 펠리시티는 보통 "어젯밤에 우리가 자는 사이에 피티 궁전이 이사를 가기야 했겠어?"라는 세련된 빈정거림으로 대꾸한다. "식민지 시대에는 그럴 수도 있지." 나는 음울하게 속삭이고는 쓸쓸히 앞으로 나아간다.

아, 주제에서 벗어났다.

펠리시티는 이탈리아로 가는 비행편을 얼른 알아보고 호스트에게 우리가 어디에서 주로 항해할지 물어본 후, 근처에 있는 괜찮은 레스토랑을 온라인으로 샅샅이 뒤지기 시작했다. 우리는 비행기를 타고 나폴리로 간 다음, 친구들이 우리를 요트로 데려가기 위해 기다리고 있는 소형보트 항구로 이동했다. 당연히 펠리시티와 나 둘 다 흥분에 가득 차 있었다. 나는 수영을 못하고 보트가 움직이지 않으면 멀미도 하지만 확실히 배를 사랑하고 바다를 좋아한다. 사실 높은 곳도 좋아하지 않지만 스키를 타고 싶은 열정이 고소공포증을 능가하기 때문에 의자 리프트나 알프스 곤돌라를 타는 데는 문제가 없다(지금쯤 독자들은 이런 생각을 하고 있을 것이다. '세상에! 저 스탠리 투치라는 사람은 매혹적인 수수께끼 같은 남자인걸!' 반면에 내 아내는 이렇게 생각할 것이다. '맙소사, 한 사람이 도대체 신경증을 몇 개나 가지고 있는 거야? 저런 사람을 도와줄 앱은 어디 없나? 끔찍하군').

그다음 며칠 동안 우리는 요트에서 식사를 하거나 나폴리의 카프리, 남부 포지타노에서 점심 혹은 저녁을 먹기 위해 해안을 따라 항해하고 모터보트를 탔다. 두 곳 모두 운 좋게도 여러 번 가본 적이 있었다. 어느 날 오후, 우리는 펠리시티가 고른 '로 스코글리오'라는 유명한 레스토랑에서 점심을 먹기 위해 해안을 따라 남쪽으로 향했다. 로 스코글리오는 '바위' 또는 '거대한 바위'로 번역되지만 이탈리아어로는 해안의 큰 바위나 거대한 바위만을 가리킨다. 그 레스토랑은 해안선에서 튀어나온 거대한 천연 돌 방파제 위에 자리 잡고 있으므로 이름과 썩 잘 어울렸다.

레스토랑은 육지에서 차로 아말피 드라이브를 통과해서 가거나, 더 로맨틱한 방법으로는 배를 타고 갈 수도 있다. 그곳이 해변에 바로 위치해서 식사 공간은 물 위에 떠 있고 끝에 작은 부두가 연결되어 있기 때문이다. 이 레스토랑의 식사 공간 일부는 슬라이딩 유리창으로 둘러싸여 있어 식사에 방해되는 요소가 있으면 닫기도 하지만, 보통 때는 늘 열려 있어 바다의 미풍이 자유롭게 드나든다. 이탈리아와 프랑스의 해변 레스토랑에서 쉽게 느낄 수 있는 상쾌하고 편한 분위기와 함께 우아하지만 과하지도 않는 곳이다. 메뉴는 매우 간단하다. 해산물과 그날의 신선한 생선, 봉골레 파스타 그리고 보통의 지중해식 음식이 제공된다. 그러나 나는 한 번도 본 적 없는 '스파게티 콘 주키니 알라 네라노'라는 요리를 발견했다. 그 음식에 관해 물어보니 레스토랑 오너 중 한 명인 안토니아가 그것이 레스토랑과 그 지역의 특별 메뉴고 주키니, 바질, 기름 그리고 강판에 간 치즈로만 만든다고 했다. 나는 관심이 생겨서 그걸 주문했다.

　음식은 설명했던 그대로 작은 주키니 볶은 것과 바질을 얹은 스파게티였다. 그러나 맛을 보자마자 재료가 세 가지밖에 들어가지 않았다는 사실을 믿을 수 없었다. 안토니아에게 그 요리에 마늘이나 크림 혹은 파슬리가 들어가지 않았느냐고 물었더니 전혀 없다고 대답하고는, 의심 많은 고객에게 불필요한 심문을 당하느니 자기 일에나 충실하려 사라져버렸다. 하지만 한입 더 먹자마자 그렇게 적은 재료로 만든 음식치고 맛이 너무 복잡해서 안토니아가 한 말이 사실이 아닐 거라는 의심이 들기 시작했다. 그래서 안토니아가 다시 테이블에 왔을 때 이번에는 좀 더 주저하면서 아까 했던 질문을, 이번에는 이탈리아어로 다시 물어봤다. 왠지, 안토니아가 자기 언어로 얘기하면 진실을 말할것만 같았다.

　(전부 이탈리아어로) "마늘 넣었어요?"

　"아니요."

"진짜로?"

"네."

"크림은 조금 넣었겠죠?"

"아뇨, 절대 안 넣었어요!"

"파슬리는?"

"아뇨."

"주키니만…"

"주키니, 바질, 오일 그리고 치즈."

"믿을 수 없네요."

그러고는 영어로 여러 해 전에 페기 리가 불렀던 노래의 유명한 가사로 다시 질문을 던졌다. "그게 전부인가요Is that all there is?"

안토니아는 나를 쳐다보며 쓴웃음을 짓고는 말했다. "네, 그게 다예요."

내가 만약 형사였다면 최악이었을 것이다.

로 스코글리오는 1952년도에 안토니아의 조부모인 페포네와 앙투아네타가 설립했고, 지금은 안토니아와 두 형제가 이 유명한 식당과 작은 객실도 14개가 있는 호텔을 운영하고 있다. 안토니아는 내게 스파게티 콘 주키테 알라 네라노가 매우 오래된 레시피고, 다른 사람들의 얘기에도 따르면 주키니가 제철일 때 어부의 아내들이 가족들에게 요리해 주던 음식이라고 알려줬다. 오늘날 이 레시피는 많은 이탈리아 시골 음식들과 마찬가지로, 전 세계의 레스토랑에서 누구라도 돈을 아낌없이 지불하는 고급 음식으로 여겨진다('카초 에 페페'치즈와 후추만 들어가는 파스타역시 또 다른 좋은 예다). 이제 안토니아와 조금 가까워진 것 같아서(신에게 감사하다), 또 한 번 내가 그 음식을 얼마나 좋아하는지 말하고 혹시 괜찮으면 준비 과정을 봐도 되는지 물어봤다(사실대로 말하자면 나는 여전히 그 음식에 다른 게 들어가지 않는다는 걸 믿을 수 없어서 만드는 과정을 내 눈으로 직접 봐야 했다. 그렇다. 맞다. 나는 지금까지도 이 훌륭한 여성을 의심한 점이 부끄럽다).

로 스코글리오의 주방은 상당히 넓고 언제든 그들이 요리하는 엄청난 양을 무리 없이 내놓을 수 있을 만큼 체계적이었다. 우리가 들어갔을 때 셰프는 실제로 주키니를 요리하고 있었다. 안토니아는 주키니가 작을수록 좋고, 각 음식에 어마어마하게 많은 양의 주키니를 넣어야 한다고 설명했다(주키니를 요리해 본 적이 있다면 크기가 클수록 수분 함유량이 더 많고 맛은 덜하다는 것을 알 것이다).

많은 스파게티 콘 주키니 알라 네라노 레시피는 마늘을 넣거나 심지어 오일에 마늘의 풍미를 더해 파스타에 넣기도 할 것이다. 하지만 안토니아가 말했듯이 '로 스코글리오'에서는 마늘을 전혀 넣지 않는다(이 글을 쓰면서도 안토니아의 말을 믿지 않은 것이 여전히 죄스럽다). 주키니를 대량의 해바라기오일에 넣고 튀기는데 그렇게 하면 실제로 적은 양의 오일로 튀기는 것보다 오일을 덜 흡수한다(문장과 개념 모두 말이 되는지 모르겠지만). 그런 다음 키친타월 위에 놓아 기름을 빼면서 소금과 싱싱한 바질 다진 것을 톡톡

285

뿌린다. 파스타가 다 익으면 주키니를 올리브오일이 든 팬에 넣고 파스타, 바질, 면수 조금, 소금, 후추 그리고 파마산 치즈를 한데 넣어준다(프로볼로네 델 모나코 치즈를 사용할 수 있다고 하지만, 아직 한 번도 시도해 보지는 않았다. 이 책을 다 쓰고 나면 시도해 볼 것이다). 안토니아는 주키니도 대량으로 만들어 다진 바질과 소금을 넣은 뒤, 맛이 서로 어우러지도록 냉장고에 하룻밤 동안 놔둔다고 말했다. 그리고 다음 날 실온에 내놓았다가 필요한 만큼 사용한다고도 알려줬다.

안토니아의 말이 사실임을 직접 확인한 나는, 나를 환대해 준데 감사하며 다시 오겠다고 다짐했다. 그래봤자 안토니아의 우려나 불러일으키겠지만. 그리고 나는 두 달 만에 로 스코글리오에 돌아와 그들의 호텔 방을 잡아 머물면서 스파게티 콘 주키니 알라 네라노를 아침, 점심, 저녁으로 먹었다. 단 한 번도 의심스러운 듯 눈썹을 치켜 올리거나 그곳의 고귀한 여성이 하는 말은 어떤 것이든 토 달지 않겠다는 게 내 의도였다(얼마 전 로 스코글리오에 다시 갔고, 안토니아의 남동생 토마소가 이 음식을 만드는 것을 지켜봤다. 테이블에는 위에서 설명한 모든 재료가 있었다. 그리고… 또 다른 재료가 있었다. 바로 작은 버터 덩어리 하나! 이제야 알았다! 안토니아와 나는 여전히 사이가 좋지만 전적으로 안토니아를 신뢰하지는 않는다. 농담이다. 나는 안토니아와 그 가족을 위해서라면 뭐든 할 것이다. 언제나 그리고 영원히).

다음 장에 스파게티 콘 주키니 알라 네라노의 레시피가 있다. 펠리시티와 나는 아말피 해안 여행에서 돌아온 즉시 아이들에게 만들어 줬고, 그것은 우리 아이들이 가장 좋아하는 음식 중 하나가 됐다. 그 요리에는 채소만 들어가지만 깊은 풍미가 있어 평소에 고기만 고집하는 사람들도 거의 다 놀라고 만족하기 때문에, 다양한 식습관을 가진 가족에게도 아주 좋은 음식이다. 거대한 양의 주키니를 요리하려면 시간이 많이 걸리지만 그만한 가치가 있다. 실제로 레시피에서 요구하는 양 이상의 주키니를 만들어 전날 밤 냉장고에 넣어두는 게 가장 좋다. 이렇게 하면 다음 날 그 요리를 하는 작업이 아주 쉬워지며 다가올 며칠 동안 프리타타에 넣거나, 밥 혹은 폴렌타에 추가할 수도 있고 사이드 디시로도 따로 쓸 수 있다.

오일, 바질, 치즈 그리고 겸손한 주키니. 이 네 가지 재료로 만드는 간단하지만 감동적인 '스파게티 콘 주키니 알라 네라노'는, 다른 사람들은 찾아내지 못하는 곳에서 부를 발견하는 이탈리아인들의 능력을 다시금 확인하게 해준다.

스파게티 콘 주키니 알라 네라노
-4인분-

재료

해바라기 오일이나 식물성오일 또는 원한다면 올리브오일 약 500ml

작은 주키니 8개~10개

싱싱한 바질 다진 것 75g

씨솔트, 맛내기용

엑스트라버진 올리브오일

스파게티 500g

파마산 치즈 강판한 것 200g

만드는 법

1__ 해바라기 오일을 큰 냄비에 붓고 중불에 올려 끓인다.

2__ 주키니를 얇고 둥글게 썰어 노릇노릇해질 때까지 기름에 튀긴다.

3__ 꺼내서 키친타월 위에 올려둔다.

4__ 바질과 소금을 뿌린다.

5__ 그릇에 옮겨 담고 올리브오일을 듬뿍 뿌린다.

6__ 파스타를 알 덴테가 될 때까지 삶은 다음 면수를 2컵 정도 남겨두고 버린다.

7__ 삶은 파스타를 큰 팬이나 냄비에 넣고 주키니 혼합물과 함께 약불에 올려 부드럽게 섞는다.

8__ 면수를 조금씩 넣어 크림 같은 질감을 만든다. 면수는 다 쓰지 않아도 된다.

9__ 파마산을 혼합물에 넣어 부드럽게 저어가며 계속 섞어준다.

10__ 혼합물이 약간 크림처럼 되면 스토브에서 내려 바로 테이블에 낸다.

✱ **참고** 주키니 혼합물은 약 5일 동안 냉장 보관해도 된다. 사용하기 전 실온에 내놓는 게 가장 좋다.

19

아말피 해안을 항해하며 느낀 자유로움은 2020년도 3월에 우리 모두에게 닥친, 흔히 제1차 봉쇄로 알려진 제한적인 생활과 극명한 대조를 이뤘다(우리는 그게 유일한 봉쇄가 될 것이라 생각했다). 내가 이 글을 쓴 것도 그 기간이었다. 다음 내용은 우리 일상의 어느 하루와 그날 일어난 사건을 시간 순으로 나열한 것인데, 기본적으로 이런 일상이 몇 개월간 반복됐다. 우리는 그때 런던에 있었다. 아내 펠리시티와 나는 다섯 살짜리 아들과 두 살짜리 딸, 그리고 큰 아이 셋(18살짜리 딸, 20살짜리 남녀 쌍둥이) 그리고 해외에 있는 부모에게 가지 못하는 쌍둥이의 대학 친구와 함께 그곳에 격리됐다.

다양한 성격, 나이, 필요성, 욕구 등을 가진 이들과 6주 동안 한 집에서 복닥거리다 보니 흥미로운 상황이 연출됐다. 대체로는 잘 굴러갔다.

아무도 누군가를 살해하지 않았다는 의미로.

처음에는 시간을 유쾌하고 즐겁게 보낼 수 있는 거창한 계획을 세웠다. 매일 야식을 담당할 요리사를 교대로 정하고, 그 후에 영화나 게임 또는 모닥불 옆에서 보르도 풍의 말 맞히기 게임 같은 걸 하면 될 것 같았다. 그러나 상황은 그런 식으로 제대로 돌아가

지 않았다. 대신 우리 아이들을 돌봐주던 보모와 매주 청소를 해
주는 사람이 오지 않자 우리의 통상적인 봉쇄날의 풍경은 아래와
같아졌다.

오전 7시

펠리시티와 내가 잠에서 깬 지 얼마 되지 않아 다섯 살짜리 아
들이 우리 방에 온다. 우리가 일어났다는 사실을 아이는 어떻게
아는지 모를 일이다. 아마도 두 살짜리 딸아이의 움직임을 살피기
위해 사용하는 모니터를 아들도 갖고 있는 것 같다. 아이는 여느
때처럼 나를 완전히 무시하고 아내 쪽으로 가서 이런저런 주제로
수다를 떨기 시작한다(아이의 평소 주제는 '드래곤'이다. 『드래곤 길
들이기』시리즈 책과 그와 관련한 여러 영화의 스핀오프에 사로잡혀 있기
때문이다). 펠리시티와 나는 욕실로 향하고 아이는 따라와서 비데
에 걸터앉아 소설의 줄거리를 읊고, 종류가 끝도 없어 보이는 다
양한 드래곤 및 그것들의 특징에 관해 우리에게 알려준다. 아이의
얘기는 해가 질 때까지 계속된다.

옷을 갈아입은 뒤 우리는 두 살짜리 딸아이의 방으로 간다. 딸
아이는 요람에서 '노래'를 부르며 페파피그 그림책의 찢어진 조각
들을 열심히 들여다보고 있다. 우리가 들어서는 걸 보고 아이는
어쩔 수 없다는 듯 책으로 얼굴을 가리고 자는 척한다. 아이는 이

게 재밌다고 생각한다. 아이가 옳다. 나는 아이의 기저귀를 갈고, 노력한 보람도 없이 사타구니를 몇 번이나 가격 당한다.

우리는 모두 아래층으로 내려가 아침식사를 한다. 나는 더블 에스프레소, 오렌지 주스, 바나나와 시리얼이 든 아몬드 우유를 먹는다. 또 D_3, K_2, C, B_{12}가 함유된 비타민 한 줌과 커큐민 파우더 그리고 레고 블록을 주우려고 몸을 구부릴 때마다, 무릎이 녹아내리는 빙하처럼 삐걱대지 않게 관절 보충제까지 챙겨서 삼킨다. 펠리시티는 차를 마시고 아이들은 토스트, 시리얼, 과일, 가끔 달걀 또는 그들이 원하는 것이면 뭐든 먹는다. 음식의 대부분은 어차피 바닥에 떨어진다. 이로 인해 내가 하는 그날의 첫 번째 대청소가 시작된다.

오전 8시

나는 아이들이 만든 난장판을 정리하고 식기세척기 '두 대'를 비운다. 주방 조리대를 닦고 캐비닛과 손잡이를 닦고, 냉장고에 든 내용물을 정리해 유통기한이 지난 것들을 버린다. 그리고 바닥을 쓸고 상당한 의지력을 발휘해 걸레질은 점심 후로 미룬다.

짐작하겠지만, 나는 매우 깔끔한 사람이다. 사실 심신 안정에 도움이 되므로 청소를 좋아한다. 그러나 봉쇄 기간 동안에는 필요 이상이었다. 며칠 전에는 진공청소기를 등에 끈으로 매달면 항상 갖고 다닐 수 있지 않을까 생각하기도 했다. 징조가 좋지 않다.

오전 8시 45분

    펠리시티와 나는 필라테스 강사인 친구와 온라인으로 운동을 한다. 전날 밤 우리는 큰 아이 한 명에게 오늘 아침에 내려와서 동생들을 봐달라고 부탁했다. 수업 시작 몇 초 전 우리가 운동으로 현실을 도피하기 위해 거실로 달려가는 동안, 베이비시터로 지명된 아이가 눈을 게슴츠레 뜨고 아직 잠에서 덜 깬 퉁퉁 부은 얼굴로 '굿모닝'이라 중얼거린다. 이 시간 동안 나는 다시 한번 여덟 명에게 저녁은 무엇을 해먹일지 고민한다.

오전 9시 45분

    요가 시간이 끝나면 펠리시티와 나는 어떤 음식 재료를 보충해야 할지 살핀다. 18살에서 20살 사이의 청년 넷이 있으니 소비되는 음식과 맥주 그리고 와인의 양이 어마어마하다. 근처 상점에 아보카도가 다 떨어졌다면 그건 우리가 먹어치운 결과다. 영국에 케리골드버터도 남아 있지 않다면 그 역시 우리 집 냉동고에 있거나 우리가 다 먹어치워서다. 다 먹는다. 그냥 다 먹어치운다. 어떤 것에 펴 바를 새도 없이. 어제 이웃집 여자가 우리 고양이를 허기에 찬 눈으로 바라보고 있는 걸 보고, 아마 내 게걸스러운 가족이 런던 남서부에 있는 모든 소고기, 양고기, 송아지고기, 닭고기, 소꼬리, 돼지고기, 토끼고기, 사냥해온 고기 모두를 먹어치워 고기를 먹지 못해 그런 건 아닐까 하는 생각이 들었다.

나는 필요 이상의 힘든 운동으로 숨을 몰아쉬며 냉장고를 뒤진다. 집에 있는 재료를 고려해서 나는 오늘 밤 간단 음식을 만들기로 결심한다. 파스타 알라 노르마와 양갈비 볶음. 이 두 가지 요리는 모두의 입맛에 맞고 필요한 영양소를 충족시킨다고 생각한다. 18살 딸아이는 지금 채식주의자여서 파스타만 먹겠지만, 아주 좋은 타이밍이다.

파스타 알라 노르마
- 4인분 -

재료

마늘 큰 것 2쪽, 반으로 자른다.

엑스트라버진 올리브오일

큰 가지 2개, 깍둑 썬다.

씨솔트

마리나라 소스 1리터

파스타(리가토니, 지티 또는 두꺼운 스파게티) 500g

바질 한 줌, 굵게 다진다.

강판한 리코타 살라타리코타를 가염하고 숙성시켜 단단하게 만든 치즈 또는 페코리노 치즈, 한 줌

만드는 법

1__ 매우 큰 프라이팬을 약불에 올려 올리브오일을 부은 뒤, 마늘을 넣고 약 2분간 튀긴다.

2__ 가지를 넣고 불을 중불로 올려 약간 노릇해질 때까지 약 15분간 튀긴다.

3__ 소금으로 간한다.

4__ 마리나라 소스를 넣고 5분 정도 더 끓인다.

5__ 파스타를 끓인 다음 면수를 반 컵 남기고 물기를 빼준다.

6__ 면수를 팬에 든 혼합물에 넣어 섞은 뒤 바질을 뿌린다.

7__ 소스의 ¾을 오목한 그릇에 넣는다.

8__ 파스타를 남은 소스와 함께 팬에 넣고 한데 가볍게 섞는다.

9__ 간 리코타 살라타 또는 페코리노 치즈를 뿌린 다음 추가 소스와 함께 테이블에 낸다.

오전 10시 30분

다섯 살짜리와 홈스쿨링을 하고 나서 펠리시티는 샤워를 하고 침실에서 진행하는 원격 업무를 시작하기 위해 위층으로 올라간다. 펠리시티는 북 에이전트로, 줌 회의를 끝없이 진행한다. 나는 CNN 시리즈를 위해 스튜디오에서 원격으로 보이스오버영화·TV 프로그램 등에서 화면에 나타나지 않는 인물이 들려주는 정보·해설 작업을 끝낸 것을 제외하면, 영화와 TV 제작이 중단됐기 때문에 요즘 할 일이 별로 없다. 내가 아는 한 100년도 훨씬 전에 처음 누군가가 "액션!"이라고 외친 이후로 이런 일은 처음이다.

그래서 나는 빨래를 하고, 아이들과 놀아준다. 종종 '인색한 왕' 같은 게임을 만들어, 나는 매우 고상한 영국 발음을 하고 아이들은 내게 '세금을 바치러' 온 다음 내가 '낮잠을 자면' 다시 돌아와 그것을 훔친다. 내가 이 게임을 좋아하는 이유는 여태 설계된 것 중에서 가장 편안한 의자, 에로 사리넨의 움 체어인 내 '왕좌'에 앉아 있을 수 있기 때문이다. 나는 일어나야 하는 일이 없도록 최대한 그 게임을 오래 끌려 하지만, 두 살짜리에게 냄새가 나기 시작해 기저귀 갈기 임무를 게을리했다는 사실을 깨닫는다.

아이가 자기뿐 아니라 집에 있는 사람 모두에게 똥칠을 하는 가운데 한차례 씨름이 끝나고 나면, 나는 두 아이의 파자마를 벗기고 그날의 일상복으로 갈아입힌다. 다섯 살짜리 아이는 원래 스스로 옷을 입는데 오늘은 못 입겠다고 떼를 쓴다. 그래서 아이에게 각 단계를 찬찬히 설명해 주는 사이, 두 살짜리 아이는 웃음을 터뜨리고 나를 조롱하듯 방 안을 누빈다. 마침내 두 살짜리 아이를 잡아 소파로 데려간 다음, 그날 갈아입을 많은 옷 중 첫 번째 옷을 골라 소시지를 케이싱에 밀어 넣듯 억지로 끼워 입힌다. 그러다 보면 내 안경은 어디 갔는지 자취를 감춰서 아이 옷에 있는 작은 단추가 잘 보이지 않아 옷의 일부를 풀어헤쳐놓은 채, 펠리시티가 눈치채지 않기를 기대한다(펠리시티는 알아채지 못하지만 내 눈에는 보여서 하루 종일 나를 괴롭힌다).

오전 11시

아이들이 옷을 다 입으면 정원에 있는 트램펄린으로 데려가 껑충껑충 뛰어놀게 해준다. 아이들은 호스로도 놀게 해달라고 애원한다. 가끔은 나도 아이들과 함께 조금 뛰거나 '레슬링'할 때도 있는데 이렇게 하면 아이들이 참 행복해한다. 내게도 똑같은 효과를 준다. 잠시 후 나는 마침내 아이들에게 호스와 양동이 그리고 플라스틱으로 만든 장난감 주방 세트를 갖고 물놀이를 할 수 있게 허락한다.

아이들이 노느라 정신이 없으면, 나는 안으로 들어가 주방 창문으로 지켜보며 요리하기 시작한다. 먼저 남은 고기로 닭육수를 만들기로 한다.

간단한 닭육수

재료

닭 등뼈(고기 없는 것) 1개와 가슴살 없는 통닭 1마리(또는 둘 중 하나 총 2마리)

혼합 후추알 10알

노란색 양파 껍질까지 않은 것, 중간 크기 1개, 반으로 자른다.

붉은색 양파 껍질까지 않은 것, 중간 크기 1개, 반으로 자른다.

마늘 2쪽, 껍질까지 않은 것

셀러리 줄기 2개, 4등분 한다.

당근 2개, 4등분 한다.

파슬리 한 줌

월계수 잎 2장

소금

로즈메리 가지 1개

타임 가지 1개

만드는 법

1__ 닭 등뼈를 냄비에 넣고 물을 채운다(통닭을 사용하는 경우 다리 관절을 여러 조각으로 자른다).

2__ 끓이며 위에 올라온 불순물을 걷어낸다.

3__ 다른 재료들을 다 넣고 뚜껑을 반쯤 덮은 채 원하는 만큼, 그러나 최소 2시간 동안 끓인다.

4__ 체로 걸러서 용기에 담아 식힌 다음, 냉장고에 넣거나 냉동용 팩에 나눠 담아 얼린다.

오후 12시 15분

큰 아이들이 기상한다. 아이들이 주방에 들어가 빵 한 덩어리와 체리토마토 1리터, 아보카도 4개, 달걀 6개, 블루베리 1리터, 바나나 4개, 베이컨 20줄, 아몬드밀크 1리터, 네스프레소 캡슐커피 6개 그리고 오렌지 주스 1리터를 후딱 해치운 뒤 TV가 있는 방이나 자기 침실로 물러나며 과제를 할 거라고 말한다. 신뢰는 가지 않지만 나는 아이들의 말을 믿으려 한다.

어린아이들의 젖은 옷을 갈아입히면 펠리시티가 내려와 아이들에게 점심을 준다. 나는 욕실 한두 개를 청소하고, 빨래를 좀 더하고, 3시간 전에 청소한 곳을 진공청소기로 또 청소한다.

오후 1시 30분

펠리시티가 두 살짜리 아이를 재우고, 다섯 살짜리에게 오디오북을 들려준다. 나는 마리나라 소스를 만들고 파스타 알라 노르마에 넣을 가지를 손질한다.

오후 3시

다 준비되고 주방 청소를 한 번 더 끝내면, 나는 뭔가를 쓰고 읽고 이메일을 확인하려 한다. 그러나 머리를 식히기 위해 뉴욕타임스의 십자낱말퍼즐을 시작하고 곧 잠에 빠져든다.

오후 3시 30분

턱에 침이 고이고 십자낱말퍼즐의 답은 거의 채워지지 않은 채 잠에서 깬다. 시계를 보고 두 살짜리 아이를 낮잠에서 깨우기 위해 얼른 위층으로 올라간다. 도착했을 때는 펠리시티가 이미 전화로 회의를 하면서 기저귀를 갈고 있다. 아내가 나를 흘겨보고 싶어 하는 걸 알지만 다행히 펠리시티는 그보다는 훨씬 더 좋은 사람이다. 아이를 받아안아 기저귀를 마저 갈고 옷을 갈아입힌 다음 아래층으로 간다. 아이 둘에게 간식을 주고 정원에서 함께 논다. 트램펄린 위에서 뛰거나 집 뒤쪽 테라스에서 분필로 그림을 그리거나, 달팽이를 찾아보고 색칠을 좀 하기도 한다. 이 일련의 일은 아름다운 동시에 피곤하다. 우리는 한순간 웃지만 다음 순간 누군가가 운다. 나는 "동생 몇 분만 가지고 놀게 하고, 나중에 네가 가지고 놀자!" 같은 말을 하며 중재에 나선다.

"몇 분이 어느 정도인데?"

"3분 정도?"

"3분?"

"응, 3분. 그런 다음 네가 가지면 돼."

"시간 재줄 거야?"

"응, 아빠가 시간 잴게."

실제로 시간을 재지만, 두 살짜리는 물건을 빼앗기면 비명을 지른다. 놀이가 다시 시작되지만, 말다툼도 다시 시작된다.

오후 4시 30분

시계를 보고 오후 5시 칵테일 시간이 오길 바란다.

오후 4시 45분

나는 체념하고 네그로니를 만든다. 네그로니는 가슴과 같다는 말이 있다. "하나는 부족하고 둘은 완벽하며 셋은 너무 많다."

오늘, 네 잔을 마시면 어떻게 될지 보고 싶다.

오후 5시

　큰 아이들이 이제 아래층으로 내려와 저녁 요리를 다 하기도 전에 음식을 먹어치운다. 하기는 싫지만 눈치가 보이는지 고맙게도 두 아이가 어린아이들을 데리고 올라가 씻겨준다. 펠리시티가 주방으로 들어와 네그로니를 부탁한다. 나는 혼자 마시는 걸 싫어하므로 기꺼이 한 잔 만들어준다. 그러나 나는 거의 매일을 혼자 마신다. 어쨌든 진정으로 혼자 마시는 사람은 없다. 누군가가 다른 어느 곳에서 항상 마시고 있을 테니까.

　우리는 아이들의 저녁으로 양갈비와 밥 그리고 까먹는 깍지콩을 준비한다. 나는 화이트와인으로 갈아타고, 마침내 저녁이 됨을 신께 감사한다.

양갈비

- 성인 4인분 -

재료

최고급 엑스트라버진 올리브오일, 조금

마늘 3쪽, 반으로 자른다.

양갈비 10~12개, 사용하기 전에 소금 간해서 1시간 놔둔다.

화이트와인

싱싱한 로즈메리 1티스푼

싱싱한 타임 1티스푼

1__ 큰 철제 팬에 오일을 조금 붓고 마늘을 넣는다.

2__ 약불에 올려 약 3분간 조리한다.

3__ 꺼내서 옆에 놔둔다.

4__ 불을 중강불로 올린 다음 양갈비가 갈색이 될 때까지 각 면을 2~3분 정도 재빨리 굽는다(이 과정은 두 번에 나눠서 할 수 있다).

5__ 양갈비를 프라이팬에서 꺼내 접시에 옮겨 놓는다.

6__ 화이트와인을 조금 넣고 물도 조금 넣어 데글레이즈고기를 굽거나 볶을 때 바닥에 눌어붙어 있는 부스러기를 와인, 스톡, 물, 크림 등을 넣고 녹여 소스의 기초재료로 만드는 것 한다.

7__ 볶아둔 마늘과 허브를 프라이팬에 넣고 1분 정도 요리한다.

8__ 양갈비 위에 부어주고 포일로 덮어 5분 동안 놔뒀다가 테이블에 낸다.

오후 6시

어린아이들에게 음식을 먹이려면 때론 설득하거나 간청하거나 협박하거나 "이거 안 먹으면 디저트는 없어." 또는 "드래곤들이라면 접시에 있는 음식을 남겼을까?" 같은 구닥다리 얘기를 해야 한다.

"드래곤들은 접시에 밥 안 먹을걸."
"드래곤들은 그렇지. 나도 알아. 난 그냥… 제발 얼른 다 먹어달라는 말이야."

아이들이 식사를 마친 다음, 어느 정도 어린 친구들은 TV를 보게 해준다. 아들은 드래곤, 딸은 페파피그다(다른 부모들처럼 아내와 나도 짜증이 나긴 하지만 돼지 애니메이션을 만든 사람들이 천천히 죽기를 바란다. 하긴 그들은 돈이 너무 많아서 아마 벌써 불로초를 사 먹었을 것이다. 어쨌든 돼지는 매일 1시간 30분가량 우리가 숨을 돌릴 수 있게 해준다. 신이시여 돼지 창조자들에게 축복을 내리소서!).
아이들이 TV에 몰두하는 사이 나는 '앉아 있어야 하는 시간'을 위해 요리 준비를 시작한다.
TV 보는 시간이 끝나면 우리는 아이들을 침대로 안내한다. 평소처럼 두 살짜리 아이는 자기가 사랑하는 분홍 돼지 친구를 떠나보내는 게 싫어서 젖병을 물고 비명을 지른다. 아이를 침대에 눕

힌 뒤 우리는 번갈아가며 다섯 살짜리 아이에게 드래곤에 관한 책을 읽어준다. 배가 고프다는 아이의 말에 하는 수없이 토스트를 만들어주며 "그러니까 저녁을 먹으라고 했잖아. 이게 마지막이야. 이제 안 만들어줘." 따위의 말을 한다.

그리고 실제로 그 말은 맞다. 내일까지는 안 만들어주니까.

오후 7시 45분

펠리시티와 나는 우리 둘과 다른 네 명의 인간 메뚜기를 위해 저녁을 요리하고, 더 이상 식탁을 차리기 귀찮아서 부엌 주변에 서서 식사한다. 우리는 보통 음식을 먹고 와인을 마시고 음식 품평을 하지만, 최근 일주일 간 서로에게 말을 한 적이 거의 없다. 우리 모두 각자의 불안에 사로잡혀 있다는 뜻 같아서 나는 슬퍼진다. 20살짜리 아이들은 그들의 해외연수가 이루어질 수나 있을지 걱정하고, 18살짜리 아이들은 시험을 치지 않는데 대학에서 어떻게 누구를 합격시키고 누구를 낙방시킬지에 관해 걱정하고 있을 거라고 확신한다. 펠리시티는 보조의 휴직과 부모님의 안전과 천 가지 다른 것들을 걱정한다. 나는 매우 사교적인 우리 부모님이 사회적 거리두기를 실제로 실천하고 있을지, 이 시기가 끝나면 어떤 일자리가 가능할지 걱정한다. 그리고 이미 여기 있는 사람들 중 하나가 돈을 벌기 위해 한동안 떠나 있어야 할 확률이 높다는 것을 알고 있다.

하지만 우리 모두가 처한 상황이 아무리 실망스러워도, 우리 머리 위에는 지붕이 있고 배에 음식을 넣어가며 병의 증상 없이 서로 함께 있다는 게 얼마나 다행스러운 일인지 생각하지 않을 수 없다. 어느 방향으로든 몇 킬로미터 이내에 과로와 피곤에 찌든 국립보건서비스 의사와 간호사 그리고 지원부서 직원들의 보살핌을 받으면서도 아파 죽어가는 환자가 넘쳐난다. 자선단체와 국립보건서비스 직원들을 위해 수표를 보내거나 돈을 모금하는 것 외에 우리는 감염이 두려워 어떤 일도 할 수 없고 무기력하기만 하다. 조용히 식사하면서 우리 모두는 큰 고통 없이 얼른 이 사태가 끝이 나기를, 우리 지도자들이 적어도 한 가지는 똑바로 해내기를, 그래서 다음에 함께 격리될 때는 선택에 의한 것이기를 바란다.

오후 9시 15분

힘 모아 주방 청소를 한 뒤 각자 갈 길을 간다. 아이들은 TV 방에, 아내와 나는 책 읽으러 거실에 간다. 곧 나는 무릎을 삐걱대며 계단을 올라 침대로 향할 것이고 내일 저녁식사 계획을 내내 짤 것이다. 어린아이들은 치킨커틀릿 그 외 모두는 버섯리소토다.

첫 번째 봉쇄가 시작된 지 거의 1년이 지났고, 우리는 지금 두 번째 봉쇄의 6주 차에 들어서고 있다. 분명 첫 번째 봉쇄는 효과가 없었다. 그러나 이제 사람들은 몇 가지 예외는 있지만 규칙을 준수하며 더 진지하게 사태를 받아들이고 있는 것 같다. 백신이 전파되고 감염 사례와 사망자 수가 크게 감소하고 있어서 그것만으로도 우리 모두는 감사하다.

봉쇄 처음 몇 주 동안은 이사벨의 남자친구를 포함한 모든 아이가 집에 있어서, 음식을 어마어마하게 구입해 요리를 하고 위에서 기록한 것과 비슷한 식으로 먹어치웠다. 그러나 이제 정신건강을 유지하기 위해 니콜로는 자기 아파트와 '친구들'이 있는 브라이튼으로 돌아가 온라인으로 대학 수업을 이어가고 있고, 이사벨과 남자친구는 그의 집으로 물러났다. 오직 카밀라만이 나와 펠리시티, 마테오 그리고 에밀리아와 함께 갇혀 있다. 그러나 첫 번째 봉쇄 때와는 달리 에밀리아는 이제 완전한 문장으로 말을 하고(종종 어떤 문장은 전혀 이해되지 않지만), 제 오빠만큼 쉴 새 없이 떠들어댄다. 모두를 위해 재미있는 일이다(실제로 그렇다).

카밀라는 정신건강을 챙기기 위해 재봉틀을 사서 '실밥을 꿰는 일'을 위해 자기 방에 돌아갈 것이라고 말한다. 하지만 나는 카밀라가 우리 모두로부터 떠날 열기구를 만들고 있으리라 생각하지 않을 수 없다. 카밀라에게 뭐라 할 수는 없다. 침대 시트가 종종 없어지고 포트넘 앤 메이슨 바구니가 모조리 사라진 걸 알아챘지만. 흠…

펠리시티와 나는 이제 요리해서 먹일 사람이 단 다섯 명 밖에 되지 않는다.

오. 거의 너무 쉬울 지경이다.

거의 그렇다는 말이다.

20

로스앤젤레스에서 며칠 이상 머무르는 일은 꽤 고통스럽다. 약 34년 전에 처음 방문했을 때부터 나는 그곳을 죽 그런 식으로 느꼈다. 아름다운 지역과 훌륭한 레스토랑, 내가 진심으로 사랑하는 친구와 가족이 있지만 그곳은 내게 어울리지 않는다. 나는 끊임없이 쏟아지는 햇빛과 비가 내리지 않는 환경, 계절의 부재 그리고 그 모든 것이 마음에 들지 않는다.

나는 5년 이상 로스앤젤레스에 가지 않다가 4년 전 〈퓨드〉라는 드라마 시리즈를 촬영하기 위해 그곳으로 가게 됐다. 나는 너무 오래 떨어져 있지 않기 위해 로스앤젤레스에서 런던까지 수도 없이 비행기로 왔다 갔다 했지만, 일정 때문에 예상했던 것보다 훨씬 더 오래 그곳에 머물러야 했다. 가족과 떨어져 있는 고통도 고통이었지만 더 심각한 것은 쑤시는 듯한 턱의 통증이었다. 이 통증은 한동안 있다 없다 했고, 로스앤젤레스에 있을 때는 더 악화됐다. 훌륭한 치과의사를 찾아갔지만 그도 무엇이 잘못됐는지 알아내지 못했고, 통증이 지속되면 다시 검사하러 오라는 말만 했다. 런던으로 돌아와 그곳 치과의사의 요청에 따라 사랑니를 뽑았다. 우리 둘 다 사랑니가 이웃 치아와 너무 가까워서 그 사이에 음식이 끼여 문제를 일으킨다고 생각했던 것이다(하필 음식 회고록에서 이런 불쾌한 내용이라니… 깊이 사과드린다). 그러나 사랑니를 뽑

은 뒤 통증은 더 심해졌다. 로스앤젤레스에 돌아와 첫 번째 치과
의사에게 가서 다시 검사를 받았더니 구강암의 일종일지도 모르
겠다고 말했다.

나는 너무 놀라서 거의 기절 직전까지 갔다. 케이트가 4년 동안
암과 투병하다 떠났기에 그 세계로 다시 들어간다는 생각만으로
도 무서웠다. 치과의사는 즉시 정밀검사를 해보자고 제안했다. 나
는 그날 저녁 로스앤젤레스를 떠났고, 검사는 영국에서 하기로 결
정했다.

일부는 두려움 때문에, 또 일부는 내가 암에 걸릴 리 없다는 극
도로 오만한 불신 때문에 약속을 계속 미뤘다. 통증은 한동안 지
속됐고 사실 더 심해지기 시작했다. 그때부터 진통제를 꾸준히 복
용하기 시작했다.

그 후 몇 달 동안 진통제의 복용량을 아무리 늘려도 통증은 사
라지지 않았고, 일은 계속했지만 점점 정상적인 기능이 어려워졌
다. 2017년도 크리스마스 직전에 나는 어느 때보다 더 심한 통증
을 느끼며 토론토에서 일을 끝내고 런던으로 돌아왔다. 펠리시티
는 런던에 있는 침샘암 전문 의사에게 가봐야 한다고 주장하며 나
를 병원에 끌고갔다.

장갑 낀 손으로 내 입을 열고 목을 들여다보자마자 의사가 말
했다. "혀뿌리에 거대한 종양이 있네요. 암일 가능성이 많고, 앞으
로 이런 절차들이 기다리고 있습니다. 우선 정밀검사를 받으셔야

합니다. 정밀검사를 해야 암인지 아닌지, 전이는 됐는지 알 수 있습니다. 그런 다음 수술을 할 수 있다면 수술을 해서 종양을 제거할 겁니다. 그러고 나서 방사선 치료와 화학 요법을 받아야 하고, 아마 몇 달 동안 배에 튜브를 꽂아 거기로 음식을 먹어야 할 겁니다." 의사는 환자에 대한 배려는 조금도 없었다.

나는 이번에도 거의 기절할 뻔했다.

과거 케이트를 치료할 방법을 찾아 전 세계를 돌아다니며 수없이 많은 의사와 과학자를 만났었다. 전통적인 방법을 쓰는 사람도 있었고, 대체 의학을 신봉하는 사람도 있었지만, 모두 '싯다르타 무케르지'가 말하는 만병의 황제인 암의 치료제를 찾는 데 헌신하는 사람들이었다. 나는 그들에게서 여러 다양한 시각으로 암을 이해하게 됐고, 그 지식들은 나를 희망적이게 만든 동시에 매우 두렵게 했다. 케이트는 너무도 끔찍한 표준 치료(화학 요법, 방사선 등)를 경험하고도 궁극적으로는 효과가 없었기에 나는 그중 어떤 것도 겪지 않기로 결심했다.

문제는 종양이 너무 커서 혀의 상당 부분을 제거하면 다시는 정상적으로 먹거나 말할 수 없다는 것이었다. 그래서 수술은 불가능했다. 따라서 실행 가능한 유일한 방법은 35일간의 고용량 표적 방사선 요법과 일곱 번의 저용량 화학 요법뿐이었다. 다행히 기적적으로 암이 전이되지는 않았기 때문에 이 프로토콜을 따르면 치유율이 90%에 가깝고 재발률이 극히 낮다는 것은 입증되어 있었다. 그런 수치를 반박하기는 매우 어려워 결국 그 과정을 진행했다. 물론 나도 겁이 났지만, 평소 매우 적극적이고 긍정적인 펠리시티 역시 공포에 떨고 있다는 것을 알았다. 그럴 수밖에 없었다. 펠리시티는 당시 임신 중이었고, 우리는 곧 새 집으로 이사할 예정이었다. 더군다나 우리에겐 두 살짜리 아이와 세 명의 고등학생이 있었다. 하지만 앞으로 나아갈 최선의 방법을 집요하게 계산하고, 성공적인 결과를 보장해 줄 가장 유능하고 혁신적인 의료진을 찾아내는 펠리시티의 타고난 강인함과 투지 그리고 총명함은 그녀가 느끼고 있는 어떤 두려움도 무색하게 만들었다. 펠리시티의 확신과 사랑 그리고 인내심은 내게 가장 강력한 기둥이었고 의료를 비롯한 모든 면에서 지금도 여전히 그러하다. 그녀가 나에 대해 같은 생각을 하지 않는 것이 조금 부끄럽긴 하지만.

뉴욕시 마운트 시나이 병원에서 에릭 젠든 박사가 초기 치료 과정을 설명했고, 거기서 리처드 박스트 박사가 내 케이스를 넘겨받았다. 박스트 박사는 의과대학을 졸업할 때 환자 응대 예절을 따로 이수한 사람 같았다. 하지만 그와 그의 팀이 아무리 친절하고 확신에 차 있다 해도 나는 내 삶에서 가장 중요하고 필수적인 부분 하나가 심각하게 훼손되거나 영구적으로 손상될 수도 있다는 데 엄청난 두려움을 느꼈다. 그 중요하고 필수적인 부분은 바로 음식을 맛보고, 먹고, 즐기는 능력이었다. 어떻게 그들은 내가 미각과 후각을 잃고, 배에 꽂힌 튜브를 통해 음식을 먹어야 하는 수모를 기꺼이 감당하기를 바랄까? 특히 배에 튜브를 꽂는 건 절대로 겪지 않겠다고 다짐한 것이었다. 그들은 내가 수많은 질문으로 두려움을 반복적으로 표현하는 동안 참을성 있게 귀를 기울였다. 실제로 힘든 과정이 될 테고 미각과 후각뿐만 아니라 대부분의 타액도 잃게 될 테지만, 제때 완전히 회복할 가능성이 훨씬 더 높다고 끊임없이 말해줬다.

나는 그들의 말을 믿지 않았다. 하지만 믿었다. 믿지 않았을 때만 빼고.

치료

목이나 머리에 표적 방사선요법을 성공적으로 해내기 위해서
는 환자의 머리가 완전히 고정되어야 한다. 7주 동안 일주일에 5
일, 얼굴과 목 그리고 어깨의 윗부분에 맞춤형 웹 마스크가 씌워
지고, 그 기간 동안 머리를 꼼짝도 못 하게 하기 위해 판에 고정시
킨다. 그런 다음 '재갈'이 마스크 구멍을 통해 삽입되어 입과 혀가
최대한 고정되도록 치아 사이에 묶인다. 나는 좋든 싫든 내 삶에
있어서 가장 중요한 영향들이 이 구멍으로 나온다는 사실을 깨달
을 수밖에 없었다.

그리고 세 번의 치료 후에 예전에도 가끔 앓았던 미로염이 생
겼다. 이는 극심한 어지럼증으로 끔찍한 메스꺼움이 유발되어 증
상이 지나갈 때까지 누워만 있어야 하는 불능 상태를 야기한다.
불행하게도 방사선이 내 맛을 느낄 수 있게 해주는 미뢰와 침샘 그
리고 입의 균과 연조직에도 큰 타격을 주기 시작하면서 나는 식욕
을 완전히 잃어버렸다.

일주일 간의 치료가 끝나자 내 입에 넣을 수 있는 모든 음식들
은, 전부 다 오래되고 젖은 판지 맛이 났다. 며칠이 지나자 이제는
배설물까지 묻어 있는 것 같았다. 입에 여러 개의 궤양이 생기면
서 끈적끈적하고 역겨운 맛의 침이 나왔다. 이때부터 위에서 얘기
한 모든 증상이 날이면 날마다 더 심해졌고, 어떤 음식도 실제와

는 다른 냄새가 나서 역겨웠다. 이때는 억지로 입에 뭔가를 넣으면 음식의 가장 나쁜 성분의 냄새만 나거나 그런 맛이 느껴졌다.

소고기나 닭육수 몇 모금을 제외하고는 아무 것도 먹을 수 없는 상태가 지속됐다. 냉장고에서 먹을 걸 찾으려 했지만 문을 열자마자 심한 악취가 달려들었다. 단백질 음료를 처방받았지만 거의 목으로 넘기지 못했다. 또 통증을 완화하고 잠자는 데 도움이 되려고 맞은 모르핀 때문에 변비가 너무 심각해져서 작은 파이프 폭탄이라도 있어야 해결이 될 것 같았다.

아이러니하게도 매주 병원에서 화학 치료를 받거나 일주일에 몇 번 정맥주사로 수분을 공급하는 동안 나는 '요리 프로그램'을 시청했다. 남들이 보면 정말 미친 사람처럼 보였을 것이다. 음식을 생각하는 것만으로도 역겨운데 마조히즘적 같은 행동이라니. 이거야말로 순수한 자기 학대였다. 하지만 돌이켜 보니 그것은 내가 사랑했던 것에 다시 돌아가려는 방법이었던 듯하다. 잊지 않기 위해, 너무 간절했기 때문에 한때 가졌던 것을 기억하려고 애썼던 것 같다.

나는 어떤 환자보다 빨리 낫기로 결심했다. 의사나 통계가 뭐라고 하든 말든 〈마스터 셰프〉 〈지아다 드 로렌티스〉 〈아이언 셰프〉 〈다이너스〉 〈드라이브인스 앤 다이브스〉 그리고 뚜렷한 이유 없이 많이 먹으면서도 어떻게든 아직 살아 있는 남자가 등장하는 기분 나쁘고 불필요한 쇼를 보면서, 그들을 연료로 삼아 빠른 시간 내에 미각과 침샘을 모두 되찾으리라 다짐했다.

치료 중간쯤, 확실하게는 4월 19일에 펠리시티가 에밀리아를 낳았다. 딸아이는 제왕절개로 태어났는데, 모두 알다시피 제왕절개는 아기에게는 가장 쉽지만 산모는 출산 후 꽤 오랫동안 고생을 해야 한다. 물론 자연분만도 그렇게 황홀한 경험이 아니기는 마찬가지지만(솔직히 말해서 만약 남자가 출산을 해야 한다면, 오늘날 지구 표면에 살고 있는 사람이 수십억 명이 아니라 총 47명 정도밖에 되지 않을 거고, 낙태 병원은 자동차 부품, 골프장비 그리고 총기와 함께 월마트의 한 매장에 불과할 것이다). 다행히 펠리시티와 사랑스러운 딸을 보기 위해 병원에 갈 정도의 힘은 있었지만, 곧 내 침대로 다시 사라져야 했다. 나는 에밀리아를 안고 펠리시티를 도울 수 있을 만큼 힘을 되찾아야겠다고 계속 다짐했다. 5주 차에 이르자 너무 허약해지고 속도 메스꺼워졌다. 체중까지 많이 감소해버려서 결국 내가 배에 튜브를 꽂아 음식을 넣어달라고 간청할 수밖에 없었다. 그 튜브는 거의 반 년 동안 배에 연결되어 있었다.

치료가 끝날 때쯤에는 체중이 14kg가량 줄어 있었고, 얼굴과 목에 털이 하나도 없었으며, 계단 하나도 제대로 올라가지 못했다. 런던으로 돌아온 뒤 나는 하루 종일 침대에 누워 단백질 셰이크나 나중에는 내가 만든 음식을 튜브를 통해 먹어야 했다. 요리가 너무 그리웠다.

나는 스토브 앞에서 온갖 재료의 냄새를 참아가며 내가 먹을 수 있는 음식을 만들곤 했다. 어떤 맛인지는 중요하지 않았다. 어차피 그 음식은 튜브를 통해 곧장 위로 들어가니까. 그러나 다른 누군가가 입으로 그걸 먹는다면, 맛있어야 하는 게 그 무엇보다 중요했다. 나는 콩과 닭육수를 파스타나 달걀 볶음밥과 섞어 퓌레로 만들었지만, 튜브가 막히지 않게 물이나 육수를 더 넣어 아주 묽게 만들어야 했다. 또 입으로 물을 마시면 배터리 전해액을 머금는 것처럼 화끈거려서 물마저 튜브로 공급해야 했다.

니콜로와 이사벨 그리고 카밀라는 나의 쇠약한 상태를 마주하고도 아주 긍정적이고 낙관적이었다. 그러나 아이들의 엄마가 비슷하게 고생한 지 채 10년도 지나지 않았기에, 아픈 걸 보는 아이들의 마음이 얼마나 힘들지 알고 있었다. 내가 암 진단을 받았을 때 아이들이 무척 놀라서, 내 병은 케이트의 경우와는 예후가 완전히 다르다고 펠리시티와 내가 안심시켰다.

하지만 엄마를 잃은 상처는 결코 사라지지 않는 법이다. 엄마만 사라질 뿐이다. 우리가 아무리 안심을 시켜도 아이들은 그 끔찍한 트라우마를 고스란히 다시 겪어야 하는 게 두려웠을 것이다.

몇 주가 지나고 몇 달이 지나자 마테오의 키와 어휘는 늘었고, 에밀리아는 밤새 깨지 않고 잠을 자고 기어가는 법을 배웠다. 니콜로와 이사벨은 대학에 지원했고 고등학교를 졸업했다. 카밀라는 고학년에 접어들었고, 우리는 어쨌든 새 집으로 이사를 했으며 펠리시티는 제왕절개 수술에서 회복했다. 그리고 나도 조금씩 나아지기 시작했다.

그러나 내가 예상했던 것보다 회복은 훨씬 더 오래 걸렸고 어려웠다. 치료 중에 우울증을 겪었고, 치료가 끝난 뒤에도 우울증이 몇 달 동안 지속됐다. 침대에만 누워있어서 나는 어떤 식으로도 함께할 수 없는데, 가족들은 아래층에서 일상을 이어가는 소리를 듣노라면 내가 우리 집에서 유령이 된 것 같은 느낌이 들었다. 이제 다시는 요리를 할 수도, 내가 사랑하는 사람들과 식사를 즐길 수도 없을 것 같은 기분이었다.

마지막 치료를 끝내고 반 년이 지난 후, 정밀검사를 받으러 뉴욕에 갔다. 친구 라이언 레이놀즈와 블레이크 라이블리의 집에서 머물렀는데(유명인 이름 나열하기가 끝났다고 생각한 독자께 심심한 사과의 말씀을 드립니다), 혼자 검사를 받으러 가고 싶었지만 라이언이 함께 가겠다고 우겼다(그는 내가 유일하게 아는 강압적인 캐나다인이다). 의료진이 그날 아침 검사 결과지를 가져왔고, 결과는 '질병의 증거 없음'으로 판명됐다(이제 어떤 언어로든 내가 가장 좋아하는 말은 바로 이것이다. 질병의 증거 없음). 나는 말할 것도 없이 크게 안도했다. 라이언은 눈물을 흘렸고, 여성 의사들도 마찬가지였지만 그 이유가 너무 가까운 곳에 라이언이 있었기 때문이라는 걸 나는 안다.

의사들은 마침내 내 복부에서 튜브를 제거해도 될 것 같다고 했고, 나는 기뻤다. 하지만 몸 안에는 물로 가득 찬 풍선도 있었는데, 이 풍선은 튜브가 몸에서 빠져나가 바닥에 떨어지지 않게 해주던 거라 튜브를 제거하려면 누군가 풍선에서 물을 빼내고 튜브를 잡아당겨야 한다고 했다. 그리고 그건 마치 복부를 한 대 세게 얻어맞는 것 같은 느낌을 준다고도 했지만 그런 건 하나도 걱정되지 않았다. 나는 튜브를 삽입했던 의사를 기다리지 않고 이곳에서 바로 해도 될지 물어봤다. 좋은 소식도 있었지만 가까운 곳에 라이언이 있다는 사실에 기분이 들뜬 박스트 박사는, 그 보기 흉한 부착물을 제거할 수 있도록 허락해 줬다. 영화 〈데드풀〉의 주인공이 들어온 후부터 남자들을 포함한 모든 직원들이 계속 얼굴을 붉히고 있었는데, 그중 여자 의사 한 명이 자기가 그 영광스러운 일을 하겠다고 나섰다. 여전히 스타를 만나 황홀경에 빠진 여성 의사가 내 쪼글쪼글한 배에서 튜브를 잡아당기려는 찰나, 내가 "잠깐만요!"라고 외쳤다.

"네?" 의사는 '그 사람' 앞에서 중요한 일을 하려는데 내가 망쳐 버리자, 약간 화가 난 표정으로 바라보며 물었다.
"먼저 풍선에서 물을 빼야 하는 거 아닙니까?"
"네…?"
"풍선이요, 내 안에 있는. 그렇지 않으면 통과가 되지 않아서…"
"아, 죄송합니다. 전 그냥… 그걸 너무 오랜만에 해봐서…"

모두 왁자지껄하게 웃는 가운데 의사는 절차를 수행했고, 나는 마침내 오랫동안 나의 두 번째 입을 담당했던 물건에서 해방됐다.

　튜브가 제거되자 상당히 자유로웠다. 이제 본래의 목적을 위해 특별히 설계된 구멍을 통하지 않고는 달리 먹을 방법이 없었다. 사실 이미 입으로 먹기 시작했지만 부드럽고 순한 음식만 먹도록 제한됐다. 이건 실망스러웠지만 제대로 씹을 수 있고 보통처럼 혀를 움직일 수 있다는 것만으로도 굉장히 운이 좋았다는 사실을 알고 있었다. 방사선은 두 가지 행동이 필요한 근육에 심각한 손상을 일으킬 수 있고, 수술을 하지 않아도 그 두 가지 부작용은 아주 흔했기 때문이다. 언어치료는 회복 중인 환자들에게 혀와 아래턱의 기능을 회복하기 위한 치료 후 프로그램의 일부다. 다행히 4년 동안의 언어와 목소리 훈련 덕분에 나는 무슨 일이 일어나고 있는지 과할 정도로 알 수 있었고, 정상적인 움직임을 유지하기 위해 필요한 것들을 계속 해나갈 수 있었다.

　2년이 넘는 시간 동안 내 입은 굉장히 예민했다. 탄산음료를 마실 수 없었고 매운 음식은 먹을 엄두도 내지 못했다. 술은 마시고 맛볼 수 있었지만 대체로 얼음을 잔뜩 넣은 화이트와인을 고집했다. 탄닌 때문에 마치 먼지와 후추가 묻은 천이 혀 위를 훑고 지나가는 것 같은 느낌이라 레드와인을 마실 때도 얼음이 필요했다.

내가 사랑해 마지않는 마티니는 그림의 떡이었다. 침이 부족해서 고기를 충분히 씹어 삼킬 수 없고 자칫 모든 게 한 덩어리가 되어 목에 걸리기 십상이라 스테이크도 먹을 수 없었다(닭 가슴살 같은 연한 걸 먹어보려다 위급 상황에 처한 적이 몇 번 있었다). 대부분의 살코기와 두꺼운 빵 조각도 마찬가지였다. 내가 먹는 것에는 반드시 일정량의 수분이 포함되어 있어야 했고, 그렇지 않으면 목으로 넘기는 데 꽤 오랜 시간이 걸리거나 아예 먹을 수 없었다.

인체의 균형은 얼마나 완벽한지 참 신기하다. 침이 조금만 줄어들어도 삼킬 수 있는 음식의 종류가 급격히 줄어든다. 나는 가족들이 무심코 빵이나 크래커, 훈제연어, 바게트에 넣을 살라미 따위를 집어 들고 아무런 고민 없이 삼키는 게 정말 부러웠다. 나는 내 입에 들어가는 모든 것들을 목에 막히지 않고 넘기기 위해 어떤 것을 더 추가할지 매번 계산해야 했다. 아버지와 마찬가지로 나도 예전에는 음식을 너무 빨리 먹었다. 어린 시절에 동생들이 한 그릇을 다 먹기도 전에 나는 파스타 두 그릇을 해치우곤 했다. 이런 나쁜 습관이 필요에 의해 사라졌다. 또한 나는 식사 중에 맞은편에 앉은 사람과 편하게 대화할 수 없었다. 대체로 나는 당장 내 앞에 놓인 임무를 끝내놓고 대화를 해야 했다.

다시 식당에 가게 되고, 사람들을 식사에 초대하고, 누군가의 집에 저녁을 먹으러 갈 수 있게 됐을 때도 나는 무엇을 먹게 될지 몰라 불안했다. 뭔가를 먹다 목이 메거나 실수로 매운 음식을 먹고 입이 너무 아파서 남은 시간 동안 아무것도 먹지 못하게 될까

봐 두려웠다. 친구든 레스토랑 주인이든 셰프든, 누군가 내게 맛을 봐달라고 하면 예의상 한 입 먹고는 내가 맛을 알거나 삼킬 수 있는 것처럼 가장하고 고통스럽지 않은 척했다.

너무나 맛있는 음식이 내게는 똥맛으로 느껴질 수 있고, 아주 가벼운 양념도 다음 24시간 동안 내 입에 큰 해를 끼칠 수 있다는 사실을 사람들은 이해하거나 상상하지 못했다. 기본적으로 침 없이 뭔가를 먹는 것과 비슷하다는 걸 받아들이지 못했다. 집에서도 간단한 파스타 한 그릇을 먹는 게 힘들다는 사실이 부끄러워서 가족과 따로 음식을 먹는 경우도 종종 있었다. 이 모든 것은 실망스러웠고 내가 어린 시절부터 살아온 방식에 대한 저주 같았다. 나는 먹고 마시는 것을 통해 사회와 교류하고 있었다. 매주 조금씩 차도는 있었지만 어쩌면 삶이 먹을 만했던 예전으로 다시 돌아갈 수 없을지도 모른다는 생각을 하지 않을 수 없었다.

말했다시피 거의 2년 동안 국과 수프 등을 제외하면 채식 위주로 먹었다. 다음 장에 소개할 레시피는 삼키기 쉽고 기본적으로 내가 건강을 유지하는 데 필요한 영양소가 다 들어 있어서 내게는 주식이었다. 솔직히 아주 맛있어서 이 모든 게 끝난 지금도 여전히 이 음식에 싫증 나지는 않는다. 스크램블 에그, 오트밀, 다양한 수프와 함께 기본적으로 나를 지탱하고 원기를 회복하는 데 도움을 줬다.

파스타 파지올리 (내 방식대로)
-4인분-

재료
엑스트라버진 올리브오일
중간 크기 양파 1개, 얇게 썬다.
마늘 2쪽, 반으로 자른다.
카볼로 네로검은색을 띤 이탈리아에서 온 케일의 한 종류 ½ 묶음, 굵게 썬다.
카넬리니 콩 400g짜리 캔 3개
닭육수(297쪽 참고) 또는 채소 육수 750ml
마리나라 소스 500g~700g
디탈리나 뇨케티 사르디 같은 작은 파스타 500g
소금
즉석에서 간 후추
파마산 또는 페코리노 치즈, 테이블에 낼 때 사용(선택사항)

만드는 법
1__ 중간 크기의 냄비에 올리브오일 적당량을 붓고, 중약불에서 양파와 마늘이 부드러워질 때까지 볶는다. 동시에 소금물이 든 작은 냄비에 카볼로 네로를 넣고 삶는다.

2__ 양파와 마늘을 볶은 팬에 콩, 육수 그리고 마리나라 소스를 넣고 한데 섞어 약불에서 조리한다.

3__ 카볼로 네로가 부드러워지면 체에 밭쳐 물기를 빼고, 콩 혼합물에 넣어 섞는다.

4__ 뚜껑을 열어놓고 약불에서 15분 정도 계속 끓인다.

5__ 그사이 포장 봉지에 나와 있는 지시대로 소금물에 파스타를 삶는다.

6＿ 다 되면 체에 밭쳐 물기를 빼고 면수를 한 컵 정도 남겨두고 큰 그릇에 담는다.

7＿ 파스타에 2컵 정도의 콩 혼합물을 추가하고 면수와 올리브오일을 조금 넣고 섞는다.

8＿ 소금으로 간을 하고 그릇 네 개에 나눠 담는다.

9＿ 각 그릇에 콩 혼합물을 더 넣고 올리브오일을과 후추를 뿌려준다.

10＿ 파마산 혹은 페코리노 치즈를 뿌려 섞는다(사용한다면).

11＿ 변형 버전 올리브오일이 든 팬에 큰 달걀 2개를 깨 넣고 약간 섞는다.

12＿ 위 레시피의 완성물을 조금 넣고, 파스타까지 넣은 후 함께 섞는다.

13＿ 파마산 혹은 페코리노 치즈와 올리브오일을 뿌려 마무리한다.

방사선 치료로 인한 두 가지 기이한 긍정적 효과가 있었는데, 그 어느 것도 예상하지 못했다. 하나는 신진대사가 활발해졌다는 것이다. 나는 이미 대사가 매우 빨랐지만 지금은 18살의 나와 보조를 맞출 수 있다. 다른 하나는 유제품, 설탕 그리고 때로는 글루텐에 대한 과민증 같은 식품 알레르기가 사실상 사라졌다는 점이다. 너무 오랫동안 제대로 된 식사를 하지 않아서 내 시스템이 '리셋'된 것 같다는 소리를 들었다. 마치 영양사로부터 특정 음식이 위장 문제의 원인이 아닌지 확인하기 위해 그 음식을 금지했다가, 나중에 그 음식을 천천히 다시 먹음으로써 위가 그걸 받아들일 수 있게 만드는 것과 비슷하다. 나에게 그런 변화가 일어났다. 이제 기본적으로 모든 것을 다 먹을 수 있고 소화 기능은 이전보다 훨씬 좋아졌으며 급기야 체중이 6kg 정도 증가했다.

내가 이 고통스럽고 아이러니한 경험에 대해 글을 쓰기로 결심한 이유는, 질병과 치료의 무자비한 부작용 덕분에 깨달은 것이 있기 때문이다.

'음식'은 내 삶의 큰 부분이 아니라 '내 삶의 전부'였다. 음식은 나를 땅에 붙잡아 놓았고 다른 곳으로도 데리고 갔으며, 나를 위로했고 힘들게도 했다. 또, 나의 창의적인 자아와 가정적인 자아를 구성하는 직물의 일부였다. 음식은 사랑하는 사람들에게 내 사랑을 표현하게 해줬고, 사랑하고픈 새사람들과 관계를 맺게 해줬다.

내가 만든 음식을 즐기는 손님들의 모습을 보고 있으면 큰 가족적 자부심으로 충만해진다. 그러한 순간에, 언젠가 부모님이 더 이상 세상에 없을 때 나는 부모님의 가르침과 내게 준 사랑을 그릇 하나에 담아, 불행히도 우리 부모님을 알지 못할 누군가에게 건네게 될 것임을 안다. 그 음식을 먹음으로써 그 누군가는 우리 부모님을 조금이나마 알게 될 것이다.

내가 음식과 감정적으로 깊이 연결되어 있다는 것을 헤아리기 전까지 나는 항상 그리스도의 육체를 상징하는 성찬전병성찬식에서 사용하는 성체 빵을 먹는 게 이상하고, 거의 야만적이고 비가톨릭적인 의식이라고 생각했다. 그러나 지금은 그것이 내가 유일하게 이해하는 가톨릭적인 측면일 것이다.

만약 누군가를 사랑하게 되면, 당신 안에 그 사람을 가두고 싶어진다(무슨 생각을 할지 알지만, 그냥 잊고 넘어가 주시길 바란다). 많은 부모들이 아이들을 안고 입맞춤하며 "너무 귀여워서 먹어버리고 싶어!"라고 말하듯이 말이다. 사랑은 입을 통해 들어올 수 있고, 실제로 들어온다.

몇 년 전만 해도 음식에 대한 내 열정과 관심이 내가 선택한 직업에 대한 감정을 능가하리라고는 생각도 못했다. 연기, 연출, 영화와 극장이 항상 나를 정의해왔다. 그러나 암 진단을 받은 뒤로 먹고 마시고 주방에서 요리하고 음식을 테이블에 내는 일련의 과정들이, 이제는 그런 역할들을 담당한다는 사실을 발견했다. 음식은 나를 살게 할 뿐 아니라 나를 풍요롭게 만든다. 나의 모든 마음과 몸 그리고 영혼까지.

요리하고
　　냄새 맡고
　　　　맛보고
　　　　　　먹고
　　　　　　　　마시고
　　　　　　　　　음식을 나누고
　　　　　　　　　　원하는 만큼 반복하고.

좋든 싫든 저 행동들은 이제 이 글을 쓰고 있는 사람을 정의하고 있다. 저 일들을 수행할 수 없다면 나는 존재하지 않을 것이다.

『젊은 시인에게 보내는 편지』에서 라이너 마리아 릴케는, 시인이 되고 싶어서 조언을 구하는 병사에게 이렇게 말한다(기억나는 대로 써 본다). 글을 쓸 수 없어서 죽을 것 같을 때만 시인이 되어야 한다고. 40년 전 처음 그 구절을 읽었을 때도 완벽히 이해했지만, 지금은 더욱더 깊이 이해하고 마음속에도 와닿는다.

이 글을 쓰면서 나는 다시 한번 가족들과 요리하고 식사를 즐길 수 있게 됐고, 비록 티본스테이크를 완전히 소화해 내지는 못하지만 먹을 수 있는 음식이 꽤 많아졌다.

예를 들어…

솔 뫼니에르가자미에 밀가루를 묻힌 후 튀긴 요리와 토르텔리니 콘 파나, 리소토, 팬케이크, 살라미(천천히 먹을 수 있다), 파스타 알라 카르보나라, 새우볶음밥, 딤섬, 버터와 잼을 바른 얇은 홈메이드 빵 토스트, 신선하게 짜낸 오렌지 주스, 토마토 주스, 페코리노 치즈, 꿀, 파에야, 토스카나 생선 스튜, 아스파라거스, 구운 피망, 이탈리아산 참치통조림, 오이와 바질이 든 신선한 토마토 샐러드, 가스파초, 훈제연어를 넣은 스크램블 에그, 따뜻한 토르티야에 싸 먹는 페타치즈와 오이, 칠리 콘 카르네(매우 순하게!), 국물에 담긴 우동이나 소바, 양 또는 소로 만든 리코타치즈, 튜나멜트참치와 녹인 치즈로 만들어 뜨거울 때 먹는 샌드위치, 맛조개, 홍합, 굴, 껍질 반 개로 요리한 조개, 염소 치즈, 랑구스틴, 볼로네제 파스타, 스위스산 근대, 펠리시티의 구운 감자(천천히 그리고 그레이비 소스를 많이 넣어서), 블루베리, 배, 피자, 주키니, 가지 파마산 치즈, 멸치(너무 짜지 않게), 파테, 올리브, 카망베르 치즈 구이, 미네스트로네야채와 파스타를 넣은 이탈리아식 수프, 파스타 콘 피젤리완두콩을 넣어 만든 파스타, 라자냐(치즈가 너무 많이 들어가지 않은 것), 신선한 완두콩, 청대콩, 볶은 버섯, 블루베리 파이, 베이크드 빈스, 농어구이, 랍스터(녹인 버터를 듬뿍 넣은 집게발), 타르트 타탕, 부야베스, 토끼고기 스튜, 소고기 스튜, 바나나 스플릿, 치즈 토스트, 감자와 리크 수프, 파스타 아마트리치아나(매운 것이 아닌), 소시지와 브로콜리를 넣은 오르키에테 파스타귀 모양의 짧은 파스타(천천히), 맛조유대인들이 유월절에 먹는 전통 빵를 넣은 치킨 수프, 캐비어와 블리니러시아의 팬케이크의 일종(누군가가 캐비어를 사주는 경우), 매우 얇게 토스트 한 베이글 위에 달걀 프라이 올린 것, 파스타 콘 페스토, 메시 포테이토, 연어구이, 땅콩 단호박 수프, 어떤 종류의 라비올리든 모두, 카펠레티 인 브로도만두처럼 생긴 파스타를 고기 국물에 넣어 만든 것, 몰타델라 소시지와 프로슈토 햄(천천히), 젤라또, 에스프레소 등등…

그러나 가장 중요한 것은 마침내 내가 모든 맛을 다 느낄 수 있다는 사실.

모두 다.

그 훌륭한 음식들 모두 다.

S #3 _____ 2021년, 런던

나는 여섯 살짜리 아들 마테오와 주방에 있다. 우리는 바닥에 앉아 퍼즐을 하고 있다. 마테오가 화를 내기 시작한다.

나　　　 너 왜 그렇게 짜증을 내니?

마테오　 짜증 안 냈어.

나　　　 냈거든.

마테오　 안 냈어!

나　　　 너 배고파?

마테오는 순간 움직임을 멈춘다.

나　　　 배고파?

마테오　 응?

나　　　 배, 배고프냐고.

마테오　 몰라. 뭐 먹을 건데?

나　　　 늘 먹는 거 있지 뭐.

마테오는 대답이 없다.

나　　　 뭐 먹고 싶은데?

또 대답이 없다.

나　　　 마테오, 뭐 먹고 싶어?

마테오　 음···

나　　　 샌드위치 먹고 싶어?

329

마테오	아마도…
나	살라미 샌드위치?
마테오	음…

마테오는 잠시 움직임을 멈춘다.

나	말해봐.
마테오	모르겠어…
나	근데 배는 고프고?
마테오	응.
나	그럼 뭐 먹고 싶어?
마테오	음… 잘 모르겠어…

마테오가 움직임을 또다시 멈춘다. 내가 바닥에서 겨우 몸을 일으킨다.

나	살라미 샌드위치 만들어 줄게.
마테오	잼 샌드위치 먹으면 안 돼?
나	물론 되지. 잼 샌드위치 먹고 싶어?
마테오	음… 뭐…
나	뭐라고?
마테오	응, 잼 샌드위치 만들어 주세요!
나	가서 주방 조리대 앞에 앉아.

마테오는 마지못해 일어나 주방 조리대에 있는 의자에 앉는다. 나는 냉장고에서 잼을, 봉지에서 빵을 꺼낸다. 마테오가 멍하니 바라본다. 나는 잼 뚜껑을 열고 서랍에서 나이프를 꺼내 빵에 잼을 펴 바르려 한다.

| 마테오 | 살라미… |

나	뭐라고?
마테오	살라미. 나 살라미 먹을래, 살라미 샌드위치!

나는 한숨을 쉰다.

나	살라미 샌드위치 먹고 싶어?
마테오	응.
나	확실해?
마테오	응!
나	좋아. 어떻게 부탁해야 하지?
마테오	살라미 샌드위치 주세요.
나	네, 알겠습니다.

내가 잼을 치우고 냉장고에서 살라미를 꺼낸다.

나	위에는 뭘 올려줄까?
마테오	음… 오이!

내가 눈썹을 치켜 올리며 마테오를 본다.

마테오	오이 넣어주세요.

오이 껍질을 깎기 시작한다.

마테오	아! 껍질 까지마!

나는 한숨을 쉰다. 오이 깎기를 멈추고 오이를 씻어서 자르기 시작한다. 나는 살라미와 오이를 넣고 샌드위치를 만든다.

마테오	빵 껍질 잘라줄 거야?
나	응, 그러고 있어.

샌드위치에서 빵 껍질을 잘라내고 반으로 자르려는데 마테오가 소리친다.

마테오	하지 마!
나	뭐?
마테오	(온순하게) 세모로 잘라줄 수 있어?

나는 한숨을 쉰다.

나	맙소사, 놀랐잖아…
마테오	미안.
나	둘로?
마테오	둘로 뭘?
나	세모 두 개 나오게 자르면 돼?
마테오	음… 응. 두 개로 잘라주세요.

나는 샌드위치를 세모 두 개로 자른 다음 접시에 담아 마테오에게 건넨다.

나	여기 있습니다.
마테오	감사합니다.
나	천만에요.

잠시 침묵. 나는 아들이 게걸스럽게 먹는 것을 지켜본다.

나	와, 너 배고팠구나.

마테오가 샌드위치를 먹느라 뺨을 불룩거리며 고개를 끄덕인다. 나는 미소를 짓는다. 잠시 후 마테오가 입에 음식을 가득 물고는 말한다.

마테오   우리 오늘 저녁에 뭐 먹을 거야?
나   토마토와 완두콩을 넣은 파스타.
마테오   아아아아 안 돼! 꼭 그거 먹어야 해?

내가 눈을 굴린다.

나   옆집 가서 이웃들은 뭐 먹는지 보고 올래?

마테오가 한숨을 푹 쉰다. 나는 빙긋 웃는다.

앞으로도 전 세계에서

이런 광경이 계속되기를…

Stanley Tucci
Taste

감사의 말

지금 이 글을 쓰고 있는 나는 건강을 거의 회복한 상태다(얼마 전에 사슴고기를 먹었다. 그전보다 조금 더 천천히 먹었지만, 맛있게 먹었고 음… 좋았다). 마운트 시나이 병원 완화치료책임자인 베단 스카버러를 포함한 박스트 박사 팀과 내 친구들과 가족들, 특히 아내 펠리시티 블런트에게 감사드린다. 2년 반 동안 많은 검사와 운동, 수많은 콩 덕분에 나는 건강을 되찾게 됐다. 3년만 무사히 지나가면 이런 종류의 암은 재발 가능성이 매우 낮아지고 그다음 한 해가 지나감에 따라 재발 확률은 급격히 떨어진다고 한다. 이 모든 과정을 끝까지 함께한 소중한 친구 니븐 나레인 박사에게도 감사의 말을 전한다.

건강을 회복하는 동안 뉴욕에서는 나와 펠리시티 그리고 마테오와 보모 마티나 도마니카, 비서 로티 버밍엄이 함께해 줬고, 런던에서는 안드레아 갈릭이 니콜로와 이사벨 그리고 카밀라를 돌봐줘서 정말 다행이었다. 이 세 여성은 우리가 살면서 가장 힘든 시기를 맞이했을 때, 우리를 지원하기 위해 기대 이상으로 헌신해 줬다. 그리고 사랑하는 처가 식구들 요안나, 올리버, 수지, 세바스찬이 없었다면 펠리시티가 제왕절개 수술에서 몸을 추스르는 동안 갓난아기와 침대에 누워 있는 남편을 결코 감당하지 못했을 것이다. 펠리시티는 육아 휴가를 냈지만 고객들에게 책임을 소홀히 하고 있다고 느껴 집에서도 계속 일을 해야 했다. 펠리시티는 결코 지치지 않았고 지금도 그렇다. 나의 '쇼비즈' 에이전트들과 매니저가 이 책을 읽고 배웠으면 좋겠다. 아니, 농담이다. 당연히 너무나 이해심 많고 나에게 격려를 아끼지 않았던 에이전트들과 내 매니저 토니에게 감사를 표하고 싶다.

멀리 있지만 에밀리아가 태어난 뒤, 집까지 찾아와 너무나 큰 도움이 되어 준 부모님께는 또 어떻게 감사 인사를 드려야 할까? 나의 허약한 모습을 보는 게 쉽지 않았을 것이다.

치료받는 동안 찾아와서 격려해 준 여동생 지나와 로스앤젤레스에 사는 동생 크리스틴에게도 항상 긍정적인 태도로 응원해 줘서 정말 고맙다는 말을 하고 싶다.

또한 처음 뉴욕에 도착해서 초기 검사를 받을 때, 숙소를 제공해 준 친한 친구 앨리슨 벤슨과 사촌 조, 조의 부인 로빈에게도 감사의 마음을 전한다.

에밀리 블런트와 존은 치료 기간 동안 웨스트체스터에 있는 그들의 멋진 집에서 머물게 해줬다. 놀랍게도 그곳은 내가 어릴 때부터 불과 4년 전까지 살던 곳과 매우 가까웠다. 어떻게 이런 우연이 있을 수가 있는지, 친절 그 이상의 축복받아야 할 행동이었다 (내가 직접 누군가에게 축복을 내릴 수는 없어서 해외 전화를 몇 통 했다. 지금은 브렉시트 때문에 좀 더 힘들지도 모르지만 열심히 노력 중이다).

라이언 레이놀즈와 블레이크 라이블리는 펠리시티가 출산하는 2주 동안, 우리가 병원에 더 가까이 있을 수도록 그들의 엄청나게 고상한 뉴욕 아파트를 선뜻 내줬다. 이제야 말하지만 첫 정밀검사 하는 날 라이언이 나와 함께 있어줘서 얼마나 고마웠는지 모른다. 그때도, 그리고 지금도 라이언이 곁에 있어서 너무 행복하다. 친애하는 친구 올리버 플랫과 그의 아내 카밀라는 같은 2주 동안 아이들을 돌봐줬다. 그들의 배려가 없었다면 우리는 어떻게 됐을지 모르겠다.

너무나 많은 친구들이 병원으로 찾아왔다. 특히 주말에 오는 건 쉬운 일이 아니었을 텐데도, 내 기운을 북돋아 주려고 다들 어려운 걸음을 했다. 덕분에 의사들과 간호사들은 유명하고 사랑받는 배우들이 가끔 병동을 오르내리는 걸 보며 많이 기뻐했다는 것을 안다.

런던에 돌아왔을 때 콜린 퍼스를 닮은 사람이 거의 매일 나를 데리고 병원에 가줬고 수액을 맞는 동안 나와 함께 앉아 있어줬다. 그의 도움은 억만 금으로도 바꿀 수 없다.

운동을 다시 할 수 있게 됐을 때 친구이자 필라테스 강사인 모니크 이스트우드와 우리 트레이너인 대릴 마틴은 내가 근육을 되찾고 이전에 도달했던 체력 수준으로 회복할 수 있도록 끝까지 도와줬다.

그런 마음 씀씀이를 어떻게 보답할 수 있을까?

방법을 알 것 같기도 하다.

이상하게 이들 중에는, 저녁시간 무렵에만 들르는 사람이 몇 있다.

그들은 오직 먹을 생각뿐이다.

돼지들.

잔을 내려놓으며

먼저 나의 부모님 조안과 스탠에게, 부엌과 식탁 그리고 그 너머에서 사랑과 격려 그리고 영감을 주셔서 감사합니다.

젠 버그스트롬과 헬렌 가논스 윌리엄스에게, 내가 감히 책을 쓸 수 있을 것이라 믿어줘서 감사합니다.

내 편집자들이었던 줄리엣 애난과 앨리슨 캘러한에게, 나의 첫 번째 회고록에 끈질긴 관심과 인내심을 갖고 지도해 줘서 감사합니다.

데보라 슈나이더에게, 그녀의 우정과 지원에 감사합니다.

내게 영감을 주고, 가르쳐 주고 그들의 얘기를 쓰도록 허락해 주고, 이 책에 레시피를 싣도록 허락해 준 지아니 스캐핀, 피노 & 첼레스티노 포스테라로, 애덤 페리 랭, 마시모 보투라 그리고 몇 년 전 완벽한 마티니 만드는 법을 가르쳐 준 이탈리아인 바텐더에게.

나의 비서인 로티 버밍엄에게, 세계 최고의 친구이자 비서가 되어 줘서 감사합니다.

마지막으로 나의 아내이자 북 에이전트(이런 문장을 쓰게 될 줄은 몰랐다)인 펠리시티 조안나 프랜시스 블런트에게, 당신의 지혜, 인내심, 친절, 사랑, 지지에 특히 감사를 표하고 싶습니다.

테이스트
음식으로 본 나의 삶

초판 인쇄	2024년 12월 04일
초판 발행	2024년 12월 16일
지은이	스탠리 투치
옮긴이	이리나
책임편집	이도이
편집	김승욱 심재헌
디자인	최정윤
마케팅	김도윤 김예은
브랜딩	함유지 함근아 고보미 박민재 김희숙 박다솔 조다현 정승민 배진성
제작	강신은 김동욱 이순호

발행인	김승욱
펴낸곳	이콘출판(주)
출판등록	2003년 3월 12일 제406-2003-059호
주소	10881 경기도 파주시 회동길 455-3
전자우편	book@econbook.com
전화	031-8071-8677(편집부) 031-8071-8681(마케팅부)
팩스	031-8071-8672

ISBN	979-11-89318-64-2 13190
값	17,800원